興亡有數
(흥망유수)

역사에 묻힌 국가흥망의 비밀

권 성 변호사

도서출판 청람

평생을 교육에 헌신하신 선친 赫字祖字님과

낳아주시고 길러주신 두 분 어머님,

세 분의 靈前에 삼가 이 책을 바칩니다.

■ 머리말 ■

흥망興亡이 유수有數하니 만월대滿月臺도 추초秋草로다

역사책을 읽다보면 어째서 어떤 나라는 흥성하고 또 어떤 나라는 망하는지 궁금할 때가 있다. 무슨 이유가 있을 터인데 그것을 좀 알 수는 없을까라고 생각하게 된다. 그러나 나는 판사判事로 일하면서 이런 생각에 골똘하게 매달릴 여유나 집념은 없었다. 그러면서도 흥망의 이유에 대한 궁금증은 여전히 내 마음에서 떠나지 않았다. 어쩌면 이런 이유에 대한 궁리窮理는 나만의 여유를 즐기는 하나의 취미였는지도 모른다.

나이를 먹어가면서도 여전히 이 추상적 문제에 대한 궁금증은 사라지지 않았다. 오히려 조금씩 조금씩 해답에 접근했다는 느낌이 들 때가 가끔 있었다. 무언가 막연하지만 해답이 머릿속에 그려지는 듯한 느낌이 들었다. 그래서 어떤 때는 수첩이나 노트에 그 생각들을 몇 줄 적어보기도 했지만 또 바로 잊어버리고 말았다.

그러다 2012년 봄, 내 나이 일흔두 살 때 뇌출혈로 입원생활을 하면서, 무료함을 달래기도 할 겸 죽기 전에 무언가 보람 있는 일을 하나 더 해보기도 할 겸 해서 흥망의 이유에 대한 생각을 잠시 핸드폰에 녹음해보았다. 그러나 한 번뿐으로 끝났다.

이제 공직을 떠나 집에서 편안히 생활하다 보니 그동안 열심히 하던 재활운동에 대한 열의도 많이 식기도 해서 다시 이 흥망의 이유에 대하여 평소 가졌던 생각을 정리해보고 싶어졌다. 그래서 이 책을 쓰게 됐다.

역사에 숨겨진 국가흥망의 비밀을 찾아내 정리해보는 우공이산愚公移山의 거창한 작업을 시작하는 작은 첫 삽이다.

책을 쓰면서는 다음의 고시조도 여러 번 생각났다.

「칠십에 책을 써서 몇 해를 보잔말고.
어와 망령이야. 남이 일정 웃을랏다.
그래도 팔십이나 살면 오래 볼 법 있나니.」(송계연월옹松桂煙月翁)[1]

1) 영조 때 歌人. 古今歌曲을 편저.

그래도 한 번 해보기로 했다. 하지만 남이 웃을까 조금 걱정도 된다.

이렇게 해서 2015년 12월 1일부터 책을 쓰기 시작했다.

책을 쓰면서는 읽는 이의 눈높이를 가늠하기가 어려웠다. 그러다가 우연히 집의 손자 아이가 할아버지가 쓰는 글의 첫머리를 읽어보고는 한자漢字의 음音을 물어보기도 하고 생소한 어휘의 뜻을 이것저것 물어보기도 하는 것이었다. 오는 봄에 중학교에 들어가는 아이이다. 그래서 이 손자 정도의 중학생이라도, 혹시 흥미가 있어 한다면, 웬만큼은 읽을 수 있게 해야 하겠구나 하는 생각이 들었다. 그래서 되도록 쉬운 말을 사용하고 한자는 한글에 붙여쓰기, 즉 병기倂記하기로 했다. 그러나 막상 쓰면서 보니 쉬운 말 쓰기가 그렇게 쉬운 일이 아니었다. 다만, 표현을 좀 강조하는 방법으로 사용되는 한자漢字 관용구慣用句는 그 사용을 일부러 피하지는 아니 하였다. 내게는 그것이 편했기 때문이다. 그 대신 그 뜻풀이를 (   ) 속에 해두었다. 뜻을 아는 분들은 그냥 넘어가면 된다.

'흥망유수興亡有數' 라는 이 책의 제목은 원천석元天錫[2]의 시

---

2) 호 耘谷. 고려 말엽 세상이 어지러워지자 치악산에 들어가 숨어 살았다. 조선 太宗이 어릴 적 그에게 글을 배웠으므로 왕위에 오르자 여러 번 불렀으나 거절하고 나오지 않았다. 이기문 편주, 『歷代時調選』, 1973, 삼성문화재단, 31p.

조에서 빌려왔다.

"흥망興亡이 유수有數하니 만월대滿月臺도 추초秋草로다.

오백년五百年 왕업王業이 목적牧笛에 부쳐시니

석양夕陽에 지나는 객客이 눈물겨워 하노라" 하는 시조[3] 말이다.

이 시조에서 유수有數라는 말은 '운명의 정해져 있음'을 의미한다고 나는 이해한다. 그러나 이 흥망유수론이라는 책에서 나는 이 말을 좀 다른 뜻으로 사용한다. 선진先秦의 유학자儒學者 순자荀子[4]는 이 말을 '필연必然의 이치理致 있음'이라는 뜻으로 사용했다.[5] 나는 순자가 사용한 의미에 따라 이 말을 사용한다.

순서는 다음과 같이 전개한다. 첫째로 사람(인人), 둘째로 지리(지地), 셋째로 시대(천天), 이렇게 천지인의 순서를 뒤집어 인, 지, 천의 순서로 글을 쓴다. 그 이유는 다음과 같

3) 앞의 책, 31p.

4) 중국 전국시대 말기의 大 儒學者. 초나라 사람으로 孟子의 性善說에 대비되는 性惡說을 주장하였고 유명한 法家인 韓非子와 李斯가 모두 그의 제자였다. 교육을 특히 강조하였는데 맹자에 비해 보다 실용주의적 입장이었다. 맹자와 함께 유학의 2대 조류를 이루었다.

5) 순자의 말은 "秦 四世有勝 非幸也 數也(진나라가 4대에 걸쳐 승리를 거둔 것은 요행이 아니고 일정한 이치를 따랐기 때문이다)." 라는 것이다. 신동준 지음, 『순자론』, 2007, 인간사랑, 650, 651pp.

다. 천天은 우리 마음대로 어떻게 할 수 있는 것이 아니고 지地도 거의 마찬가지이다. 하늘은 그저 따라야 하고 땅은 그저 생긴 대로 이용할 수밖에 없다. 그러나 사람은 설득할 수도 있고 기를 수도 있다. 결국 우리가 작용할 수 있는 범위는 인人이 가장 넓고 다음의 지地는 그보다 좁고 천天은 가장 좁다. 그래서 인론人論, 지론地論, 천론天論의 순서로 전개한다. 그밖에 제도에 관한 논의를 빼놓을 수 없다. 이것은 사람과 대비해서 따지는 것이 보통이고 사람을 소프트웨어라고 한다면 제도는 하드웨어라고 할 만하므로 이 제도론은 물론物論과 법론法論 이렇게 두 편으로 나누어 인론人論 뒤에서 살펴본다. 끝으로 위기에 관한 논의를 따로 한 개의 편篇으로 붙인다.

내 검토는 추상적 이론의 틀을 먼저 전제하고 그에 사실과 주장을 맞추어 나가는 것이 아니라 서책書冊에 언급된 사례들에서 나오는 경험적 교훈을 상식으로 정리하는 방식에 따른다. 인용이나 주장의 전거典據는 가능한 한 내가 읽은 책에서 찾아 각주에 기록을 하겠지만 어디서 보았는지 기억에 없거나 이곳저곳 찾아봐도 좀처럼 확인되지 않는 것은 부득불 전거 표시를 생략한다. 전거를 확인하는 데 너무 시간을 쏟다보면 모처럼의 집필 의욕이 사라져 버릴까 겁나기 때문이다. 이런 부분들은 내 지식이나 이해에 그대로 용해, 흡수되어 버려 아마도 막연하게 기억에 남아 있는 것이 아닌가 생각한다. 메모를 해두었더라면 좋았겠으나 이미 지나간 일이다. 내 생각의 확실성이나 타당성에 대한 신뢰가 부족해질 염려가 있지만 어쩔 수 없다.

그리고 이 책에서 인용하고 있는 소서素書라는 책은 혹시 시중에 없지 않을까 하여 이를 번역해서 부록으로 책 끝에 붙였다.

또 하나, 이 책에는 중국 역사에 관련된 이야기가 자주 나오는데 왕조의 변천이 하도 심해서 앞과 뒤의 시대 순서가 많이 헷갈린다. 그래서 참고로 중국 역사연대표를 부록으로 책 끝에 첨부하였다.

사실 흥망의 이치는 비단 국가에만 한정된 문제는 아니고 개인에게도 있을 수 있다. 그러나 개인의 흥망에 관한 문제는 그 개인의 수양이나 리더십과 밀접히 관계되는 것인데 여기에 대해서는 이미 좋은 말과 책이 너무도 많을 뿐만 아니라 나는 그 점에 대하여는 별로 말할 자격이 없으므로 이 책에서는 이 점은 일체 거론하지 않았다.

또 하나 양해를 바라는 사항은, 내가 이 책에서 거론한 내용은 굳이 비유한다면 전략적인 측면에 관한 것이어서 구체성이 떨어진다는 사실이다. 그래서 너무 막연하다거나 뻔하다고 할지 모르겠다. 하지만 그런 막연한 얘기도 한 번쯤 다시 되새겨 볼 필요는 있다고 생각한다.

책을 쓰면서는 아내에게 걱정을 많이 끼쳤다. 내가 4년 전 겪은 뇌출혈로 한때 좌반신이 마비되었던 터라 그런 몸으로 책상 앞에 장시간 앉아 타이핑을 하는 것이 아내에게는 큰 걱정거리였다.

사실 뇌출혈의 후유증으로 왼손 손가락을 움직이는 신경이 정상적이지 못해 타이핑을 한다고 자판의 키를 쳤는데도 글자가 찍히지 않는 때가 너무 많았다. 키를 정확히 찍지 못하고 옆의 키를 건드려 딴 글자가 찍히는 일도 자주 있었다. 다시 찍으려니 시간이 많이 걸려 불편도 하지만 한심한 생각에 한숨을 내쉬기도 했다. 그때마다 내 처지를 편안한 마음으로 받아들이는 연습을 했다.

이제 집필을 마치게 되었으니 더 이상 아내의 속을 썩이지 않게 되기를 바라고 있다.

가족 모두가 내 건강을 걱정하면서 이 집필 작업을 격려해주었다. 가족 모두에게 고맙게 생각한다.

책을 쓰면서 인하대학교 로스쿨 당시의 내 제자였던 신정현 변호사의 도움을 많이 받았다. 자료를 확인하는 일에 여러 번 수고를 해주었다. 감사를 드린다.

이 책의 출판을 맡아주신 도서출판 청람의 이수영 대표님께 감사를 드린다. 이 대표님은 수익 문제를 따지지 않고 흔쾌히 출판을 맡아주셨다. 거듭 감사를 드린다. 그리고 편집실을 포함한 모든 청람 식구들께도 감사를 드린다.

2016년 1월 31일

압구정동 집에서 초고를 마친 뒤에 저자 씀.

■ 차 례 ■

제2편 물론物論

제3편 법론法論

제4편 지론地論

제5편 천론天論

제6편 위기론危機論

제7편 결론

부록

제 1 편

인론人論

흥 망 유 수
興 亡 有 數

제1장

인재人才의 수입輸入

제1절 들어가며

"인사人事가 만사萬事고 인사人事가 망사亡事다."라는 말이 있듯이 흥망을 결정짓는 결정적 요소는 사람이다. 개인, 가정, 단체, 국가에 있어서 다 마찬가지이다. 설명이 필요 없고 예를 들 필요도 없다. 이것은 진리이다. 집안이 가난하면 어진 부인婦人을 그리게 되고 나라가 혼란하면 훌륭한 재상宰相을 그리게 된다[1] 라는 말도 세상에 있지 않은가. 잘되고 못 되는 것은 훌륭한 사람을 만나느냐 못 만나느냐에 달려 있다.

게으르거나, 허영이 심하거나, 사치를 일삼거나, 오만하

1) 사마천 지음, 정범진 외 옮김, 『史記 世家』 下, 1994, 까치, 361p.

거나, 한눈을 파는 며느리가 들어오면 멀쩡한 집안이 망한다. 잘 나가던 나라도 무능하거나, 부패하거나, 오만한 정치가들을 만나면 무너진다. 반면에 가난하던 집안을 현명한 며느리가 들어와 일으켜 세운다던지, 망해가던 나라를 현명한 정치가가 부흥시키는 일도 허다하다.

문제는 훌륭한 인재를 어디서 어떻게 구하느냐이다.

꼭 나라 안에서만 구해야 할 일은 아니다.

밖이나 외국에서 모셔오든지 사들이든지 하면 된다. 사람들이 가끔 우리나라는 정치가들을 외국에서 수입하면 좋겠다 라고들 농담하는데 그저 농담으로 돌리기만 할 일이 아니다.

비유하자면 국산품 애용에 대비되는, 외제外製 명품名品의 사용과 비슷하다. 국산품 애용, 물론 좋은 일이다. 국내산업을 보호하고 발전시키기 위해서 꼭 필요한 때도 있다. 그러나 좋은 물건을 외국에서 사오는 것이 필요한 때도 있다. 꼭 필요한 물건인데 국내에서 나오지 않으면 외국에서 들여와야 하지 않겠는가? 국내에도 있긴 하지만 품질이 떨어져 일이 제대로 되지 않거나 일을 망쳐 버리게 되면 역시 수입을 해야 한다. 또 수입을 해서 이를 분해하여 구조와 기술을 알아내는 수도 있고 수입이 국내산업에 자극을 주어 국내산업을 진흥, 발전시키는 효과를 볼 수도 있다.

제2절 이사李斯의 간축객서諫逐客書

사람도 마찬가지로 수입도 해야 한다.

중국 서쪽 변방의 미개한 약소국이던 춘추시대[2)]의 진秦나라가 뒷날 크게 발전하여 중국을 통일한 힘은 어떻게 해서 누구로부터 나왔는가. 백리해百里奚[3)], 건숙蹇叔[4)], 상앙商鞅[5)], 장의張儀[6)], 범수范雎[7)], 채택蔡澤[8)], 이사李斯[9)] 등 그 나라를 일으킨 유명한 인재들은 모두 진나라 토박이가 아니라 외국에서 수입된 영재英材들이었다.[10)]

---

2) 중국 周나라 春秋時代 : BC 771년부터 BC 453년까지의 시대. 공자가 편찬했다는 春秋라는 역사책이 다루고 있는 시대를 기준으로 한 데서 유래하였다. 주나라가 동쪽의 낙양으로 천도한 이후인 東周 시대의 전반기에 해당한다. 동쪽 낙양으로 천도하기 전을 西周라고 부르고, 춘추시대 다음부터 진시황이 중국을 통일(BC 221)하기 전까지의 시대를 戰國時代라 부른다.

3) 나이 70여 세에 진목공에게 발탁되어 재상이 된 뒤 진나라를 부강하게 만들었다.

4) 백리해의 천거로 나이 80여 세에 진목공의 상대부가 되어 백리해와 함께 진목공을 보좌하였다.

5) 진효공의 재상이 되어 부국강병책을 시행함으로써 진나라의 천하통일 기초를 닦은 유명한 法家이다.

6) 진혜문왕의 재상으로 연형책을 써서 소진의 합종책을 깨뜨리고 진나라가 동쪽으로 진출하는 길을 열었다.

7) 진소양왕의 재상으로 遠交近攻策을 제안했다.

8) 범수의 후임으로 진소양왕의 재상을 지냈다.

9) 초나라 출신으로 진시황의 중국통일을 보좌한 일등공신으로 승상까지 올라갔다. 중국 최초로 郡縣制를 시행하고 焚書坑儒로 유명하다. 간신 조고에게 피살되었다.

10) 백리해는 虞나라, 건숙은 宋나라, 상앙은 衛나라, 이사는 楚나라, 장의와 범수는 魏나라, 채택은 燕나라 사람이다.

진秦목공穆公[11]이 백리해를 재상으로 삼은 얘기는 흥미롭다. 백리해는 원래 초楚나라 사람이지만 우虞나라에서 대부大夫로 벼슬하고 있었다. 그 무렵 진晉헌공獻公이 우虞나라를 정복하고 백리해를 포로로 잡아갔다. 이어 진헌공이 딸을 진秦목공穆公에게 시집보내면서 포로인 백리해를 노비 중 한 명으로 딸려 보냈는데 백리해가 이를 부끄럽게 여겨 도중에 탈출하여 초나라로 도망갔다. 거기서 목동이 되어 숨어 살았으나 진목공이 그의 현명함을 듣고 양가죽 다섯 장을 주고 그를 사들여 재상을 삼았다. 백리해가 대단한 인재라는 것을 초나라가 알면 그를 내주지 않을 터이므로, 그를 별 볼일 없는 일개 탈주 노예 정도로 알게 하기 위해서 일부러 싼 값을 호가해서 사들였다고 한다. 양가죽 다섯 장으로 사들인 사람이라고 하여 세상에서는 그를 오고대부五羖大夫라고 불렀다.[12]

외국인의 등용에 대해서는 당시에도 물론 거센 반발이 있었다. 심지어는 외래인外來人들을 스파이로 매도하기도 하였다.

다른 나라에서 온 대다수의 정치가들이 유세遊說(여기저기를 돌아다니며 자기의 정치적 견해나 계책을 설명하여 제후를 설득

11) 중국 춘추시대 서쪽 변방의 진나라 군주. 백리해 등을 등용하여 선정을 베풀고 진나라를 부강한 나라로 만들었다. 春秋五霸의 한 사람.

12) 사마천 지음, 정범진 외 옮김, 『史記 本紀』, 1995, 까치, 119p.

하는 일)하는 주된 이유가 진秦나라를 염탐하고 이간질하는 것뿐이니 그들을 모두 축출하라고 진나라의 왕족과 신하들이 진시황에게 아뢰었다. 사실 그 축객령逐客令(손님으로 온 사람들을 쫓아내라는 명령)의 배경이 된 사정은 학자들 사이에 논란이 있다. 아무튼 진시황은 이 건의를 받아들여 타국 출신 유세가들의 추방을 명령하였고 이에 진나라에서 쫓겨나게 된 초나라 출신인 이사李斯가 진시황에게 간축객서諫逐客書(손님으로 온 사람들을 쫓아내라는 명령에 대하여 그것이 옳지 않다고 왕에게 충고하는 글)라는 상소문을 올렸다. 유명한 작가 루쉰魯迅은 간축객서諫逐客書를 진대秦代 문학의 대표적 작품이라 평했다.[13] 이 글을 보면 외국의 훌륭한 인재를 등용하는 것이 얼마나 중요한 일인지가 설득력 있게 잘 설명되어 있다. 그 일부를 소개하고 전문은 이 책의 말미에 부록 2.로 싣는다.

「신臣이 듣건대 관리들이 빈객賓客을 축출하자는 논의를 한다고 하는데 저는 그것이 잘못된 일이라고 생각합니다.

옛날 목공穆公께서는 인재를 구하시어 서西로는 융戎에서 유여由余[14]를 취하여 데려오고 동東으로는 완宛에서 백리해百里奚를 얻었으며, 송宋나라에서 건숙蹇叔을 맞아들였고 진晉나라로부터 비표와 공손지[15]를 불러들였습니다. 이 다섯

13) 이연승 지음, 『제국의 건설자 이사』, 2008, 물레, 85p.
14) 진목공을 보좌한 현신.

사람은 진秦나라에서 태어나지 않았지만 목공께서는 그들을 등용하여 20여 국을 통합하고 마침내 서융을 제패하셨습니다. 효공孝公께서 상앙商鞅의 변법變法을 채용하여 풍속을 바꾸시자 백성들이 유복해졌고 국가는 부강해졌습니다. 백성들은 기꺼이 부역을 했고 제후들은 몸소 복종했습니다. 조趙나라와 위魏나라의 군대를 제압하고 천 리의 땅을 얻게 되어 지금까지 평화롭고 강합니다. 혜왕惠王께서는 장의張儀의 계략을 채용하여 …… 비옥한 땅을 할양받았으며 마침내 여섯 나라의 합종을 깨뜨려서 그들로 하여금 서쪽을 바라보며 진나라를 섬기게 하셨는데 그 공로가 지금에까지 이르고 있습니다. 소왕昭王께서는 범수范雎[16]를 얻어 양후穰侯[17]와 화양군華陽君[18]을 축출하여 …… 대신들의 가문이 강해지는 것을 막으면서 제후국들을 잠식(조금씩 먹어나감)해나갔고, 진나라로 하여금 제업帝業을 이루도록 하셨습니다. 이 네 군주께서는 모두 빈객들로 하여금 공로를 세우게 하셨습니다. 이러한 옛일을 보건대 빈객들이 왜 진나라를 저버린다고들 비난하는지요? 앞의 네 군주께서 빈객들을 내치고 받아들이지 않으며 인재를 멀리하고 등용하지

---

15) 두 사람 모두 晉나라의 대신들이었으나 秦에 망명하여 진목공의 신하가 되었다.

16) 또는 범저(范雎)라고 표기한다. 遠交近攻策(먼 나라와 친교를 맺고 가까운 이웃 나라를 공략한다는 대외 정책)을 시행한 것으로 유명하다.

17) 진소양왕의 외척으로 세도를 부린 귀족.

18) 진소양왕의 외척으로 세도를 부린 귀족.

않으셨다면 진나라에 부귀와 이익을 가져오지 못하였을 터이며 진나라는 강대국의 명성을 얻을 수 없었을 것입니다.

지금 왕께서는 곤강昆崗의 옥을 가지셨고, …… 이 여러 보물들이 진나라에서는 하나도 생산되지 않았건만 왕께서 그것을 좋아하시는 까닭은 무엇 때문입니까? 반드시 진나라에서 생산되는 물건이라야만 된다면 야광주夜光珠로 조정을 장식할 수 없으며, …… 정鄭나라와 위衛나라의 미녀들도 후궁으로 충원될 수 없으며, …… 서촉西蜀의 단청으로 색칠할 수도 없습니다. 후궁을 장식하고 희첩들을 꾸며서 마음을 기쁘게 하고 귀와 눈을 즐겁게 하는 일도, 반드시 진나라에서 난 것이라야 한다면, 완주宛珠의 비녀, …… 금수錦繡의 장식들도 왕의 앞에 나타나지 못할 것이며, 세속의 유행에 따라 우아하고 아름답게 차린 조趙나라의 미녀들도 왕의 곁에 서지 못할 것입니다. …… 지금 항아리를 두드리며 질장구를 치던 진나라의 음악소리를 버리고 정, 위의 음악을 취하며, 진나라의 쟁을 타던 것을 물리치고 소, 우의 다른 나라 음악을 받아들였는데 이는 무슨 까닭입니까? 들으면 바로 마음이 즐거워지고 눈으로 보기에 아름답기 때문이옵니다. 그러나 지금 인재를 얻는 데는 그렇지 않습니다. 사람됨이 옳은지 그른지를 묻지 않고, 굽었는지 곧은지를 따지지 않고, 진나라 사람이 아니면 돌려보낸다고 하여, 빈객들을 축출하려고 합니다. 그렇다면 여색, 음악, 주옥은 소중히 여기고, 사람은 경시하는 처사입니다. 이것은 대국에 군림하며 제후들을 제압하는 방법이 아닙니다.

신이 듣건대 땅이 넓으면 곡식이 많게 되고, 나라가 크면 백성이 많으며, 군대가 강하면 병사도 용감해진다고 합니다. 즉, 태산泰山은 한 줌의 흙도 양보하지 않았으므로 그 높음을 이룰 수 있었으며, 하해河海는 작은 물줄기도 가리지 않았으므로 그 깊음을 이룰 수 있었습니다. 왕은 어떠한 백성이라도 물리치지 않아야 자신의 덕을 천하에 밝힐 수 있습니다. 이로써 땅은 사방으로 끝이 없고 백성에게는 이 나라 저 나라의 구별이 없으며, 사시사철이 조화되어 아름답고, 귀신도 복을 내립니다. 이는 오제五帝와 삼왕三王[19]께 적敵이 없었던 바와 같습니다. 지금에 이르러 진나라는 백성을 버려서 적국을 이롭게 하고, 빈객을 물리쳐서 제후를 도와 공적을 세우게 하며, 천하의 인재로 하여금 감히 서쪽의 진나라로 향하지 못하게 하고, 발을 묶어 진나라로 들어오지 못하게 합니다. 이것은 이른바 '적에게 군사를 빌려주고 도적에게 양식을 보내주는 격'[20]입니다.

대저 진나라에서 생산되지 않는 물건들 중에도 보배로운 것이 많으며, 진나라에서 태어나지 않은 인재들 중에도 충성을 바치려는 자가 많습니다. 지금 빈객들을 축출하여 적국을 이롭게 하고 백성을 줄여서 적국에게 보태주어 안으

19) 오제: 중국 고대 전설상의 다섯 聖君. 황제, 전욱, 제곡, 제요, 제순. 삼왕: 중국 고대의 세 임금. 하나라의 우왕, 은나라의 탕왕, 주나라의 문왕.

20) 원문은 借寇兵而賚盜粮(차구병이뢰도량)이다.

로는 나라가 저절로 텅 비게 되고 나라 밖으로는 제후들에게 원한을 사게 되면, 나라를 구하고 위기를 없애려 해도 어찌할 수가 없게 됩니다.」[21)]

오늘의 미국을 보자. 미국의 발전에 기여한 외국인 또는 이민은 너무도 많다. 유명한 과학자, 철학자, 군인, 발명가, 문인들 가운데 수두룩하다. 프랑스의 귀족으로 미국 독립전쟁에 참가한 라파이예트, 상대성원리로 유명한 물리학자 아인슈타인 등 모두 외국인 또는 이민이었다.

제3절 일론 머스크Elon Musk

이 글을 쓰는 도중 우연히 신문에서 '조국을 떠난 일론 머스크'라는 작은 칼럼 기사를 읽게 되었다. 원래 남아프리카 공화국 사람이던 일론 머스크가 미국에 와서 성공한 이야기를 주로 한 글이었다. 이곳에 그 기사를 옮겨 적는다.

「**조국을 떠난 일론 머스크**

세계적 미래학자 돈 랩스콧은 현대사회의 가장 위대한

21) 이연승 지음, 『제국의 건설자 이사』, 2008, 물레, 86~89pp. ; 사마천 지음, 정범진 외 옮김, 『史記 列傳』 上, 1995, 까치, 408~413pp. ; 장펀텐 지음, 이재훈 옮김, 『진시황』, 2011, 글항아리, 226p. 참조.

CEO로 일론 머스크(Musk)를 꼽는다. 혁신 제품으로 거대기업을 세운 사업가는 여럿이지만, 누가 인류의 미래를 개척하는지까지 따지면 머스크가 으뜸이라는 것이다. 머스크는 과학적 상상을 현실로 불러온다. 전자금융거래에 첫발을 내디뎠고(페이팔 설립), 장난감 취급을 받던 전기차를 상용화된 고급차로 변신시켰다(텟슬라 설립). 그가 세운 솔라시티는 태양에너지의 대중화를 선도하고 있고, 스페이스 엑스라는 기업은 민간우주선 왕복시대를 앞당기고 있다.

머스크의 활동무대는 미국 캘리포니아이다. 하지만 원래 그는 남아프리카공화국 사람이다. 태어나 고교를 마칠 때까지 남아공에서 자랐다. 그런데 머스크는 남아공에서 보낸 18년이 썩 좋은 기억은 아니라고 말한다.

컴퓨터 프로그래밍을 독학으로 익힌 머스크는 열두 살에 비디오 게임을 만들어 판 천재였다. 하지만 남아공의 초중고는 그의 잠재력을 끌어올릴 수준이 되지 못했다. 학사관리가 엉망인 남아공에는 월급만 챙기고 출근조차 하지 않는 교사가 많다. 올해 OECD가 주요 76국 학생들의 수학·과학 성적을 비교했더니 남아공이 75위였다. 문제는 교과 수준이 낮은 데 그치지 않는다. 머스크는 급우들에게 툭하면 얻어맞고 입원을 반복한 학교 폭력 피해자였다. 하지만 학교와 교사들은 그를 보호하지 못했다. 그는 언론 인터뷰에서 "나는 잘난 체하는 놈(smart aleck)으로 통했고 흠씬 두들겨 맞았다. 외로움을 이기려고 공상과학 소설을 읽었다" 고 했다.

머스크는 남아공 탈출을 꿈꿨고, 미국에서 대학을 다니면서 타고난 재능이 만개했다. 2002년 머스크는 서른한 살에 페이팔을 이베이에 팔아 1,900억 원을 손에 쥐었고, 이 해에 미국 국적도 얻었다. 머스크는 계속 미국에서 사업을 일궜고, 그가 창출한 막대한 부가가치와 일자리는 미국인들이 나눠 갖고 있다.

머스크가 미래산업의 선구자로 명성을 떨치자 남아공에서는 "머스크는 우리나라 사람이다." 라며 자랑스러워한다. 하지만 안타깝게도 짝사랑이다. 머스크는 남아공과 관련한 질문을 받으면 대개 "학창시절에 힘들었다." 며 떨떠름하게 대답한다. 고국 사람들이 들으면 뿌듯해할 만한 의례적 '립서비스'도 좀처럼 하지 않는다. 영국의 '더타임스'는 "머스크가 남아공에 남아 있었다면 오늘날의 (성공한) 머스크는 존재하지 않았을 것" 이라고 했다.

우리는 남아공보다는 훨씬 훌륭한 교육 체계와 산업 인프라를 갖춘 나라다. 그러나 자문해봐야 한다. 머스크 같은 천재가 우리에게 있다면 그가 나라에 실망하지 않고 긍정적인 젊은이로 자라게 할 수 있을까? 우리 품 안에서 성공하게 해서 이 땅에서 부富를 거머쥐고 미래를 설계하도록 키워낼 수 있을까?

특출한 아이들을 발굴하고 잠재력을 끌어올리는 제도적 장치가 필요하다. 우리가 기르지 못한 천재가 외국에서 능력을 꽃피울 때 '저 사람은 한국인' 이라며 뒤늦게 떠드는 건 허망한 일이다. 천재를 키우는 나라가 되어야 한다.[22]

외국 사람으로서 미국에 와서 성공하고 미국에 기여한 사람은 이 밖에도 매우 많다.

물론 일론 머스크는 미국이 손을 내밀어 수입한 외국의 인재는 아니다. 다시 말하면 평범한 사람으로서 미국에 건너가 대학을 다니고 성공해서 미국에 정착한 사람이지 인재라고 해서 수입된 사람은 아니다.

그렇다면 자기 나라에서는 평범했다고 하는 사람이 미국에 가서는 어떻게 특출한 인재로 성장해 성공했는가? 위 칼럼이 끝에서 얘기한 바, 즉 특출한 아이들을 발굴하고 잠재력을 끌어올리는 제도적 장치가 미국에는 있음이 틀림없다. 또 이런 제도적 장치의 밑바탕이 되고 있는 특출한 인재에 대한 존중과 갈망의 마음가짐 역시 미국에는 있음이 틀림없다. 이런 마음가짐이 외국의 인재를 미국으로 수입하는 데에도 적극적으로 발휘되고 있다고 보아야 한다.

"태산泰山은 한 줌의 흙도 양보하지 않았으므로 그 높음을 이룰 수 있었으며, 하해河海는 작은 물줄기도 가리지 않았으므로 그 깊음을 이룰 수 있었습니다." 라고 한 이사의 말이 틀리지 않다.

---

22) 국제부 손진석 기자, '기자의 시각', 조선일보 2015년 12월 24일자 A38면.

제4절 쌍기雙冀

우리는 수없이 창조를 외쳐댄다. 창조, 물론 좋은 일이다. 그러나 모방도 좋다. 창조가 안 되면 우선 모방이라도 할 줄 알고 또 해야만 한다. 이것이 흥성하고 잘 되는 길이다. 우리가 어릴 때 사람들이 일본을 비웃으면서 남의 모방만 잘하는 나라라고 말하는 것을 자주 들었다. 그러나 이것은 잘못된 얘기이다. 모방이 앞이고 창조가 뒤이다. 일본은 벌써 노벨 과학상을 21번이나 받아 그 부문에서 세계 5위의 국가가 되지 않았는가.

우선 미국을 모방해서 미국처럼 인재를 키울 줄 알아야 한다. 더욱 중요한 요점은 아직 인재를 발견하지 못했으면 외국에서 수입할 줄 알아야 한다는 교훈이다.

피정복국가의 국민에게 로마의 시민권을 부여하는 로마인들의 열린 마음도 이것과 다르지 않다.

우리나라는 어떤가? 미국국적을 가진 우리 동포들 중에 특별한 전문적 지식이나 기능을 가진 유능한 인재를 우리 국가의 관리로 등용하는 데 인색한 일은 없었는가? 아니 가능하기는 한가?

기업체에서는 빈번하게 벌어지는 이런 일을 국가에서는 왜 못하는가? 법률이 장애가 된다면 그 법률을 합리적으로 개정하는 일은 왜 못하는가? 한 번 생각해 볼 일이다.

이렇게 보면 고려 광종光宗(재위 서기 949~975)이 중국인 쌍기雙冀를 등용해서 높은 관직을 주고 그의 건의대로 과거제도를 채택하여(서기 958년) 시행한 것은 놀라운 일이 아닐 수 없다.

광종이 쌍기를 등용한 행동은 "현명한 사람을 씀에 있어 차이를 두지 않았다(입현무방立賢無方)." 라고 하는 데 해당하리라.[23]

유능한 인재를 외국에서 수입해야 한다. 장애가 되는 법이나 제도가 있다면 그것을 고쳐서라도 등용해야 한다.

오늘 아침(2015. 12. 3.) 신문에서 국립현대미술관 관장에 스페인 사람 바트로메우 마리를 임명했다는 뉴스를 보았다. 어떤 경력과 재능을 가진 사람이며 어떤 경로로 영입을 하였는지는 아직은 잘 모르지만 우선 훌륭한 시도라고 하겠다. 무슨 시비 끝에 얼마나 버틸 수 있을지 벌써 걱정이 된다. 또 후일의 성과를 놓고 얼마나 논란을 벌일지도 대충은 짐작이 간다. 그러나 비록 실패한 인사라고 나중에 평가될지라도 이런 걱정을 미리 하지 말고 계속 이 방향으로 노력을 해야 한다. 그리하여 마침내 정부의 고위관리나 정치인이 되는 길까지도 뛰어난 외국인에게 열리는 날이

23) 박종기 지음, 『高麗史의 재발견』, 2015, 휴머니스트, 83p. 孟子에는 湯임금은 중용을 지키고 어진 이를 등용해 쓰는 데 신분을 따지지 않았다(탕집중 입현무방湯執中 立賢無方)는 말이 있다.

시급히 와야 한다. 사람들은 말끝마다 global 시대라고 하지 않는가.

문제는 정보와 돈이다. 광범위하면서도 정확한 인물 정보가 필요하고, 충분하고도 남는 보수를 지급할 수 있어야 한다. 그리고 국민이 그들을 배척하지 않도록 적당한 명분을 제공하여야 한다. 이 세 가지, 즉 정보, 돈, 명분을 갖추어야 한다. 필요하다면 그런 임무를 담당할 비밀기구를 설치, 운영할 수도 있어야 한다.

그리고 끝으로 그들 외국인을 포용할 만한 지도층의 안목과 사회의 열린 분위기가 있어야 한다. 특히나 좋은 자리, 좋은 감투를 외국인에게 뺏길 수 없다고 대드는 일부 정치권과 전문가 집단의 질투와 모략, 그리고 대중의 쇼비니즘(광신적 애국주의나 국수주의적인 이기주의)을 이겨내야 한다.

제5절 죽은 천리마千里馬의 뼈

인재의 수입에 관련된 옛 이야기를 보자. 중국 전국시대의 악의樂毅[24)]와 초현대招賢臺(또는 황금대黃金臺)에 관한 고사故事이다. 제갈량諸葛亮이 평시에 자기의 role model로 늘 꼽

24) 중국 전국시대 때 연나라에서 활약한 장군.

았다는 인물이 둘 있는데 그 하나가 관중管仲이고 다른 하나는 악의였다.

연소왕燕昭王은 제齊나라에게 자기 나라를 빼앗겼던 치욕을 분풀이해줄 위대한 인물을 구하는 방법을 재상 곽외에게 물었다. 곽외는 이렇게 얘기했다. "어떤 임금이 천리마千里馬를 사려고 시신侍臣에게 천금千金을 주어 내보냈습니다. 얼마 뒤 그 시신은 오백금을 주고 죽은 천리마의 뼈를 사왔습니다. 임금이 크게 화를 내니 그 시신은 '죽은 천리마의 뼈도 그렇게 비싸게 사 갔으니 살아 있는 천리마라면 얼마나 값을 많이 주겠느냐 하면서 그 소문이 퍼져 여러 곳에서 천리마를 팔겠다는 사람들이 모여들 것입니다. 임금께서는 조만간 천리마 여러 필을 사게 될 것입니다'라고 말하였습니다. 과연 그 말대로 얼마 안 되어 그 임금은 천리마 세 필을 살 수 있었다고 합니다. 임금께서는 저를 죽은 천리마의 뼈로 삼으십시오."

이에 연소왕은 그 재상을 스승으로 모시면서 아침 저녁으로 문안을 드리고 식사 때면 밥상을 친히 갖다 바치고 무릎을 꿇고 가르침을 들으면서 정성을 다해 모셨다. 그리고 초현대招賢臺라는 높은 대臺를 지어놓고 그 안에 많은 황금을 쌓아 놓았다. 즉, 천하의 어진 인물을 구하기 위해서는 그 황금을 아끼지 않겠다는 뜻이었다. 그러자 연소왕이 어진 이를 극진히 대우한다는 소문이 퍼져 천하의 인재들이 연나라에 모여들었다. 그 중에 한 사람이 유명한 악의樂毅라는 사람이다. 그는 조趙나라 출신이었다. 악의는 대장군이 되어 제나라에 쳐들어가 제나라의 수도를 함락시키고 두 개의 성을 제외한 전국의 70여 성을 반년 만에 자리를 말 듯 빼앗고 제나라 민왕을 마침내 국외로 도주케 하는 세상에 없는 위업을 이루었다.[25)]

돈을 아끼지 말고 외국의 인재를 영입하여야 한다. 우리 교민 출신도 마찬가지이다. "세계는 넓고 할 일은 많다." 라고 누가 말한 바도 있지만 우리는 이렇게 바꾸어 말해야 한다. "세계는 넓고 인물도 많다." 라고.

강태공[26)]은 말했다. "낚싯줄이 가늘고 미끼가 또렷이 보이면 작은 고기가 이것을 물고, 낚싯줄이 톡톡하고 그 미끼가 향기로우면 중치의 고기가 이를 물며, 낚싯줄이 굵고 미끼가 풍성하면 큰 고기가 이걸 무는 법이지요. 대저 고기는 그 미끼를 먹고 이에 낚싯줄에 끌리고, 사람은 그 녹을 먹고 이에 임금에게 복종하는 법입니다. 그러므로 미끼로써 고기를 낚으면 고기를 잡을 수 있고, 녹으로 인재를 잡으면 천하의 인재를 남김없이 다 부를 수 있습니다." 라

25) 김구용 완역, 『열국지』 제5권, 1981, 어문각, 101~102pp. 및 179~184pp. 참조.

26) 周나라의 文王과 武王을 도와 주나라가 殷나라를 뒤엎고 천하를 차지하는 데 큰 공을 세운 사람. 齊나라의 군주로 봉해졌다. 兵法書 六韜 三略의 저자로 알려져 있다. 呂尙이라고도 부른다.

고.[27]

인재를 얻는 데 돈을 아낀다면 참으로 애석한 일이다.

또 하나 중요한 것은 신변의 안전과 자유의 보장이다. 이것은 외국의 현명한 인재를 끌어들이는 데 있어 돈보다도 더 중요한 요소이다. 아인슈타인이 왜 미국으로 왔는가. 폰 브라운[28]은 왜 미국으로 왔는가. 찰리 채플린[29]은 왜 미국을 떠났는가.

네덜란드는 유럽의 작은 나라이다. 그러나 영국과 해양의 패권覇權(막강한 군사력이나 경제력을 행사하여 다른 나라를 지배하거나 영향을 미칠 수 있는 힘)을 다툴 정도의 부강한 나라였었고 지금도 부강을 자랑한다. 그 이유 중의 하나를 나는 이렇게 생각한다. 네덜란드는 유럽의 위대한 인물들의 피난처였다. 종교적인 이유나 정치적인 이유로 자기 나라에서 핍박을 받거나 위협을 받은 많은 인물들이 네덜란드로 피난와서 보호받으면서 자유롭게 활동할 수 있었다. 외국인들에게까지 자유를 보장한 나라였다. 그들 외국인의 사상과 학문 그리고 재능과 기술력이 네덜란드의 저력을 이루었다. 지금 내가 기억하기로는 데카르트, 스피노자 등의 철학자와 사상가 등이 네덜란드에 살면서 활동한 외국

27) 이상옥 역해, 『六韜三略』, 2012, 명문당, 59p.
28) 독일 출신의 미국 로켓 과학자. 나치스 치하에서 V1, V2 로켓을 개발했고 미국에서 새턴V 로켓을 개발했다.
29) 영국의 배우, 감독. 미국에서 활동 중 메카시 선풍으로 미국에서 추방되었다.

인들이지만 이 정도에 그치는 것이 아니리라.

제6절 왕맹王猛과 야율초재耶律楚材

중국 오호십육국시대五胡十六國時代[30] 북부 중국을 통일한 전진前秦의 왕 부견符堅은 저족氐族 출신이었지만 피정복민인 한족漢族 출신의 왕맹을 발탁하여 재상으로 삼았다. 재상을 삼기 전에 일 년 사이에 다섯 번이나 벼슬을 올려주었다. 심지어는 왕맹을 시기하여 그를 욕하고 때리려고 한 같은 저족 출신의 장군 번세를 목베어 죽이기까지 하였다.

그에 관한 더 이상의 이야기는 뒤의 제1편 제2장 제5절 (다) ❹ 부분을 참조하기 바란다.

야율초재는 유명한 징기스칸의 재상이었다. 그는 몽고족이 아니라 거란족(요나라를 세운 민족) 출신이고 징기스칸이 멸망시킨 금나라(여진족이 세운 나라) 재상의 후예였다. 그는 징기스칸을 포함한 네 명의 원元 나라 황제를 보좌하여 세상에 없는 큰 공적을 세웠다. 적국의 인재를 등용한 징기스칸의 안목과 도량이 과연 탁월하다.

30) 西晉이 멸망하기 조금 전의 서기 304년부터 북위가 화북지방을 통일한 439년까지 중국 북부지역에 다섯 개의 異民族이 前後 16국을 세워 爭覇한 대혼란시대. 이어 南北朝時代(서기 439~589)가 열린다.

제2장

인재人才의 등용登用

제1절 적재적소適材適所의 원칙

필요한 곳에 필요한 사람을 쓰는 것, 즉 적소適所에 적재適材를 등용하는 것, 이것이 인사人事의 제1원칙이다.

큰일에는 큰 사람을, 작은 일에는 작은 사람을, 급한 일에는 기민한 사람을, 천천히 꾸준히 할 일에는 느긋하면서 끈기 있는 사람을 쓴다는 원칙이다.

재능이 필요한 곳에는 재능이 있는 사람을, 좋은 인품이 필요한 곳에는 그런 인품을 갖춘 사람을 써야 한다. 지식이나 기능이 필요한 곳에는 그런 것을 가진 사람을, 간판이 필요한 곳에는 간판 역할을 할 만한 명성이 있는 사람을 써야 한다.

사실 이것은 너무도 당연한 이치이고 사람마다 모르는 이가 없건만 실제로는 잘 지켜지지 않고 무시되기 일수이다. 왜 그런가.

(가) 인사권자의 어리석음

첫째 원인은 인사권자의 어리석음이다. 어리석음에는 원래 대책이 없다. 그저 가능하다면 아주 현명한 사람을 어리석은 인사권자의 보좌역으로 붙여서 그의 조언대로 인사를 처리하도록 하면 될 것이다. 하지만 어리석은 인사권자는 그 보좌역을 떼어내 버리거나 그의 말을 안 듣거나 아예 자기보다도 더 못난 사람을 보좌역으로 삼을 터이니 아무 소용이 없다. 그래서 대책이 없다고 말한다.

유일한 해결책은 민주주의체제를 택하여 선거로 인사권자를 교체하는 방법이다. 그 이외에는 방법이 없다.

따라서 민주주의의 선거방식을 적용할 수 없는 경우에는, 예컨대 한 사람의 대주주가 지배하는 폐쇄적 사기업의 경우에는, 어리석은 인사권자를 교체할 방법이 없고 그 결과는 그 기업의 쇠망 이외에는 다른 길이 없다.

이렇게 보면 일찍이 민주주의를 채택한 영국이 부강한 나라가 되어 오랫동안 번영을 누리고 세계를 제패했던 이유를 그런대로 알만하다. 왕정으로 시작했다가 공화정으로 바뀐 로마제국 역시 마찬가지다.

반면에 지대물박地大物博(땅이 넓고 없는 물건이 없음)한 중국이 치세治世와 난세亂世가 정신없이 뒤바뀌고 게다가 치세보다는 난세가 훨씬 더 길었던 이유 역시 알만하다. 즉, 세습군주제世習君主制(왕의 자리를 자기와 같은 혈통의 자손이나 친족에게 물려주는 제도)였기 때문이다.

(나) 인사권자의 탐욕

둘째 원인은 인사권자의 탐욕이다.

탐욕은 어리석음과 상통한다. 원래 불교에서는 탐貪, 진瞋, 치痴를 삼독三毒이라고 부르면서 하나로 취급하지 않는가.

인사권자가 탐욕에 휘둘리면 능력, 인품을 무시하고 자기의 혈육, 친인척, 친지, 동향인을 등용하고 뇌물의 많고 적음에 따라 인사를 한다.

중국 후한 제12대 영제靈帝라는 황제는 측근과 신하들이 돈을 받고 관직을 파는 것을 알고는 남 좋은 일 시키지 말자 하고 대신 직접 나서서 뇌물을 받고 관직을 팔았다. 1만 전의 가격에 1석의 녹봉이라는 식으로 가격을 명시하여 공개적으로 입찰공고를 하기까지 했다. 예를 들면 녹봉이 400석인 자리는 400만 전, 녹봉이 2천 석인 자리는 2천만 전인데, 만약 지위가 삼공三公의 반열이라면 다시 천 석을 더했고, 임명되기 전에 반을 내고 정식으로 임명되면 나머지 절반을 냈다.

돈을 내고 관직을 산 관리들이 스스로 그 비용을 부담할 리가 없다. 임관하고 난 뒤에 죽어라고 백성들을 수탈하였고 조정에서도 못 본 체하고 일체 간섭하지 않았다. 삼국지의 주인공 조조曹操의 아버지 조숭도 태위太尉라는 관직을 1억 전을 주고 샀다.[1)]

그 경위는 이렇다. 선제先帝인 환제桓帝가 아들이 없어서 민간에 거주하던 어린 황족을 데려다가 황제를 삼았는데 그가 바로 영제였다. 그는 즉위 전에 경제적 어려움을 많이 겪었다. 그래서 즉위 후 전임자가 개인적으로 축적해 놓은 재물이 없는 것을 알고 이를 한으로 여겼다. 그는 장성하여 친정체제를 구축하자 그동안 암암리에 이루어지던 매관매직을 공식화하여 그 수입을 환관들의 수중에서 빼앗아 자신의 사재 축적의 수단으로 활용하였다. 궁중의 창고가 다 차고 넘치자 서원西園에 창고를 지어, 들어온 금전을 은으로 바꿔 보관했다. 창고가 차고 넘치게 되자 환관들의 창고를 빌려 보관을 위탁했다.[2)] 이것은 망하는 길이다.

---

1) 이중텐 지음, 김성배 · 양휘웅 옮김, 『삼국지강의』, 2013, 김영사, 102p.

2) 김경한 지음, 『삼국지』 제1권, 2012, 동랑커뮤니케이션즈, 73p.

과연 그 뒤 얼마 지나지 않아 황건적黃巾賊의 난이 일어나고 각지에서 군웅할거群雄割據(뭇 영웅이 여러 곳에서 각기 한 지역씩을 차지하고 독자적으로 세력을 떨치는 것)하는 대혼란시대가 왔는데 이것은 필연적인 결과였다.

다만, 무지와 마찬가지로 이 탐욕도 어느 정도는 시스템에 의하여 통제가 가능하다. 절차의 공개와 법치의 실행이 그 방법이다.

(다) 위계僞計와 위선僞善과 질투

셋째 원인은 피용자被傭者의 위계僞計와 위선僞善과 질투이다.

구직자求職者는 자기의 능력이나 인품을 부풀려 포장하기 쉽다. 지나친 경쟁심으로 남을 모략하기에까지 이른다. 어느 정도는 인지상정人之常情(보통 사람들이 자칫 갖기 쉬운 마음가짐)이라 하겠다. 그러나 도가 넘으면 인사권자의 판단을 그르치고 급기야는 일을 망친다.

해결책은 국민이 정직해지는 것이다. "Honesty is the best policy."라고 한다. 그러나 실제로는 너무 어려운 일이다. 시간이 오래 걸린다.

그러면 어떻게 국민을 정직하게 만들 수 있는가. 국민 모두가 정직해질 수는 없고 모두를 정직하게 만들 수도 없다.

현실적으로는 나라를 이끌고 가는 소위 주도세력을 형성하는 소수의 사람들, 예컨대 엘리트 부류라고 보통 불리는 사람들, 이들을 정직하게 만들어야 한다. 또 이런 정직한 사람들로 주도세력을 형성하여야 한다. 그 방법의 하나는 교육이고, 다른 하나는 법을 어긴 사람들은 그 지위가 높건 낮건 모두 엄격히 처벌하는 법치의 실행이다.[3)]

제2절 지인지감知人之鑑과 정보

(가) 관상술觀相術

1 지인지감

누가 무슨 재능이 얼마나 있는지, 어느 사람의 인품과 성격이 어떠한지 이런 것을 알기는 정말 어렵다. 오죽하면 하늘이 낸 사람이라야 이런 것을 알 수 있다는 말까지 있겠는가. 사실 뛰어난 지인지감(다른 사람의 성격과 능력을 제대로 알아보는 능력)을 가진 위대한 인물들의 이야기를 우리는 역사에서 가끔 발견하고 놀라움과 감탄을 금하지 못한

3) 교육에 대하여는 뒤의 제1편 제9장에서 설명한다. 법치 가운데 重刑必罰主義는 商鞅이 그 한 예인데, 이에 대하여는 제3편 제2장 제2절 (가) 참조.

다. 그들이 무슨 교육을 어떻게 받아서 그런 능력을 갖게 되었는지 대개는 설명이 없다. 그래서 우리는 그런 사람들은 그런 능력을 날 때부터 이미 타고났다고 생각할 수밖에 없다. 실제로 그런 방법을 가르쳐주는 학문도 스승도 없다. 기껏 있는 것은 관상술 정도이다.

2 범려范蠡

범려[4]라는 사람은 문종文種[5]과 함께 월왕 구천句踐[6]을 도와 오吳를 정복하고 오왕 부차夫差[7]를 자결하게 만든 큰 공을 세운 뒤 구천의 만류를 뿌리치고 초야로 잠적하였다. 그때 범려가 문종에게 함께 물러나자고 권유하면서 한 유명한 애기가 사기史記에 전해진다. "고조진이양궁장高鳥盡而良弓藏하고 교토사이주구팽狡兎死而走狗烹인데 구천은 장경오훼長頸烏喙하니 동고同苦는 가하나 동락同樂은 불가하다." 라는 말인데[8] 그 뜻은 "하늘을 나는 새가 다 잡히면 좋은 활은 거

4) 중국 전국시대 월나라의 정치가, 군인. 월왕 구천을 도와 오나라를 정복하였다.
5) 범려와 함께 구천을 도와 오나라를 정복한 공신. 뒤에 구천의 명령을 받아 자결한다.
6) 중국 전국시대 월나라의 왕. 오나라를 정복하는 데 성공하였다. 臥薪嘗膽이라는 고사의 주인공.
7) 중국의 전국시대 오나라의 왕. 처음에는 전쟁에 이겨 월왕 구천을 포로로 잡기까지 하였으나 재상 伍子胥의 말을 듣지 않고 그를 석방하여 귀국시켜 주었다가 20여 년 뒤 구천에게 패하여 죽었다.

두어 넣어두게 되고, 교활한 토끼가 모두 잡히면 사냥개를 삶아먹는 법이오. 구천의 관상을 보면 목은 길고 입은 새처럼 뾰족하니 이런 사람은 어려움은 함께 할 수 있어도 즐거움은 같이 할 수 없소." 라는 것이다. 소위 토사구팽兎死狗烹이라는 고사성어의 출처이다.

3 조조曹操9)

또 삼국지에는 조조가 사마의司馬懿10)의 관상을 보고 "저 사람은 매처럼 흘겨보고 이리처럼 돌아보는 낭고상狼顧相11)이니 이런 사람은 반드시 후일 반역할 사람" 이라고 했다는 얘기가 있다.12)

조조는 어려서부터 기지와 총명함과 권모술수가 있었으

8) 사마천 지음, 정범진 외 옮김,『史記 世家』上, 1994, 까치, 274p.

9) 중국 후한 말 승상이 되어 난세를 평정한 장군 겸 정치가. 삼국지의 주인공이며 꾀가 많기로 유명한 병법의 대가. 그의 아들 조비가 한나라를 대신하는 위나라를 세웠다. 뛰어난 文人이기도 하다.

10) 삼국시대 魏나라의 정치가이며 장군. 조조 밑에서 활동하다가 후에 정권을 잡아 그의 손자 사마염이 위나라를 없애고 晉나라를 세웠다. 宣帝라고 추증되었다.

11) 몸은 돌리지 않은 채 머리만 뒤로 돌려서 바라보는 모습을 낭고상이라고 한다.

12) 晉書 宣帝紀에는 조조가 태자 조비에게 사마의는 낭고상이라 "다른 사람의 신하가 될 사람이 아니니 필경 너의 국가대사에 간여할 것이다." 라고 하였다는 기록이 있다. 자오위핑 지음, 박찬철 옮김,『사마의』, 2013, 위즈덤하우스, 68, 362pp.

며 의협심이 강하고 멋대로 놀기를 좋아해 덕행과 학업을 닦는 일을 등한히 했다. 단지 교현과 하옹이라는 두 사람이 그를 남다른 인물로 알아주었다. 교현이 조조에게 말했다. “천하는 장차 혼란에 빠질 것인데 세상을 구할 만한 재목이 아니면 이를 구제할 수 없을 것이다. 천하를 안정시키는 일은 아마도 그대에게 달려 있을 것인저!”[13)]

하옹도 조조를 보고 이렇게 말했다. “한실漢室이 장차 망할 때 천하를 편안히 할 사람은 오직 이 사람뿐이로다.”

삼국지연의에 의하면 조조는 교현과 하옹의 말을 듣고도 별로 반가워하지 않고 다시 허소를 찾아가서 “그대는 치세의 능신能臣(정치를 잘하는 능력 있는 신하)이고 난세의 간웅奸雄(교활한 꾀가 많은 영웅)이오.” 라는 말을 듣고 그제야 비로소 기뻐하였다고 한다.[14)]

조조의 지인지감도 훌륭하지만 교현이나 하옹, 허소도 사람 보는 눈이 대단하다.

---

13) 진수 지음, 김원중 옮김, 『정사 삼국지』 위서 제1권, 2002, 신원문화사, 53p.

14) 나관중 지음, 황석영 옮김, 『삼국지』 제1권, 2003, 창작과비평사, 38p. ; 김경한 지음, 『삼국지』 제1권, 2012, 동랑커뮤니케이션즈, 33p.

4 이세적李世勣

자치통감資治通鑑15)에는 이세적16)이 부하장수를 쓸 때는 항상 관상을 보아 재주나 용기보다 오히려 복福이 있는지 여부를 살펴보고 복이 있는 사람에게 일을 맡겼다는 얘기가 있다. 박명薄命(복이 없고 팔자가 사나운 것)한 사람에게 맡겨서는 더불어 성공하기 어렵기 때문이라고 그 이유를 설명했다고 한다.17)

5 반골反骨 위연魏延

소설 삼국지에서는 제갈량이 위연의 관상을 보고 그에게 반골이 있음을 알고 그를 늘 경계하는 것으로 나와 있다. 그리고 후에 제갈량이 죽자마자 위연이 반란을 일으킨 것을 보고 제갈량의 사람 보는 눈이 정확했음에 감탄하게 한다. 그러나 이는 소설이 꾸민 이야기라고 생각한다. 위연은 형주에서부터 줄곧 유비를 추종하여 충성을 다했고 제갈량과 비록 전략 측면에서 의견을 달리한 바가 있었지만 결국은 언제나 그의 명령에 따라 선봉 대장 역할을 충실히 하였다. 제갈량의 사후에 양의의 명령에 불복하여 그와의

15) 중국 北宋의 名臣 司馬光이 쓴 역사서.

16) 고구려 정복전쟁을 지휘한 중국 唐나라의 명장.

17) 詳密註解 通鑑諺解 卷之十二, 신구서림, 12p. 臨事選將 必訛相其狀貌豊厚者 遣之 或問其故 勣曰 薄命之人不足與成功名.

사이에 지휘권을 놓고 다투다가 죽었지만 이것을 제갈량이나 촉한에 대한 반란으로 볼 수는 없다. 성격이 오만하여 남과 잘 다투고 심지어는 제갈량에 대하여도 불복하는 일이 잦았기 때문에 후세에 이런 반골의 이야기가 만들어진 듯하다. 진수의 정사에도 다음과 같은 기록이 있어 이런 추측을 뒷받침한다.

「위연은 항상 제갈량을 겁쟁이라고 말하며 자신의 재능을 충분히 발휘할 수 없음을 한탄했다. 위연은 사졸을 잘 양성하였고 사람들을 뛰어넘는 용맹심이 있었으며 또 성격이 오만하였으므로 당시 사람들은 모두 그를 피하였다. 오직 양의만은 위연에게 조금도 양보하지 않았으므로 위연은 매우 분개하였는데 마치 불과 물 같았다. (중략) 위연의 마음을 추측해 볼 때 북쪽으로 가서 위나라에 항복하지 않고 남쪽으로 돌아온 것은 단지 양의 등을 제거하여 죽이려고 한 짓이다. 평상시 여러 장수들과 항상 의견이 달랐고, 그 당시 여론이 틀림없이 자신이 제갈량을 대신해야 한다고 하기를 바랐을 뿐 위연의 본래 뜻은 촉나라를 배반하려고 하지는 않았다.」[18)]

18) 진수 지음, 김원중 옮김, 『삼국지』 제5권 촉서, 2001, 신원문화사, 231, 233pp.

6 관상의 한계

관상을 보는 믿을 만한 방법을 과연 배울 수 있는지 알 수 없고 배울 수 있다고 해도 그 적중률이 얼마나 되는지 역시 알 수 없다. 상식으로 보면 결론적으로 관상은 너무 의지할 수 없고 너무 믿어도 곤란하다고 해야 맞는다.

(나) 손자병법孫子兵法

1 손자孫子[19]

특별히 사람을 알아보는 재주를 타고난 사람이 아닌 보통 사람은 어떻게 해야 하는가.

손자병법의 저자인 손자의 방법을 따를 수밖에 없다.

손자는 말했다. "총명한 군주와 총명한 장수가 움직이면 적을 이기고 성공한 바가 출중하게 많은데 그것은 먼저 알기 때문이다. 미리 아는 것은 귀신에게 얻을 수 없고, 일에서도 조짐을 알 수 없으며, 도수를 계산해서 미리 알아챌 수 없고, 반드시 사람을 통해서 적을 아는 것이다(성공출어중자成功出於衆者, 선지야先知也. 선지자先知者, 불가취어귀신不可取於鬼神, 불가상어사不可象於事, 불가험어도不可驗於度, 필취어인必取於人, 지적지정자야知敵之情者也)."[20]

19) 중국 전국시대 兵法의 대가. 오왕 합려의 대장이 되어 초를 정벌하였다. 그의 저서로 손자병법 13편이 전한다.

"귀신에게 얻을 수 없다(不可取於鬼神)" 라고 하는 말은 기도를 통해 귀신으로부터 정보를 얻는 것을 가리키고 "일에서 조짐을 알 수 없다(不可象於事)" 라고 함은 관상술에 의할 수 없음을 말하며 "도수로도 예측할 수 없다(不可驗於度)" 라고 하는 얘기는 점을 쳐서도 알 수 없다는 말이다.[21]

2 강태공姜太公[22]

사기史記에 보면 주문왕周文王[23]이 사냥을 나가기 전에 사편史編을 시켜 점을 치니 "잡을 것은 용도 이무기도 아니고 호랑이도 곰도 아닙니다. 잡을 것은 장차 공작이나 후작이 될 만한 큰 인물입니다." 라고 하였는데 과연 사냥을 나가서 위수渭水가에서 곧은 낚시를 하던 강태공姜太公을 만나 그와 이야기를 나누어 보고는 크게 기뻐하여 함께 수레를 타고 돌아와 그를 사師로 삼았다고 한다.[24]

---

20) 김상일 역해, 『손자병법』, 1972, 하서출판사, 420p. ; 유동환 옮김, 『손자병법』, 2005, 홍익출판사, 196p.; 노병천 옮김, 『도해 손자병법』, 2009, 연경문화사, 310p.

21) 리링 지음, 임태홍 옮김, 『유일한 규칙』, 2013, 글항아리, 471, 472pp. ; 리링 지음, 김승호 옮김, 『전쟁은 속임수다』, 2012, 글항아리, 815, 817pp.

22) 나이 80에 周文王의 재상이 되어 周나라를 부강한 나라로 만들고 그 뒤 문왕의 아들 武王 때 殷나라를 정벌하여 周의 천하를 만들었다. 그 공으로 齊나라의 제후로 봉해졌다. 일명 여상.

23) 중국 고대 周나라의 군주. 선정을 베풀어 그 아들 무왕이 殷나라를 정벌하여 새 왕조를 열었다. 공자가 가장 존경하는 聖人.

과연 신통한 점이 아닐 수 없다. 그러나 이 점 얘기는 주나라의 건국이 천명天命임을 내세우기 위하여 나중에 만들어 낸 이야기일 가능성도 없지 않다.

사마천의 사기세가상 제태공세가史記世家上 齊太公世家의 기록을 보면 주무왕周武王이 은주왕殷紂王을 정벌하려 출정하는 마당에 거북점을 쳤는데 점괘가 불길하였고 때마침 폭풍우가 쏟아졌다고 한다. 그래서 여러 대신들이 모두 두려워하면서 출정의 중지를 요청하였으나 강태공만은 강력히 출정을 권하여 마침내 무왕이 출정하였다고 한다. 그 결과는 무왕의 대승이었다. 이로 미루어 보건대 강태공은 그 옛날에도 이미 점괘에 좌우되거나, 일기의 변화를 무슨 징조로 여기는 그런 사람이 아니었음을 알 수 있다.

'육도六韜'라는 책에 보면 문왕과 강태공 여상呂尙이 처음 만나서 나눈 문답이 상세히 기록되어 있는데 그 내용이 매우 심오하다. 특히 문도文韜 편에 나오는 여러 주장은 자못 경청할만하다. 예컨대 "천하는 한 사람의 천하가 아니고 천하 모든 사람의 천하이다. 그러니 천하의 이익을 천하와 함께 누리는 자는 천하를 얻을 것이오, 천하의 이익을 혼자 독차지하는 사람은 천하를 잃는다(천하비일인지천하天下非一人之天下 내천하지천하乃天下之天下 동천하지리자同天下之利者 즉

24) 사마천 지음, 정범진 외 옮김, 『史記 世家』 上, 1994, 까치, 28p.

득천하則得天下 단천하지리자擅天下之利者 즉실천하則失天下).” 라고 하는 등[25] 주옥 같은 말이 많다.

이로 미루어 본다면 주문왕이 80여 세의 여상呂尙을 발탁한 까닭은 점의 예언을 믿었기 때문이 아니라 그의 놀라운 식견과 지혜 때문임을 쉽게 알 수 있다. 지금으로 치면 첫 인터뷰에서 대박을 친 셈이다.

육도라는 책이 후세의 위작僞作이라고 하는 주장이 있지만 나는 아니라고 생각한다. 나는 전문적인 고증考證의 지식은 없다. 그러나 후세의 누구도 강태공만큼 위대한 업적을 실제로 이루어낸 사람이 없는데 그런 위대한 업적을 이루어낼 만한 사람이 아니고는 도저히 피력할 수 없는 탁월한 식견과 지혜로 이 책이 가득 차 있음에 비추어 이 책은 결코 위작이 아니라고 본다.

3 정보원情報員

그렇다면 어떻게 사람을 알아볼 수 있는가. 손자의 말대로 상대의 정情을 아는 사람을 통하여 알아보는 수밖에 없다. 정보원을 통해서 알아낸다 함인데 여기서의 정보원은 간첩은 물론 상대의 재능, 성격, 인품, 장단점 등에 관한 상세하고 정확한 온갖 정보를 한 가지라도 제공해주는 모든

25) 이상옥 역해, 『六韜三略』 2012, 명문당, 63p.

사람을 포함한다.

인물에 관한 정보는 우발적으로 주워듣는 형식이 아니라 체계적으로 수집하고 관리하여야 한다. 최고의 인재를 그 수장首長으로 하고 돈을 아끼지 말아야 한다. 잘못된 정보로 인하여 또는 빠뜨린 정보로 인하여 입게 되는 막심한 피해를 생각하면 정보를 수집하는 데 결단코 돈을 아껴서는 안 된다. 예컨대 정확한 정보가 있었다면 막을 수 있었던 전쟁이나 패전을 정보가 없어 막지 못했다면 그 피해는 아낀 돈에 비해 엄청나게 크지 않겠는가.

(다) 관중管仲

관중[26]은 원래 자기가 모시던 공자 규糾[27]를 위하여 그의 경쟁자인 공자 소백, 즉 후일의 제환공齊桓公[28]을 죽이려고 활을 쏘아 그의 혁대 갈고리를 맞추기까지 했던 사람이었다(관중사구管仲射鉤). 그 관중이 제환공의 포로가 되어 수

26) 중국 춘추시대 초기의 정치가이자 사상가로 제환공의 재상이 되어 그를 춘추오패春秋五覇의 제1인자로 만들었다. 그와 포숙아 사이의 우정은 관포지교管鮑之交라 하여 후세의 모범이 되었다. 공자도 그 업적을 크게 칭송하였다.

27) 제환공과 왕위를 놓고 다투던 그의 이복 형. 제환공이 왕위에 오르자 망명 중이던 노나라에서 살해되었다.

28) 중국 춘추시대의 제나라 군주. 관중을 등용하여 춘추시대 첫 번째 覇者가 되었다.

감 중에 있었는데 그가 위대한 인물임을 알고 제환공은 그를 감옥에서 꺼내어 하루아침에 재상을 삼았다(탈수배상脫囚拜相).[29)]

관중의 위대한 재능을 제환공은 어떻게 알아냈는가. 그것은 관중과 어려서부터 친구가 되어 그를 속속들이 잘 알고 있었던 포숙아鮑叔牙[30)]라는 신하를 통하여 가능했다. 그를 잘 아는 포숙아의 천거를 받아들여 내린 결단이었다. 기도를 하여 귀신이 알려준 정보도 아니고 점을 쳐서 알아낸 바도 아니며 시험을 봐서 뽑아낸 인물도 아니다. 오직 포숙아라는 그의 친구를 통하여 관중의 위대한 재능을 알게 되었다. 손자가 말한 적의 정을 잘 아는 사람을 통하여 안다(필취어인必取於人 지적지정자야知敵之情者也) 함에 바로 해당하는 사례이다.

관중은 이렇게 말하였다.

---

29) 탈수배상은 감옥에서 나와 재상에 임명되다 라는 뜻인데 원래는 도망간 죄수 百里奚를 찾아다가 재상을 삼은 秦穆公의 고사를 가리키는 말이었다. 김구용 완역, 『열국지』 제2권, 1981, 어문각, 29p.

30) 제나라의 정치가. 관중의 친구로 管鮑之交라는 고사성어의 주인공. 生我者는 父요 知我者는 鮑라고 한 관중의 自歎이 유명하다. 사마천 지음, 정범진 외 옮김, 『사기 열전』 상, 1995, 까치, 16p.

「내가 예전에 곤궁할 때 포숙과 함께 장사를 한 일이 있었는데 이익을 나눌 때 내가 더 많이 차지하곤 하였다. 그럼에도 포숙이 나를 탐욕스럽다고 여기지 않았는데 이는 내가 가난함을 알고 있었기 때문이다. 내가 예전에 포숙을 대신해서 어떤 일을 벌이다가 (실패하여) 그를 더욱 곤궁하게 하였건만 포숙이 나를 어리석다고 여기지 않았는데 이는 시운이 좋을 때와 나쁠 때가 있음을 알았기 때문이다. 또 내가 일찍이 세 번이나 벼슬길에 나섰다가 세 번 모두 군주에게 내쫓기고 말았으나 포숙이 나를 못났다고 여기지 않은 것은 내가 아직 때를 만나지 못했음을 알고 있었기 때문이다. 그리고 내가 세 번 싸움에 나가 세 번 모두 도망쳤을 때에도 포숙이 나를 겁쟁이라고 여기지 않았음은 나에게 노모가 있음을 알았기 때문이다. 공자 규가 (왕위를 놓고 다투다가) 패하자 소홀召忽[31]은 죽고 나는 붙잡혀 굴욕을 당하였을 때에도 포숙이 나를 수치도 모르는 자라고 여기지 않았음은 내가 사소한 일에는 수치를 느끼지 않으나 천하에 공명을 날리지 못함은 부끄럽게 여기고 있음을 알았기 때문이다. 나를 낳아준 이는 부모지만 나를 알아주는 이는 포숙이다(생아자부生我者父 지아자포知我者鮑).」

31) 관중과 함께 공자 규를 섬기던 신하. 공자 규가 왕위 경쟁에서 패하여 죽자 그를 따라 자결하였다.

포숙은 관중을 천거하여 재상이 되게 한 뒤 자신은 그 아랫자리에 있으면서 관중을 받들었다. 그래서 세상 사람들은, 재상이 되어 제환공을 패자霸者(강한 무력이나 경제력을 가지고 다른 나라를 지배하거나 압박할 수 있는 힘을 패권이라 하고 그런 패권을 가진 사람을 패자라고 부른다)로 만들고 천하를 안정시킨 관중의 재덕을 칭찬하기보다는 사람을 잘 알아보는 포숙을 더욱 칭찬하였다고 한다.[32)]

포숙아와 관중은 젊어서는 같이 장사도 하고 같이 전쟁에도 나가고 했지만 그 뒤 벼슬길에 나서서는 그들 각자가 섬기는 주인들은 서로 적대관계에 있었다. 관중은 공자 규의 참모가 되었고 포숙아는 후일의 제환공이 된 공자 소백의 참모가 되었는데 공자 규와 공자 소백은 제나라 왕의 후계자 자리를 다투는 치열한 경쟁자였다. 그래서 관중이 공자 소백을 죽이려고 그에게 활까지 쏘아 그 배를 명중하여 모두가 소백이 죽은 줄로 알기까지 했다. 그러나 관중이 쏜 화살은 천행으로 소백의 허리띠 갈고리에 맞아 소백은 죽음을 면하였다.

이런 관계를 생각하면 포숙아가 관중을 재상으로 천거한 것 자체도 소인小人이라면 할 수 없는 일이었다. 또한 아무리 어려서부터의 친구라 하더라도 포숙아는 어찌 관중에게

32) 사마천 지음, 정범진 외 옮김, 『사기 열전』 상, 1995, 까치, 15p.

그런 위대한 재능이 있음을 알 수 있었던가. 그의 지인지감이 놀랍다. 더구나 그를 천거한 뒤 그 밑에서 기꺼이 일한 그의 인품은 더욱 놀랍다.

뿐만 아니라 친구를 천거하는 포숙아의 말을 그대로 믿고서 자기의 원수怨讐라고 할 만한 사람을 감옥에서 꺼내어 재상을 삼은 제환공의 안목과 도량은 참으로 놀랍다. 제환공이 보통 사람 같았으면, 친구를 재상으로 추천하는 행동은 끼리끼리 사당私黨을 만드는 행위라고 의심하여 이를 나쁘게 보고 포숙아를 나무랐을 터이다. 포숙아를 전적으로 믿고 따른 그의 지인지감도 역시 놀라운 일이 아닐 수 없다.

제3절 신信과 임任의 동행同行

(가) 신임동행信任同行의 원칙

첫째로 어떤 인물이 어떤 일에 적재임을 알면 반드시 그에게 그 임무를 맡겨야 한다. 적재임을 알았으면 그 사람을 그 자리에 써야 하고 적재가 아님을 알았으면 그 자리에 쓰지 말아야 한다.

둘째로 임무를 맡기면 그 맡은 사람을 반드시 믿어야 한다.

이와 같이 믿음信과 맡김任이 같이 가야 한다 라는 원칙을 신임동행의 원칙이라고 이름할 수 있다.

중국 춘추시대 제齊나라 명재상인 안영晏嬰[33])이 남긴 명언 중에 삼불상三不詳(상서롭지 못한 일 세 가지)이라는 말이 있다國有三不祥.[34])

제 경공景公이 사냥을 나갔다가 산 위에서는 호랑이를, 못가에서는 뱀을 보았다. 돌아와 안자를 불러 이렇게 물었다. 오늘 과인이 사냥을 나갔다가 산에 올라서는 호랑이를 보았고, 아래로 내려와 못가에서는 뱀을 보았소. 이는 소위 말하는 상서롭지 못한 징조가 아닌지요?

이에 안자는 이렇게 풀이해 주었다.

나라에는 세 가지 상서롭지 못한 일이 있는데 방금 있었던 일은 그 속에 포함되지 않습니다. 즉, 무릇 그 나라에 현인이 있는데도 이를 알아보지 못하는 것有賢而不知이 첫 번째 불상이요, 알기는 하되 등용하지 않는 것知而不用이 두 번

---

33) 중국 춘추시대 제경공의 상국. 晏子로 불리는 현인. 『晏子春秋』라는 책이 있다. 키가 아주 작았던 것으로도 유명하다.

34) 임동석 역주 『안자춘추』, 1997, 동문선, 내편 간하 035, 75p. ; 유향 찬집, 임동석 역주, 『설원』 상, 군도 023, 1997, 동문선, 31p. ; 이윤희 풀어 엮음, 『심각한 농담』, 1994, 여강출판사, 159p.

째 불상이요, 등용하고도 그에 알맞은 임직을 주지 않는 것用而不任이 세 번째 불상입니다.

소위 말하는 상서롭지 못한 것, 즉 불상이란 이와 같은 것을 두고 하는 말입니다. 지금 산 위에서 호랑이를 보았다고 했는데 그곳은 호랑이의 서식처이기 때문이요, 못가에서 뱀을 본 것은 그곳에 뱀의 굴이 있기 때문입니다. 호랑이 집에서 호랑이를 보고 뱀의 굴에서 뱀을 본 것이 어찌 상서롭지 못한 일이겠습니까?』

제환공과 관중의 대화 가운데 이런 것이 있다.

『제환공이 관중에게 묻는다. "과인은 불행하게도 사냥과 여자를 좋아하오. 장차 패업霸業을 성취하는 데 해롭지 않겠소?"

관중이 대답한다. "해되지 않습니다." 제환공이 다시 묻는다. "그러면 어떤 것이 해롭소?"

관중이 말한다. "어진 사람을 쓰지 않으면 천하를 제패하는 데 해로우며, 어진 사람인 것을 알면서도 쓰지 않으면 천하를 제패하는 데 해로우며, 어진 사람을 쓰되 신임하지 않으면 천하를 제패하는 데 해로우며, 어진 사람을 신임하면서도 소인小人들을 참석시키면 천하를 제패하는 데 해롭습니다."』 35)

이를 "의인물용 용무의疑人勿用 用無疑" 라고 한다. 이 말은 총신寵臣 역아와 수초가 관중이 월권한다고 헐뜯자 제환공이 "중부仲父(군주가 자기의 아주 존경하는 사람을 부르는 호칭)는 과인의 팔다리나 다름없다. 팔다리가 있어야 완전한 몸이 되듯이 중부가 있어야 과인도 임금이 될 수 있다." 라고 하면서 그들을 물리쳤다는 고사故事를 두고 어느 시인이 읊었다는 시의 첫 구절이다.[36]

인재에게 일을 맡겨 그 능력을 사용케 하는 것은 그래야 어려운 일을 해낼 수 있기 때문이다(임재사능任材使能 소이제무所以濟務)라 하였다.[37] 또 기왕에 쓰던 사람을 원하는 곳에 등용하지 않으면 그의 마음을 잃게 되어 그가 떠나가게 될 것이고(기용불임자旣用不任者 소疏),[38] 일을 맡기고도 믿지 못하고 믿는 사람에게 일을 맡기지 못하면 어리석은 사람이다(소임불가신所任不可信 소신불가임자所信不可任者 탁濁) 라고 하였다.[39]

알면서도 쓰지 않는다면 안다고 하는 것이 아무 소용이

35) 김구용 완역, 『列國志』 제1권. 1981, 어문각, 265p.
36) 김구용 완역, 『列國志』 제1권. 1981, 어문각, 280p.
37) 黃石公 素書, 『世昌書館』, 6p.(落張으로 발행연도 확인 불능) ; 이 책의 부록 1. 소서 제3장(10).
38) 이 책의 부록 1. 소서 제5장(22) 참조.
39) 앞 주의 책, 14, 16p. ; 이 책의 부록 1. 소서 제5장(40).

없으므로 결국 어리석은 것이고 쓰면서도 믿지 않는다면 맡은 사람은 제 능력을 다 발휘할 수 없어 그 사람을 쓰나 마나 한 것이 되므로 역시 어리석은 일이다.

(나) 임의任疑의 위험

중대한 일을 맡겨 놓고도 그 사람을 의심한다면 그보다 더 위험한 일은 없다(위막위어임의危莫危於任疑).[40] 진나라가 망한 뒤 초와 한이 서로 싸울 때 한고조漢高祖 유방劉邦이 한신韓信을 파초대원수破楚大元帥에 임명하여 항우項羽를 격파하고 승리하였지만 유방은 시종始終 한신을 의심하여 끝내는 한신으로 하여금 반란을 일으키도록 만들었으니 그렇게 위험할 수가 없었다.

연나라 소왕이 악의를 대장으로 삼아 제나라를 정벌할 때의 얘기이다. 악의가 6개월 만에 제나라의 70여 성을 항복받고 나서도 아직 나머지 두 성을 함락시키지 못한 채 포위만 계속하고 있자 연나라 태자가 악의를 시기하는 다른 신하의 참소를 믿고 아버지 연 소왕에게 말했다. "악의가 장차 제나라의 왕이 되려고 제나라 백성에게 은혜를 베

40) 앞 주의 책, 10p. ; 이 책의 부록 1. 소서 제4장(15).

풀고 있답니다.”

연소왕은 오히려 대노하여 태자에게 매 20대를 치고 악의에 대한 신임을 과시했다. 맡기고 나면 믿어야 한다.

그러나 그 뒤 연소왕이 죽고 태자가 왕이 되자 바로 악의의 사령관직을 해임하고 귀국을 명하였다. 악의는 신변의 위험을 느끼고 다른 나라로 망명하였다. 사령관이 바뀌자 연나라군은 전쟁에서 참패하고 이로써 연나라의 제나라 정복은 실패로 끝났다.[41]

다른 예도 있다. 전국시대 위문후魏文侯[42]가 악양樂羊[43]을 대장으로 삼아 중산국中山國을 쳐들어갔다. 악양이 하루 아침에 원수元帥가 되어 정벌군의 사령관이 되었음을 시기하여 그 전쟁기간 중 뭇 신하들이, 악양이 반역을 꾀한다는 상소장을 수 없이 올렸다. 그러나 위문후는 이를 믿지 않고 모두 괘짝에 넣어 밀봉했다가 악양이 개선한 뒤에 비로소 그 괘짝 두 개를 악양의 집에 보내어 열어보게 하였다. 상소장을 읽어본 악양은 위문후의 신임에 크게 감격하였다고 한다.[44]

---

41) 김구용 완역, 『열국지』 제5권, 1981, 어문각, 183~190pp.
42) 중국 전국시대 魏나라의 초대 제후. 오자병법의 저자 오기, 악양, 서문표 등을 등용하여 위나라를 覇權국가로 만들었다.
43) 중국 전국시대의 명장. 유명한 악의의 선조.

(다) 상앙商鞅과 왕안석王安石

중국 역사상 걸출한 개혁가로는 상앙[45]과 왕안석[46]이 있다. 상앙은 전국시대 진효공秦孝公의 재상이었고 왕안석은 북송北宋 신종神宗의 재상이었다. 상앙은 변법變法[47]을 시행하여 진나라의 부국강병을 이루어 중국 통일의 기초를 닦았다. 왕안석은 북송 신종 때 신법新法[48]을 시행하여 부국강병을 꾀하였으나 실패하였다. 상앙은 진효공의 신임을 끝까지 일관되게 받아서 반대파를 제압하고 그 정책을 완벽하게 실현할 수 있었으나 왕안석은 신종의 신임이 일관되지 못하여 반대파를 제대로 제압하지 못하였고 그 결과 정책의 추진이 철저하지 못하여 끝내 개혁에 실패하였다.

두 사람의 차이를 만들어 낸 갈림길은 군주의 신임이 끝까지 일관되게 유지되었는가 여부였다. 진효공은 태자가

44) 김구용 완역, 『열국지』 제4권, 1982, 어문각, 393~397pp.

45) 전국시대 법가의 한 사람(?~BC338). 부국강병책으로 진효공을 도와 후일 진시황이 중국을 통일하는 기초를 마련했다. 상앙에 대하여는 후술 제3편 제2장 제2절 '공정과 엄격' (가) 부분 참조.

46) 북송의 정치가이며 唐宋 八大家에 속하는 뛰어난 문필가. 生沒 서기 1021년~1086년. 얼굴이 매우 검은 데다가 목욕을 하지 않고 옷도 갈아 입지 않았다 하여 유명하다.

47) 진나라를 개혁하기 위해 종래의 법을 바꾼 상앙의 법을 변법이라 부른다.

48) 부국강병을 위한 왕안석의 균수법, 청묘법, 모역법, 보갑법, 보마법 등을 신법이라 부르고 종래의 법을 구법이라 부른다.

변법을 반대하자 그를 직접 처벌하는 대신 태자의 스승 두 사람 중 한 사람은 코를 베어버리고 한 사람은 얼굴에 문신을 하는 중벌을 내려 상앙에 대한 신임을 과시하였다. 신종은 대신들이 신법을 반대하자 두 번이나 왕안석을 재상직에서 사임케 하여 그 신임이 철저하지 못하였다.

신信과 임任의 동행이 얼마나 중요한가를 알 수 있다.

한편 개인적으로 보면 상앙은 진효공이 죽자 반대파에 몰려 살해되었고 살해된 뒤에도 다시 거열車裂(사람의 두 팔과 두 다리를 소가 끄는 네 대의 수레에 각기 묶어놓은 뒤 그 수레를 사방으로 끌고가도록 하여 신체를 찢어 죽이는 형벌)까지 당하는 비참한 최후를 맞았다. 그에 반해 왕안석은 개혁에는 실패하였지만 정계에서 은퇴한 뒤에도 낙향하여 술병을 차고 나귀 등에 앉아 산천을 유람하며 시를 짓는 여생을 즐기다가 생을 마감하였다. 개인으로서는 상앙이 불운하였으나 국가를 위하여는 불멸의 대업을 이루었으니 과연 누가 더 위대할까.

두 사람의 사례를 보면 아무리 훌륭한 인재라 하여도 신信과 임任이 같이 가야만 제대로 일할 수 있고 그렇지 않으면 실패함을 알 수 있다.

제4절 출신과 나이에 따른 차별

(가) 미미한 출신

재능이나 덕망이 있는 사람을 써야 할 때 그 출신이 미미하다고 하여 이를 쓰지 않는 일은 없어야 한다.

요즘으로 친다면 출신학교가 별로이거나 집안이 명문세가名門世家(이름 있는 훌륭한 집안이나 대대로 높은 벼슬을 한 집안)가 아니라 하여 그 재능과 덕망을 무시하면 어리석은 짓이다. 마찬가지로 과거의 경력이나 업적에 볼 만한 점이 없다 하여 그 재능을 살펴보지 않고 무조건 그 사람을 쓰지 않는다면 역시 안 될 일이다. 아무리 재능이 출중하다 하여도 그 재능을 발휘할 기회가 없어 남의 눈에 띄지 않았을 수도 있고 집안이 가난하여 명문학교에 들어갈 형편이 못된 경우도 있기 때문이다. 타고난 우수한 자질이 세대를 뛰어넘어 발휘되는 수도 있으며 혹은 숨어 있던 재능이 나이가 들어서 뒤늦게 발견되는 수도 역시 있다. 이런 일은 덕망의 경우에도 마찬가지이다.

(나) 모수자천毛遂自薦

모수자천毛遂自薦이라는 일화가 있다.[49] 기회를 얻지 못하여 아직껏 재능을 발휘하지 못했다는 사례이다. 사기열전史記列傳에 따라 그 이야기를 옮겨본다.

「진秦나라가 조趙나라 수도 한단을 포위하자 조나라는 평원군平原君50)을 시켜 초나라에 구원을 청하며 합종合縱51)의 동맹을 성사시키도록 지시하였다. 평원군은 식객과 문하에서 용기와 힘이 있고 문무를 겸비한 자 20명과 함께 가기로 약속하였다. 평원군이 말하기를 "선비는 바깥에서 찾지 않고, 저의 식객과 문하에서 뽑으면 족합니다."라고 하였다. 19명을 얻었으나 나머지 한 명은 취할 사람이 없어서 미처 20명을 채우지 못하였다.

문하에 모수毛遂라는 사람이 있었는데 앞에 나아가 평원군에게 스스로 추천하여 말하기를 "제가 들으니 선생께서는 장차 초나라와 합종하고자 하여 식객과 문하의 20명과 함께 가기를 약속하고, 사람을 외부에서 찾지 않기로 하셨습니다. 이제 한 사람이 모자라니 선생께서는 저를 가지고 인원을 채워 함께 가시기를 원합니다."라고 하였다.

49) 사마천 지음, 정범진 외 옮김, 『사기 열전』 상, 1995, 까치, 230~233pp.

50) 빈객을 삼천 명이나 거느렸다는 중국 전국시대 말의 조나라의 유명한 公子. 조나라의 재상을 세 차례 지냈다.

51) 중국 戰國時代 西쪽의 强한 秦나라의 위협에 시달린 東쪽 六國이 縱으로 연합하여 강한 진나라에 대항하자는 동맹정책.

평원군이 말하기를 "선생이 나의 문하에 있은 지 오늘로 몇 해나 되었습니까?" 라고 하였다. 모수가 말하기를 "오늘로 3년이 되었습니다." 라고 하였다. 평원군이 말하기를 "무릇 현명한 선비의 처세라 함은 비유하자면 주머니 속에 있는 송곳과도 같아서 당장에 그 끝이 밖으로 드러나 보이는 것입니다. 지금 선생께서 나의 문하에 있은 지 오늘까지 3년이지만 좌우에서 칭찬하여 말하는 일이 없었고 나도 들은 적이 없으니 이는 선생에게 뛰어남이 없기 때문입니다. 선생은 갈 수 없으니 그냥 이대로 계시오." 라고 하였다.

모수가 말하기를 "저는 오늘에서야 선생의 주머니 속에 있기를 청합니다. 저로 하여금 일찍부터 주머니 가운데 있게 하였다면 끝만 아니라 자루까지도 벌써 나왔을 것이니 아마도 그 끝만 보이지는 않았을 것입니다." 라고 하였다. 평원군이 마침내 모수를 데리고 함께 떠났다. 19명은 서로 눈빛으로 모수를 비웃었지만 소리를 내지는 않았다.

모수가 초나라에 도착하기 전에 19명과 의논을 하는데 (모수의 의견을 듣고는) 19명이 모두 (그 식견에) 탄복하였다. 평원군이 초나라와 합종하기 위하여 그 이해관계를 초나라 왕과 이야기하는데 해가 뜰 때 시작하여 한낮이 될 때까지도 결정을 내리지 못하였다. 19명이 모수에게 말하기를 "선생이 당堂 위에 오르시지요." 라고 하였다. 모수가 왼손에는 칼을 쥐고 오른손으로는 칼자루를 잡고 한 걸음에 한 계단씩 빠르게 위로 올라가 평원군에게 "합종의 이로움과 해로움은 두 마디면 결정되는 것인데 해가 뜰 때부터 합종을 이야기하여 한낮이 되도록 결정을 하지 못하는 것은 무슨 까닭입니까?" 라고 물었다.

초나라 왕이 평원군에게 "저 사람은 누구입니까?" 라고 물었다. 평원군은 "저 사람은 저의 문객입니다." 라고 대답하였다. 초나라 왕이 꾸짖으면서 "어째서 내려가지 않느냐? 내가 그대의 주인과 함께 이야기하고 있는데 그대는 무엇을 하고 있느냐!" 라고 말하였다. 모수가 칼을 만지면서 말하였다. "왕께서 저를 꾸짖는 것은 초나라의 군사가 많다고 생각하시기 때문입니다. 그러나 지금은 왕께서 저와 열 걸음 안에 있으므로 초나라 군대가 아무 소용이 없습니다. 왕의 목숨은 저의 손에 달려 있습니다. 우리 주인이 앞에 있는데 꾸짖으심은 무슨 까닭입니까? 또 제가 들으니 탕왕湯王[52]은 사방 70리의 땅으로 천하에서 왕 노릇을 하였고, 문왕文王[53]은 사방 100리의 땅으로 제후들을 신하로 삼았다고 하는데, 이 모두가 어찌 그 군사가 많았기 때문이었겠습니까? 진실로 그 세력에 의지해서 위엄을 잘 떨

52) 商나라의 건국자.
53) 周 문왕인 姬昌.

쳤기 때문이었습니다. 지금 초나라의 땅이 사방 5,000리이고, 병기를 가진 군사가 100만 명인데, 이는 패자覇者로서 왕이 될 만한 바탕입니다. 이러한 초나라의 강대함을 천하에 당해낼 나라가 없습니다.

백기白旗[54]와 같은 한낱 하찮은 자가 수만의 무리를 이끌고 군대를 일으켜 초나라와 전쟁하여 한 번 싸워서 언영을 빼앗고, 두 번 싸워서 이릉을 불사르고, 세 번 싸워서 왕의 조상을 욕보였습니다. 이것은 백세百世의 원한이며 또한 조나라도 수치스러워 하는 일입니다. 그런데 왕께서는 이러한 수치스러움을 깨닫지 못하고 계십니다. 합종은 초나라를 위하는 일이지 조나라를 위한 동맹은 아닙니다. 우리 주인이 앞에 있는데 꾸짖는 것은 무슨 까닭입니까?"

초나라 왕이 말하기를 "과연 그렇소. 진실로 선생의 말이 맞소. 삼가 사직을 받들어 합종하겠소." 라고 하였다. 모수가 "합종을 결정하였습니까?" 라고 묻자 초나라 왕이 "결정하였소." 라고 대답하였다.

모수가 초나라 왕의 좌우 신하들에게 "닭과 개와 말의 피를 가지고 오라." 고 말하였다. 모수가 구리쟁반을 받쳐 들고 무릎을 꿇은 채 그것을 올리며 초나라 왕에게 말하기를

54) 秦나라 최고의 名將. 장평 싸움에서 조나라 군대 40만 명을 포로로 잡고 그들을 생매장해서 죽였다고 한다.

"왕께서 마땅히 피를 마셔 합종의 맹약을 결정하십시오. 그 다음 차례는 우리 주인이고, 또 그 다음 차례는 저입니다." 라고 하였다. 마침내 합종의 맹약이 어전 위에서 결정되자 모수는 왼손으로 쟁반을 들고 오른손으로 19명을 불러서 말하기를 "공들은 서로 당 아래에서 이 피를 마십시오. 소위 그대들은 녹녹한 사람들로서 이른바 다른 사람의 힘에 의지하여 일을 이루었으니까 말입니다(공등록록公等錄錄 인인성사자야因人成事者也)." 라고 하였다.

평원군이 합종을 결정짓고 돌아왔다. 그는 초나라에서 돌아와 이야기하였다. "나는 감히 다시는 선비를 고르지 못하겠소. 내가 고른 선비가 많으면 천 명, 적어도 백여 명으로 내 스스로 천하의 인재들을 한 사람도 잃지 않았다고 여겼는데, 지금 나는 하마터면 모수 선생을 잃을 뻔하였소. 모수 선생이 한 번 초나라에 가니 조나라를 구정九鼎, 대려大呂[55]보다도 무겁게 만들었소. 모수 선생의 세 치의 혀는 백만의 군사보다 강하였소. 나는 다시는 감히 인재를 고르지 않겠소."

그리고는 모수를 상객上客으로 삼았다.

55) 九鼎은 夏禹 때 주조되었고 大呂는 주나라 종묘의 큰 종이다. 고대에 가장 귀하다고 전해져 내려오는 두 가지 器物이다.

(다) 워싱턴 대통령과 처칠 수상

그렇다고 명문세가의 자제가 모두 방탕하고 게으르고 주색잡기酒色雜技(술과 여자와 노름)에만 능한 사람도 아니다. 미국 제16대 대통령인 에이브러햄 링컨은 가난한 농부의 아들로 대학에도 다니지 못한 사람이었다. 하지만 미국의 초대 대통령 워싱턴은 부호의 아들이었다. 풍신수길豊臣秀吉[56]은 가난한 하층 무사의 아들로 바늘장수를 하던 사람이었지만 덕천가강德川家康[57]은 봉건성주封建城主의 아들이었다. 대영제국 전성기의 수상이었던 벤자민 디스레일리[58]는 유대인 출신의 평민이었지만 처칠[59] 수상首相은 명문귀족인 말보로공公의 후예이었다. 줄리어스 시저[60]는 명문귀족의 후예이고 징기스칸[61]도 유명한 부족장의 아들이었다. 결국 사람 나름이고 또 교육과 시련의 영향으로 됨됨이가 달

56) 오다 노부나가의 후계자가 되어 일본을 통일하고 조선을 침략했다. 생몰 서기 1536~1598년.

57) 풍신수길이 죽은 뒤 일본 에도幕府의 초대 쇼군(將軍)이 된 사람. 생몰 서기 1543~1616년.

58) 1868년 처음 수상이 되고 그 뒤 한 차례 더 수상 역임.

59) 1940년과 1951년 두 차례 수상 역임.

60) 공화정 로마의 마지막 통치자인 영웅. 골(Gaul)을 정복하고 폼페이우스를 타도하여 내전을 끝내고 로마의 제1인자가 되었으나 브루투스 등에게 BC 44년 암살되었다. 그의 후계자 옥타비아누스가 帝政 로마의 초대 황제가 되었다.

61) 몽고제국의 건설자.

라진다.

출신과 배경은 하나의 참고자료일 뿐이다.

(라) 자녀

1 원칙

인사권자는 자기의 자녀라 하여도 능력이 없다면 임용하지 말아야 하고 반대로 자기의 자녀라 하여도 그 자리에 딱 맞는 재능을 가졌으면 남의 눈치에 아랑곳 하지 말고 그 자리에 임용하는 소신을 가져야 한다. 금세기에 들어 우리나라 대통령 몇 분의 아들들이 연이어 수감생활을 한 것은 이러한 원칙을 어긴 탓도 일부 원인이 되지 않았는가 생각해 볼 일이다.

2 실례實例

마침 한 칼럼[62]에서 이와 관련된 글을 발견했기에 여기에 옮긴다.

62) 정기승, '立賢無方', 헌법을 생각하는 변호사 모임 홈페이지, 헌법 칼럼. 아울러 사마천 지음, 정범진 외 옮김, 『史記 世家』 上, 1994, 까치, 晉世家 悼公 3년 209p. ; 유의경 찬, 임동석 역주, 『世說新語』 4권 중 제1권, 2011, 동서문화사, 125, 127pp.

춘추좌전春秋左傳[63]에는 다음과 같은 글이 실려 있다. 진晉나라 중군中軍의 장수인 기해祁奚가 은퇴를 청하자 임금이 그에게 최적의 후임자를 추천하라고 하였다. 기해는 해호라는 자를 추천하였는데, 놀랍게도 두 사람은 세상이 다 아는 원수지간이었다. 임금이 괴이하게 여겨 까닭을 묻자 기해는 "임금께서는 적임자를 추천하라 하셨습니다." 라고 간단하게 답하였다. 즉, 원수라는 사실은 공무와는 별개라는 것이다. 그 뜻을 받아들인 임금이 해호를 임명하려 하였는데 해호가 급사急死하는 일이 벌어졌다.

다시 임금이 적임자를 물으니 기해는 "오午면 되겠습니다." 라고 말했다. 오午는 바로 기해의 아들이었다. 누가 봐도 오해받을 수 있는 행동이었지만, 기해는 주저하지 않고 아들을 추천하였다. 마침 이때 기해의 부관인 양설직羊舌職이 죽었다. 임금이 다시 기해에게 후임자를 물었더니 "양설직의 아들인 양설적羊舌赤이 임무를 수행할 수 있습니다." 라고 말했다. 이에 임금은 기오를 중군의 장수로 삼고, 양설적을 부관으로 임명했다.

여기서 '기해거자祁奚擧子'라는 사자성어四字成語도 생겼지만, 이에 대해 사람들은 "기해는 능히 좋은 사람을 천거할

63) 공자가 지은 『춘추』라는 역사책에 대한 좌구명의 해설서.

수 있었다. 그의 원수를 추천했으나 아첨한 짓이 아니고, 그 아들을 내세웠으나 두둔한 처사가 아니었으며, 부하의 아들을 천거했으나 편을 든 행동이 아니었다" 고 말하고 있다.

(마) 나이의 많고 적음

1 소년 등용

나이가 너무 젊다거나 너무 늙었다는 사실도 발탁에 장애가 되어서는 안 된다.

미국의 케네디와 오바마는 40대의 나이에 대통령이 되었다. 영국의 요 근래 수상들을 보면 모두 30대, 40대이다.

우리나라 같으면 생각하기 어렵다.

줄리어스 시저와 더불어 제1차 삼두정치를 편 로마의 폼페이우스 장군은 로마의 많은 명장들이 일생으로도 얻지 못한 임페라토르의 칭호를 단지 스무 살에 받았다.[64]

다음에[65] 나오는 것처럼 로마의 스키피오 아프리카누스는 24세 때 에스파냐 방면군의 총사령관으로 원로원에 의하여 선임되었다.

64) 박시인 역, 『플루타크 영웅전』 제4권, 1961, 을유문화사, 5p.
65) 제1편 제2장 제5절 (다) 1 스키피오 아프리카누스 참조.

❷ 강태공과 백리해

강태공姜太公은 나이 80에 주문왕周文王의 재상이 되었고 백리해百里奚는 나이 70에, 건숙蹇叔은 나이 80에 각기 진목공秦穆公의 재상이 되었다.

진목공이 백리해를 처음 접견한 뒤에 물었다. "금년 연세가 몇이오?" 백발이 성성한 백리해가 대답한다. "겨우 70입니다." 진목공이 탄식한다. "아깝구나. 너무 늙었도다."

백리해가 말한다. "이 백리해에게 하늘을 나는 새를 좇아 다니라든지 또는 산에 가 맹수를 잡아 오라면 신은 이미 늙어서 쓸 곳이 없습니다. 그러나 만일 신에게 앉아서 나라 일을 맡게 한다면 신은 아직 젊습니다. 옛날에 강태공은 나이 80에 위수 가에서 곧은 낚시질을 했건만 그 때 문왕은 그를 수레에 싣고 돌아가서 상부尙父(임금이 존경하는 신하를 예우하여 부르는 호칭)로 삼았고 마침내 주周나라를 튼튼히 세웠습니다. 신이 오늘 군후를 뵈온 것과 그때 강태공이 문왕을 만났을 때를 비교하면 신은 아직도 열 살이나 젊습니다."

비상한 일에는 나이의 많고 적음은 문제가 아니라 그 재능과 덕망이 문제일 뿐이다.

(바) 출신出身과 성별性別

1 대처 수상과 오바마 대통령

출신이나 성별도 그 자체만으로는 문제가 되어서는 안 된다.

영국처럼 보수적인 나라에서도 마가렛 대처는 여자로서 1979년 수상이 되었다. 흑백 인종차별이 심한 미국에서도 흑인 오바마는 2009년 대통령이 되었다.

2 을파소乙巴素

고구려 고국천왕故國川王66)은 을파소乙巴素를 국상國相으로 등용하였다. 을파소는 시골에서 농사짓던 선비였다. 고국천왕은 을파소에게 처음에는 중외대부라는 비교적 낮은 벼슬을 주었다. 을파소가 그 정도의 낮은 벼슬로는 소신대로 나라를 다스릴 수 없다고 마음속으로 생각하고 계속 사양하자 고국천왕은 최고 벼슬인 국상國相에 임명하였다. 그 당시 고구려는 상당히 혼란스러운 상황이었는데 을파소가 재상이 되고 나서 이를 바로 잡아 강국의 기초를 잡았다.

66) 고구려 제9대왕. 재위 서기 179~197.

3 이순신 장군

이순신 장군은 31세에 무과에 급제해서 10년간 함경도 변방을 전전한 하위무관 출신이었다. 44세 때 종6품의 정읍현감이었다. 그런 그가 2년 뒤에는 유성룡에 의해 정3품의 수군절도사로 발탁되었음은 유명한 이야기이다.

4 이윤伊尹

고대 중국의 은殷 왕조를 세운 탕왕湯王은 유신국有莘國의 노예이던 이윤伊尹을 발탁하여 재상으로 삼았다.[67] 이윤은 은왕조 건국의 최대 공신이 되었다.

맹자孟子에는 탕湯임금은 중용을 지키고 어진 이를 등용해 쓰는 데 신분을 따지지 않았다(탕집중 입현무방湯執中 立賢無方)는 말이 있다. 이 말은 탕 임금이 현명한 사람을 등용함에 있어서는 방법을 가리지 않고, 즉 그 사람의 친소親疎나 귀천貴賤 또는 출신지역이나 파당을 가리지 않았다는 뜻이다.[68]

5 링컨 대통령

공화당원이었던 링컨 대통령은 남북전쟁(서기 1861~1865)

---

67) 司馬遷 지음, 정범진 외 역, 『史記 本紀』, 1995, 까치, 55p.
68) 정기승, '입현무방', 헌법을 생각하는 변호사 모임 홈페이지, 헌법칼럼.

의 양상이 북군에게 불리하게 전개되던 초기(1862)에, 유능한 변호사이며 정치인이자 자기의 개인적인 적이며 민주당원이었던 스탠턴(Edwin M. Stanton)의 유능함을 보고 그를 국방장관으로 임명하였다. 스탠턴은 그 전에 어떤 소송사건의 법정에서 상대 측 변호사였던 링컨을 원숭이라고 모욕한 일도 있었다.69)

6 세종대왕과 장영실

오늘(2016. 1. 28.) 아침 신문에서 이한우 조선일보 선임기자가 쓴 '장영실 뒤의 세종에게 주목해야 하는 까닭'이라는 칼럼에서 발탁 인사와 관련된 글을 발견했다. 여기에 옮겨 적는다.

「(전략) 장영실은 다 아는 대로 동래현의 관노 출신이다. …… 세종은 그를 면천(천민의 신분을 면하고 평민이 되다)시켜 정5품 상의원 별좌에 임명해 그 능력을 맘껏 발휘하게 해주었다. …… 세종은 별좌에 임명하기에 앞서 대신들에게 물었다. 이조판서 허조는 "기생의 소생을 상의원에 임용할 수 없다" 고 반대했고 병조판서 조말생은 "가능하다" 고 찬성했다. 영의정 유정현이 조말생을 지지하자 세종은 마침

69) 앞 주의 정기승 칼럼.

내 그를 별좌에 임명했다. 농업생산을 높이기 위해 자격루 제작에 혼신의 힘을 다했던 세종이 자신의 구상을 실현해 준 장영실에게 다시 정4품 호군을 내리려 하자 조정은 또 찬반 논란에 휩싸였다. 황희가 나서 태종도 평양관노를 호군에 임명한 전례가 있다고 거들어 마침내 장영실은 호군에 까지 오를 수 있었다. …… 태종은 세종의 인물됨을 관홍장중寬弘莊重의 넉 자로 요약했다. …… 유학儒學에서 관寬은 그냥 좋은 게 좋다는 식의 너그러움이 아니라, 윗사람이 아랫사람에게 여러 가지 재능을 요구하지 않고 한 가지만 잘하면 그것을 발휘하게 해준다는 뜻이다. 즉, 장영실이 천문과 기기 제작에 탁월하면 노비라는 신분을 문제 삼지 않고 적재적소에 쓰는 것이 관寬이다. (후략)」[70]

장영실은 아버지가 몽고 사람이고 어머니가 기생이어서 본인은 관노官奴, 즉 관청에 소속된 노비였는데, 세종대왕은 뛰어난 그의 재주를 아끼는 한편, 세계 최초로 측우기를 만들고 조선 최초로 자격루를 만드는 등 헤아릴 수 없는 그의 공적을 인정하여, 면천을 하고 높은 벼슬에까지 오르게 하였다. 당시로서는 상상도 할 수 없는 파격적인 일이었다.

---

70) 이한우 선임기자, '장영실 뒤의 세종에게 주목해야 하는 까닭', 조선일보 2016년 1월 28일자 A31면 동서남북.

현자소견개동賢者所見皆同이라는 말이 있다. 현명한 사람의 보는 바는 모두 같다는 뜻인데 과연 세종대왕이다.

앞서 소개한 사례는 출신을 문제 삼지 않은 성공적인 인사의 본보기들이다.

제5절 연공서열年功序列과 발탁拔擢

(가) 관료제도官僚制度

관료제도의 장단점에 대하여는 이미 많은 연구성과가 집적되어 있다. 비전문가로서 더 보탤 것은 없다. 다만 정치인들이 함부로 이 제도를 흐트러뜨리고 뒤집어엎는 일은 막아야 한다. 관료제도는 국가 운영의 뼈대이기 때문이다. 정치인들의 활약은 길어야 자기 한 세대에 그치지만 관료제도는 세대를 거듭하며 두고두고 기능하기 때문이다. 잘못이 있다면 고치면 될 일이지 통째로 허물어서는 그 피해가 너무 커진다. 정치인들이 인기발언용으로 손댈 부분이 아니다.

(나) 과거제도科擧制度

과거제도, 즉 국가고등고시제도國家高等考試制度는 동서양을 통틀어 가장 훌륭한 인재선발 장치이다. 물론 잘못 기능하는 면도 있을 수 있다. 그러나 전체적으로 보면 가장 우수한 시스템이다. 무능한 정부는 무슨 잘못 돌아가는 일이 있으면 공무원을 탓하고 그런 공무원을 길러낸 고시제도를 탓한다. 다분히 책임회피이고 문제의 핵심을 모르고 하는 짓이다.

시대의 변화에 맞추어 시험과목을 조정하고 선발된 사람들의 후속교육과 관리를 개선하면 된다. 근대에 들어와 엄청난 기세로 몰려온 서구열강西歐列强의 해일海溢과도 같은 파도 속에서 우리나라와 중국, 일본 등이 그래도 생존을 유지하면서 문명세계에 동참할 수 있었던 저력은 감히 단언컨대 과거제도, 즉 국가고시제도로 양성해온 인재들의 덕분이었다. 함부로 매도하고 손댈 일이 아니다.

물론 독점은 여기서도 많은 폐단을 낳는다. 그러나 얼마든지 조정이 가능한 부분이다. 국정 업무의 일부를 민간에게 이양하고 특별한 사업이나 특수 전문분야에 고시 출신 이외의 인재를 영입, 등용하는 조치가 얼마든지 가능하다. 지금도 이미 일부 시도하고 있지 않은가.

인기 영합책으로 섣불리 국가고시제도의 근간을 흔드는 일은 없어야 한다.

(다) 발탁

1 스키피오 아프리카누스

범인凡人들에 대한 인사人事는 서열을 존중해 주는 것이 맞다. 그러나 비상한 시기에 비상한 일을 처리할 때에는 발탁이 필요한 때가 있음을 알아야 하고 이를 인정해주는 이해와 아량이 필요하다.

로마와 카르타고 사이의 제2차 포에니 전쟁(BC 218~BC 202)은 초반에는 천재 명장인 한니발의 독무대였고 종반에는 또 한 사람의 천재 명장인 스키피오 아프리카누스의 무대였다. 한니발에게 연전연패하여 멸망 직전에까지 몰린 로마를 구한 것은 20대의 스키피오 아프리카누스였다.

스키피오 아프리카누스의 등장을 묘사한 글[71]을 아래에 옮겨 적는다.

「나이도 차지 않은 한 젊은이가 원로원 안으로 들어왔다. 64세의 파비우스나 59세인 마르켈루스의 눈에는 풋내기처

71) 시오노 나나미 지음, 김석희 옮김, 『로마인 이야기』 제2권 한니발 전쟁, 2011, 한길사, 259~262pp.

럼 보였지만, 24세의 이 젊은이는 푸블리우스 코르넬리우스 스키피오라고 자기 이름을 댔다. 그리고는 에스파냐에서 전사한 선친의 뒤를 이어 자기를 그 전선의 총사령관으로 삼아 에스파냐로 파견해달라고 부탁했다.

원로원 의원들은 대부분 젊은이의 말을 진지하게 받아들이지 않았다. 젊은이의 관직 경험은 1년 전에 안찰관을 지낸 것뿐이고, 실전 경험도 17세 때 아버지 밑에서 처음 출전한 티치노 전투와 2년 뒤인 19세 때 아이밀리우스 파울루스 밑에서 치른 칸나에 전투뿐이었다. 30세가 넘어야 자격이 있는 원로원 의원도 아니었다. 원로원 의원도 아닌 자에게 전략단위인 2개 군단의 총지휘를 맡긴다는 것은 공화정 로마에는 전례가 없는 일이었다.

게다가 최근에 있었던 이 젊은이의 행동은 파비우스 같은 철저한 공화정주의자의 눈살을 찌푸리게 하기에 충분했다.

2년 전 겨울에 있었던 일이다. 로마에서는 겨울이 선거철인데, 자격 연령이 30세 이상으로 되어 있는 안찰관에 젊은이의 형인 루키우스가 출마했다. 하지만 평범한 재능밖에 갖지 못한 루키우스가 안찰관에 당선할 수 있을지는 의심스러웠다. 그래서 형제의 어머니는 날마다 신전을 참배하며, 신들에게 아들의 당선을 빌고 있었다. 어느날 젊은이가 어머니에게 물었다. "어머니, 만약 우리가 둘 다 안찰관에 당선되면 어떻겠습니까?" 어머니는 푸블리우스가 자격 연령에 미달인 것을 알고 있었지만, 그래도 웃으면서 대답했다. "그렇게만 된다면 기뻐서 울겠지."

선거일이 되자 젊은이는 아무 장식도 없는 새하얀 토가를 걸치고 어머니 몰래 집을 빠져나왔다. 로마에서는 장식이 없는 새하얀 토가를 걸치고 투표장소인 마르스 광장의 연단 위에 서면, 입후보하겠다는 의사표시가 된다. 선거연설 같은 것은 없었다.

연단 위에 형 루키우스와 나란히 섰을 뿐인데도, 젊은이는 당장 유권자인 시민들이 지르는 환성의 소용돌이에 휩싸였다. 백인대(켄투리아)가 뜻을 통일하고, 그 결과를 합계하여 당선자를 결정하는 투표도 할 필요가 없었다. 그는 만장일치로 뽑혔다. 연단에 나란히 섬으로써 자기를 뽑으려면 형도 함께 뽑아야 한다는 뜻을 보여준 덕분에 당선이 의심스러웠던 루키우스까지 당선되었다. 청년 스키피오는 유난히 빛나는 공적을 쌓은 것도 아닌데, 전부터 시민의 절대적인 인기를 모으고 있었다.

선거위원장이기도 한 호민관이 자격 연령에 미달이라는 이유로 스키피오의 당선에 이의를 제기했다. 그러자 22세의 젊은이는 이렇게 대답했다. "모든 시민이 내가 안찰관에 적합하다고 생각했으니까, 나는 충분히 안찰관을 맡을 수 있는 나이가 되었다고 말할 수 있습니다."

이런 행동은 연공서열을 중시하는 공화정주의자의 눈살을 찌푸리게 했지만, 시민들의 지지는 압도적이었다. 이리하여 자격 연령에 7세나 모자란 안찰관이 탄생하게 되었다.

공화정 로마의 최하위 관직인 안찰관이라면 눈을 감아줄 수도 있다. 2개 군단의 2만 5천 명 내지 3만 명의 병력을 지휘하는 대임은 집정관이나 법무관한테만 허용되어 있었다. 두 관직 모두 자격 연령이 40세였다. 관직에 취임하는 이듬해에는 스키피오도 25세가 되겠지만 이 번에는 7세가 아니라 15세나 모자랐다.

로마는 이듬해인 기원전 210년에는 모든 전선에 21개 군단을 투입하기로 결정했다. 그것을 지휘하려면 11명의 사령관이 필요했다. 10명까지는 결정되었지만(그들은 모두 40세 이상이었다), 에스파냐 전선의 사령관만 아직 결정되지 않은 상태였다. 그 직책을 맡기기에 적합한 40세 이상의 장군은 한 사람도 남아 있지 않았다. 원로원은 본인이 원하고 있으니까 한 번 맡겨보자는 결론에 도달했다. 더구나 아버지와 숙부의 원수를 갚고 싶다는 소원을 차마 뿌리칠 수도 없었다.

젊은이의 선친과 숙부는 원로원 의원들의 동료이기도 했다. 젊은이의 뜻을 받아들인 데에는 조국을 위해 먼 에스파냐에서 전사한 그들의 명복을 비는 의미도 있었다. (중

략)

원로원의 결정은 시민들에게 큰 호평을 받았다. 한니발을 상대로 악전고투惡戰苦鬪(어렵고 힘든 싸움)를 벌이고 있는 로마인에게 스키피오의 젊음과 패기와 대담한 행동력은 구원이기도 했다.

이리하여 제2차 포에니 전쟁의 무대에 또 한 사람의 천재적인 장군이 등장하게 되었다.

최하위 관직에 1년 근무한 경력밖에 없는 25세의 젊은이를 원래 집정관급의 장군이 지휘하게 되어 있는 어느 한 방면의 총사령관으로 선임하는 것이 오늘의 우리나라 정부나 국회 같았으면 가능했을까? 로마의 시민이 환영하듯이 우리나라 국민도 환영했을까? 대답은 매우 회의적이다.

스키피오는 이후 연전연승하였고 끝내는 자마의 전투에서 한니발과 직접 결전하여 그를 격파하고 로마를 구원하였다. 그는 그 뒤 로마의 집정관까지 되었고 스키피오 아프리카누스[72]라는 영예의 칭호를 받았다.

72) '아프리카누스'는 아프리카를 제압한 자라는 뜻으로서 스키피오가 카르타고를 정복한 후에 로마의 원로원이 그에게 수여한 영예의 칭호이다.

2 이순신李舜臣 장군

스키피오에 대비되는 사람이 우리나라의 이순신李舜臣장군이다. 서기 1576년, 만 31세(1545년생)의 늦깎이로 무과에 급제해서 이후 10여 년을 함경도 변방의 조산만호 등 하위 무관으로 전전하다 역시 하위 말단직인 종6품의 정읍井邑현감으로 온 것이 그의 나이 44세인 1589년이었다. 그런 그를 유성룡柳成龍이 천거해서 정3품 당상관 전라좌수사全羅左水使로 만들었다. 1591년 2월 13일, 임진왜란이 일어나기 14개월 전이었다.[73) 7계단을 뛴 발탁이라고 한다. 사람들은 그가 갑작스레 승진된 것을 의심하기도 했다(인혹의기취人或疑其驟).[74)]

이순신 장군이 이후 전장에서 벌인 영웅적인 구국救國의 전공은 누구나 다 알고 있다.

오늘날 우리 정부에서 이런 발탁이 가능할까? 우리 국민과 여론이 이런 사례를 용납할 수 있을까?

스키피오와 이순신 장군의 두 사례에서 나타나는 유의점의 하나는 지도자의 놀라운 지인지감이고 다른 하나는 이를 대하는 지배계층의 마음이다. 두 사례에서 보이는 지인지감의 놀라움은 같지만 이를 대하는 지배계층의 마음에는

73) 송복 저, 『위대한 만남』, 2008, 지식마당, 440, 441pp.
74) 앞의 책, 441p.

큰 차이가 있다. 조선의 조정과 지배계층은 이순신에 대한 의혹을 시종 멈추지 않았다. 이순신 장군의 경우에는 투옥과 고문에다 백의종군白衣從軍(벼슬 없이 군대를 따라 전장에 나가는 것)까지 그리고 전사戰死까지 너무도 비극적이었다. 스키피오가 화려한 정치인으로 승승장구乘勝長驅(싸움에 이긴 형세를 타고 적을 계속 몰아부침)한 것과 너무도 대비된다.[75]

스키피오도 말년에는 정적政敵들의 모함으로 재판에 회부되어 심적 고통을 받고 끝내는 로마인의 배은망덕에 격노하여 고향 리테르노로 자발적인 망명을 하고 그곳에서 죽었다. 그는 죽어가며 그의 시체를 로마에 가져가지 말고 이곳에 묻으라고 유언했고 그의 장례식도 감사할 줄 모르는 로마에서 치르지 못하게 했다고 전해진다. 그러나 그의 말년의 고통은 이순신의 평생의 고통에 비할 바가 못된다.

3 을파소, 관중, 백리해, 상앙, 악의, 장의, 이사

이들의 발탁에 관한 이야기는 앞에서 이미 했으므로 여기서는 생략한다.

---

75) B.H.리델 하트 지음, 박성식 옮김, 『스키피오 아프리카누스』, 2010, 사이, 307p.

4 왕맹王猛

왕맹은 중국의 오호십육국五胡十六國 시대(서기 304년부터 439년까지 135년간) 북부 중국을 통일한 전진前秦의 왕 부견符堅 밑에서 재상을 지낸 인물이다.

오호五胡라 함은 북부 중국을 지배했던 흉노匈奴, 선비鮮卑, 갈羯, 저氐, 강羌의 5개 이민족異民族(한족漢族이 아닌 민족)을 말하고 16국이라 함은 이들 오호와 한족이 북부 중국에 세운 16개 나라를 말한다.

왕맹은 한족漢族 출신으로 저족氐族 출신인 부견의 재상이 되어 부국강병책으로 전진을 북부 중국의 최강자로 만들고 이 지역을 통일하여 한때 이곳에 평화를 가져온 걸출한 인물이었다. 부견이 왕맹을 처음 만나보고 크게 기뻐하며 이 사람은 옛날의 관중管仲과 자산子産[76]에 견줄만한 사람이라고 하였다.

부견이 왕맹을 발탁한 뒤 시험 삼아 그를 말썽 많은 곳의 현령으로 보냈다가 그의 단호한 법치행정의 실적을 보고 감탄하여 스스로 "현덕[77]이 공명[78]을 만난 것과 같다" 고 말하고 1년에 다섯 번이나 벼슬을 올려주었다.

---

76) 중국 춘추시대 작은 제후국 鄭을 잘 다스려 나라를 안정시킨 정치가. 공자가 크게 존경한 사람.

77) 劉備의 字.

78) 諸葛亮의 字.

그는 정치를 공평히 하고 밖으로 병혁兵革(전쟁)을 다스리고 안으로 유학儒學을 숭상하며 농상을 권장하고 염치를 가르쳐서 죄 없는 자는 절대로 벌하지 않고 재능이 없는 자는 임용하지 않았다. 그리하여 후진국이던 전진은 급속히 강국으로 변모하였다.[79)]

제6절 순환보직循環補職

직원들에게 골고루 기회를 준다는 이유로 순환보직을 당연한 원칙이라고 우리는 생각한다. 그러나 그렇지 않다. 전문가의 양성이라는 또 다른 목표가 있다. 그러므로 양자의 조화가 필요하다. 방법은 채용 후 처음 몇 년 동안은 순환보직이 필요하다. 이 기간 중에 조직 전체의 윤곽과 돌아가는 양상을 피용자에게 대략 파악하게 하고 이 기간 중에 인사권자와 피용자는 나름대로 각자의 입장에서 개개 직원의 재능과 적성을 파악하여 그의 재능과 적성을 최고로 발휘할 수 있는 분야가 무엇인지를 정해야 한다. 물론 이때의 결정은 영구적일 수는 없고 상황의 변화에 따라 적절한 변경이 가능해야 한다. 그러나 이런 과정을 거친 후

79) 진기환 역주, 『十八史略』 중권(하), 2013, 명문당, 395~398pp. ; 이언호 엮음, 『정관정요』, 2013, 큰방, 214~218pp.

각자의 재능과 적성에 맞는 분야의 일을 계속하게 한다면 전문가는 자연히 양성된다. 이것이 조직과 개인 모두를 살리는 길이 된다.

재능의 파악기간을 몇 년 정도로 함이 적절할지는 업무 분야의 성질과 조직의 규모에 따라 재량의 여지를 두어야 한다.

제7절 상보相補의 원칙

(가) 문文과 무武의 상보

재능 있는 인재를 발굴하여 그에게 일을 맡기는 것은 결코 그 한 사람에게 일을 전부 맡겨야 한다는 의미는 아니다. 특히 문에 재능이 있는 사람과 무에 재능이 있는 사람 사이의 상보가 매우 중요하다.

관중은 특별한 재능이 있는 위대한 인물이었지만 그가 성공한 데에는 무신 중 왕자 성보라는 장군의 도움이 매우 큰 역할을 했다. 한고조 유방이 성공한 데에는 장량과 소하라는 걸출한 문신들의 도움 이외에 한신이라는 명장의 도움이 결정적으로 큰 기여를 하였다.

한신의 경우에는 그의 비극적이고 드라마틱한 인생행로

때문에 그의 재능과 업적이 잘 알려져 있지만 왕자 성보의 경우에는 한신과 같이 후세의 각광을 받을 만한 극적 요소가 없는 데다가 관중이라는 불세출의 인물의 빛에 가려져 그 역할과 업적이 후세의 큰 평가를 받지 못하고 있다.

후한을 끝내고 신新왕조를 세운 왕망王莽이 15년이라는 짧은 기간으로 망해버린 결정적인 원인은 그에게 재능 있는 장군이 없었기 때문이었다.

왕망이 집권하기까지의 활동을 보면 그가 유교사회의 대단한 지지와 명망을 누렸고 매우 뛰어난 술수術數를 가졌음을 알 수 있는데, 한편 그가 단기간에 멸망한 과정을 보면 너무도 어이가 없다. 초기의 간단한 봉기조차 제압하지 못하고 이어진 오합지졸의 반란군에 연전연패한 것을 보면 그 자신이 군사적 안목이 전혀 없었을 뿐만 아니라 그를 도와줄 변변한 장군 하나가 없었음을 알 수 있다.

천하의 기재奇才라고 하는 제갈량諸葛亮이 국궁진췌鞠躬盡瘁사이후이死而後已(몸과 마음을 다해 충성하고 죽은 후에야 멈추다), 사필궁친事必躬親(모든 일을 몸소 돌보다)의 정신으로 모든 일을 자신이 처리하다보니 식소사번食少事煩(먹은 것은 적고 일은 번거롭다)하여 결국 수명이 단축되고 그 결과는 촉蜀이라는 나라의 멸망으로 연결되었다는 평가를 받고 있다.

진서晉書 선제기宣帝紀[80]를 보면 다음과 같은 기록이 있다.

오장원에서 제갈량과 대치하고 있던 위魏의 대도독 사마의가 제갈량의 사자使者에게 "제갈공의 기거는 어떠하고 얼마나 먹는가" 하고 물었더니 사자가 "아침 일찍 일어나시고 밤엔 늦게 주무시며 잡수시는 음식은 하루에 삼사승(몇 홉) 정도입니다." 라고 답했다. 이어 정사를 묻자 "곤장 20대 이상의 벌은 모두 친히 처리하십니다." 라고 했다. 사마의는 후에 사람들에게 말했다. "제갈공명이 식소사번食少事煩하니 어찌 오래 살 수 있겠는가!" 결국 그 말과 같았다.[81]

그러나 제갈량 같이 특이한 재능을 가진 사람이 조조의 위나라를 정복하는 일에 성공하지 못한 결정적 원인의 하나는 그를 도와줄 걸출한 장군이 없었기 때문이다. 그가 관우를 형주 방면의 총사령관으로 기용한 사실을 보면 제갈량은 관우 정도를 아마 독자적으로 작전을 맡을 수 있는 유일한 무장으로 생각하지 않았나 추측된다. 그러나 관우의 오만함(뒤의 제4장 제2절 참조)이 동오와의 동맹을 깨버렸고 그로 인하여 형주와 익주를 기반으로 하여 남북 두 방

80) 司馬懿에 관한 正史의 기록.
81) 자오위핑 지음, 박찬철 옮김, 『자기통제의 승부사 사마의』, 2013, 위즈덤하우스, 342p. ; 황석영 옮김, 『삼국지』, 제9권, 2003, 창작과비평사, 165p.

면으로 조조를 공격한다는 제갈량의 기본 전략은 무너져 버렸다.

문과 무의 상보가 얼마나 중요한지를 다시 생각하게 한다.

(나) 진평陳平[82)]

사기에는 다음과 같은 얘기가 나온다.

한漢문제文帝가 우승상 주발에게 "온 나라에 일 년 동안 옥사를 판결하는 건수가 얼마인가?" 라고 물으니 주발이 사죄하며 "모르겠습니다." 라고 하였다.

그리고 또 "온 나라에 일 년 동안 재정상의 수입과 지출이 얼마인가?" 라고 물으니 주발은 또 모른다고 사죄하며 땀으로 등을 적시면서 대답을 하지 못함을 수치스러워하였다.

이에 문제가 다시 좌승상 진평陳平에게 물으니 진평이 말하기를 "주관하는 관리가 있습니다." 라고 하였다. 황제가 "주관하는 관리가 누구인가?" 라고 하자 진평이 대답하기를 "폐하께서 옥사 판결에 대해서 궁금하시면 정위에게 물

82) 漢의 유방을 도와 그의 천하통일을 보좌한 지혜가 뛰어난 공신.

으시고 재정에 대하여 궁금하시면 치속내사에게 물으십시오." 라고 하였다.

황제가 말하기를 "각기 주관하는 자가 있다면 그대가 주관하는 일은 무엇인가?" 라고 하자 진평이 이렇게 말하였다. "황공하옵니다. 폐하께서는 신의 노둔함을 알지 못하시고 재상에 봉직하게 하셨습니다. 무릇 재상이란 위로는 천자를 보좌하며 음양陰陽을 다스려 사시四時를 순조롭게 하고 아래로는 만물이 제때에 성장하도록 어루만져 주며 밖으로는 사방 오랑캐와 제후들을 진압하고 어루만지며 안으로는 백성들을 친밀히 복종하게 하여 경대부로 하여금 그 직책을 제대로 이행하게 하는 일입니다." 그러자 문제는 훌륭하다고 칭찬하였다.」[83]

(다) 병길丙吉

한서漢書 병길전丙吉傳[84]에는 다음과 같은 이야기가 있다.

---

83) 사마천 지음, 정병주 외 옮김, 사마천『史記 世家』下, 1994, 까치, 585p.

84) 후한 선제 때의 丞相.

「늦은 봄날 길을 나서던 병길은 행인이 서로 싸우는 것을 보았다. 그 중 한 사람이 머리가 터져 길바닥에 쓰러졌는데 그 모습이 몹시 참혹했다. 하지만 병길은 그 일에 대해 묻지도 않고 듣지도 않고는 수레를 몰고 지나가 버렸다. 그런데 밭을 가는 소가 비틀거리며 숨을 가쁘게 쉬는 모양을 보자 그는 마부에게 수레를 멈추게 했다. 의아하게 생각한 부하가 물었다. "승상께서는 어찌 동물만 중히 여기시고 백성은 가볍게 보십니까?" 병길이 답했다. "승상은 국가의 고위관료로서 국가의 대사에 온 관심을 기울여야 한다. 행인의 싸움은 지방 관리들의 일이지 일국의 승상이 나설 일이 아니다. 나는 지방 관리들의 공적을 제때에 조사해 공신은 포상하고 죄인은 벌을 주면 된다. 하지만 소의 상태를 물은 이유는 다르다. 지금은 봄이라 날씨가 그리 덥지 않아야 하는데 저 소가 더위 때문에 숨을 헐떡거린다면 올해 날씨는 비정상적이라 농사에 반드시 영향을 미치게 된다. 승상의 본분은 음양을 조화롭게 하고 사계절에 순응하는 데 있다. 만약 음양의 조화가 깨지고 날씨가 이상하다면 당연히 걱정해야 한다. 그래서 수레를 멈추고 물어보았다." 이 말을 들은 부하는 감탄해 마지 않았다.」[85]

85) 왕우 지음, 남영택 · 이현미 옮김, 『최후의 승자 사마의』, 2012, 한얼미디어, 152~153pp.에서 전재함.

진평이나 병길이 음양陰陽을 조화롭게 하고 사시四時를 순응케 한다 운운한 말은 다분히 중국 사람의 허풍과 과장에 속하므로 따질 필요가 없지만 직무의 관장에 관한 그 밖의 얘기는 이치에 맞는다.

(라) 제갈량의 일모도원日暮途遠

혹자는 제갈량에 대하여 다음과 같이 말하기도 한다.

「만약 제갈량이 여러 잡무들을 다른 사람에게 넘겨주고 자신은 중대한 국가대사만 관장했다면 업무 부담이 줄어들고 중요한 일도 방해받지 않았을 것이다. 또한 다른 신하들은 업무를 보면서 능력을 기를 수 있어 제갈량 사후 심각한 인재난은 일어나지 않았을 것이다. 최고의 지략가인 제갈량은 '사필궁친'의 방법으로 성공을 거둘 생각이었지만 오히려 몸은 죽고 나라는 깨지는 화를 불러일으키고 말았다.

옛사람이 말했다. "제왕과 함께 정사를 논하는 사람은 삼공이고 이를 실행하는 사람은 사대부이다." 이 말은 본분에 맞게 행동해야 하지 권한을 넘어서면 안 된다는 뜻이다. 한 사람의 체력과 정력은 한계가 있어 작은 일에 너무 관여하면 큰일을 돌볼 수 없고 한 사람의 능력과 지혜 또한 한계가 있어 현명한 사람도 실수할 때가 있고 어리석은 사람도 성공할 때가 있는 법이다.」[86)]

그러나 이런 평은 당시의 촉나라 사정에 비추어 "날은 저물고 갈 길은 멀다(일모도원日暮途遠)."라고 느끼고 있었던 제갈량의 심정을 제대로 헤아리지 못한 데서 나온 말이다.

제갈량이 쓴 후출사표後出師表를 보면 그의 심정이 잘 드러나 있다. 그는 말했다. 그가 위魏나라를 치기 위해 출병한 이래 "한 해의 반 정도를 넘겼을 뿐인데 조운趙雲 …… 등 대장과 곡장曲長과 둔장屯將 70여 명을 잃어 앞장설 돌격장이 없어졌습니다. 종민賨民과 수족族, 청강青羌[87)]의 산기散騎와 무기武騎 등 1,000여 기병騎兵들은 다 수십 년간 사방에서 불러 모은 정예부대로서 일개 주州의 소유가 아닙니다. 만약 다시 수년을 보낸다면 이들의 3분의 2를 손실할 것인데 어찌 적을 당해낼 수 있겠습니까?" 또 말하기를 "…… 지금 도모하지 않고 한 주州의 땅으로서 적국과 지구전을 벌이려 하니 이는 신이 이해하지 못할 일입니다."라고 하였다.

촉한蜀漢은 촉蜀지방의 자생自生정권이 아니라 외지에서 들

86) 이 부분은 앞의 책 152p에서 옮김.
87) 중국 서쪽의 巴州 등지에 살고 있는 土人 부족들.

어온 일종의 망명정권亡命政權인 데다가 장수와 사병들은 대부분 중원中原 각지에서 유비劉備를 따라온 자들인데 세월이 가면서 점점 이들이 늙고 죽어 없어져 감에 반하여 중원은 인구가 많고 인물이 끝없이 배출되니 시간이 갈수록 촉나라에 불리하였다. 이런 사정을 잘 알고 있는 제갈량으로서는 자기 당대에 위魏를 정벌하지 않으면 장래에는 가망이 없다는 초조감이 있을 수밖에 없었을 형편이다.[88)]

소설 삼국지는 제갈량의 심정을 이렇게 표현하고 있다.

「제갈량의 주부主簿 양옹이란 자가 아뢰었다. "저도 평소에 승상께서 장부책까지 손수 살펴보시는 모양을 보고 그렇게까지 하실 필요가 없으리라고 생각했습니다. 무릇 다스림에는 법도가 있어 위아래가 서로 간섭하지 않아야 합니다. 비유컨대 집안을 다스리는 데도 법도가 있으니 사내종에게는 밭을 갈게 하고 계집종에게는 부엌일을 맡겨야만 각자의 일이 헛되지 않고 구하는 바를 모두 충족시킬 수 있으며, 그 주인은 유유자적 베개를 높이 베고 차려주는 음식을 배불리 먹을 수 있습니다. 이 모든 일을 친히 하자면 장차 몸은 고단하고 정신은 괴로워 마침내 한 가지도 이뤄내기

88) 김경한 지음, 『삼국지』, 2012, 동랑커뮤니케이션즈, 141p. 아울러 솔선수범한 이유에 대하여는 이중텐 지음, 홍순도 옮김, 『삼국지 강의』 2, 2012, 김영사, 576p 이하 참조.

어려울 터입니다. 이것이 어찌 주인의 지혜가 비복婢僕들만 못해서이겠습니까? 주인의 도리를 잃은 까닭입니다. 옛사람들이 이르기를, 앉아서 도를 논하는 사람은 삼공三公이요, 일어나 행하는 사람은 사대부士大夫라 했습니다. 또 옛날에 병길丙吉은 소의 천식은 걱정하면서도 길가에 쓰러져 죽은 사람은 그냥 지나쳤고 진평陳平은 전곡錢穀의 수량을 알지 못하여 '그런 일은 맡아보는 사람이 따로 있다' 고 말했다 합니다.

이제 승상께서는 친히 세세한 일까지 살피시고 하루 종일 땀 흘려 일하시니 어찌 수고롭지 않으시겠습니까? '식소사번食少事煩하니 어찌 오래 살 수 있겠는가' 하는 사마의의 말이 참으로 옳다 아니할 수 없습니다." 라고 충고하자 제갈량이 소리 없이 눈물을 흘리며 말했다. "그대가 하는 말을 내 어찌 모르겠는가. 선제로부터 탁고託孤(고아의 장래를 믿을 만한 사람에게 맡기는 것)의 중임을 맡은 이래로 다른 이에게 맡겼다가 나만큼 마음을 다하지 않을까 염려되어 그리 하였소." 」[89)]

89) 황석영 옮김, 『삼국지』, 제9권, 2003, 문학과지성사, 165~167pp.

(마) 맹상군孟嘗君의 계명구도鷄鳴狗盜

맹상군孟嘗君[90]의 유명한 계명구도鷄鳴狗盜(닭의 울음소리를 흉내 내고 개처럼 가장하여 도둑질을 한다)의 이야기를 보자.[91]

각기 다른 재주를 가진 여러 인재를 모아 후하게 대우하여 활용한 지도자로는 중국 역사상 맹상군이 유명하다. 그 이외에 평원군과 신릉군, 춘신군도 유명하지만 대표적인 사람은 맹상군이다.

맹상군이 진秦나라 소양왕昭襄王의 초대를 받아 진에 갔다가 감옥에 갇혀 생명이 위태롭게 되었다. 이때 식객의 말석에 있던 두 사람이 그의 목숨을 구했다. 한 사람은 개의 흉내를 내어 도둑질을 잘하는 사람인데 그가 밤에 진나라의 궁중 창고에 들어가 흰 여우 가죽옷을 훔쳐내 이를 소양왕의 애첩에게 바쳐 맹상군이 석방되었다. 맹상군이 위조된 통행증을 가지고 도주하여 한 밤중에 함곡관에 이르렀으나 관문이 닫혀 있어 탈출할 수가 없었다. 함곡관에서는 닭이 울어야 객을 내보냈기 때문이다. 이때 말석의 다른 식객이 닭 울음을 흉내 내자 다른 닭들이 일제히 따라

90) 중국 전국시대 말기의 제나라 정치가. 세칭 삼천 명의 食客을 거느린 것으로 유명하다.

91) 사마천 지음, 정범진 외 옮김, 『史記 列傳』 上, 1995, 까치, 217p.

울고 이에 관문이 열려서 무사히 관을 빠져나와 탈출할 수 있었다. 처음에 맹상군이 이 두 사람을 빈객의 무리에 넣었을 때 빈객들이 모두 수치스러워하였지만 맹상군이 진나라에서 곤란을 겪었을 때 마침내 그를 구출한 사람은 이 둘이었다.

(바) 조조曹操와 원소袁紹[92]의 차이

이처럼 여러 사람이 일을 나누어 맡고 서로 협조하는 관계가 필요하다. 이런 협조체제가 잘 구성되고 잘 운영된다면 비록 천하의 인재가 아닌 범인들로서도 어느 정도는 일을 꾸려 나갈 수 있다. 만일 다수의 인재가 이런 체제로 상호 보조한다면 가히 커다란 성공을 기대할 만하다.

삼국지三國志를 보면 조조曹操의 수하에 매우 뛰어난 문무文武의 인재들[93]이 모여들어 조조를 돕는 것을 볼 수 있다. 그들 사이에 상보관계相補關係를 형성하고 유지하는 데에서 조조의 위대한 재능을 발견하게 된다. 이에 비하여 조조의

92) 중국 後漢 말 하북 일대를 지배한 당시 최대의 군벌. 四世三公이라는 명문세가의 후손으로 조조와 경쟁하였으나 관도大戰에서 패배하여 세력을 잃고 이후 멸망하였다.

93) 순욱, 곽가, 정욱, 가후 등의 문신과 하후돈, 조인, 장료, 서황 등의 무장.

경쟁자였던 원소袁紹는 그의 수하에 조조의 수하에 못지않은 다수의 인재들[94]을 거느렸음에도 불구하고 그 인재들이 협조는커녕 상호 시기와 질투로 서로를 해치다가 끝내 원소와 함께 멸망하고 말았다. 이 상보관계를 형성하고 유지한 조조와 그것을 하지 못한 원소의 차이가 결국 그들 간의 승패를 결정지었다.

다수의 인재와 다수의 전문가를 확보하는 일은 다다익선多多益善(많으면 많을수록 더 좋다)이긴 하지만 그들 간의 상보관계의 유무는 승패에 치명적致命的인 영향을 준다.

94) 전풍, 저수, 심배, 곽도, 허유 등의 문신과 안량, 문추, 장합 등의 무장. 이 중 장합은 나중에 조조의 휘하 장군이 되었다.

제3장

혼란론混亂論

제1절 혼란사태와 인재

평상시에는 범재凡才만으로 조직을 꾸려나가도 우선은 사회의 각종 체제가 작동이 유지되고 큰 문제가 일어나지 않는다. 다만, 조직이 침체되고 발전이 어렵고 그러다가 이런 현상이 계속되면 드디어 내우외환이 발생되어 혼란이 오기 시작한다. 쇠퇴가 시작되는 것이다. 그리하여 인재에 대한 수요가 생기고 영재에 대한 갈망이 생겨난다.

맑은 날이 갑자기 변하여 구름이 끼고 비바람이 불고 폭우가 쏟아지는 수도 있다. 그러다 잠시 뒤에는 비바람이 그치고 구름이 흩어지고 맑은 날씨가 회복된다. 이런 현상은 자주 경험한다. 그러나 비바람이 몰아치고 폭우가 내리는 등의 현상이 자주 일어나고 또 오래 계속된다면 문제가 달라진다. 일종의 혼란사태가 발생하여 대책이 필요하다.

개인과 사회 그리고 국가도 마찬가지이다. 우선 개인 같으면 질병에 걸리거나 사고를 당하여 장기간 입원하는 사태가 생긴다든지, 갑자기 실직하거나 파산하면 혼란이 온다. 국가나 사회 같으면 전쟁의 발발, 전염병의 창궐, 화산의 폭발이나 대지진의 발생, 큰 가뭄이나 홍수의 발생 등으로 혼란이 생긴다.

이런 혼란이 생기고 그 정도가 심각하면 비상한 조치가 필요하고 그런 비상조치를 입안하여 실행하고 사태를 해결해낼 비상한 인재가 필요하다.

마침 그런 인재가 필요한 때, 때맞추어 그런 인재가 그곳에서 책임자로 재직 중이라면 그렇게 다행할 수가 없다. 만일 사태의 진행 중에 담당자가 그런 임무에 적합한 사람이 아닌 사실이 밝혀진 때에는 신속히 교체하여야 한다. 흔히들 부대가 강을 건너는 중에 지휘관을 바꿔서는 안 된다고 말한다. 하기는 강을 건너는 도중에는 지휘관을 바꿀 틈도 없다. 이것은 비유가 지나치다. 경우에 따라 다르지만 대부분의 경우에는 신속한 교체가 필요하다. 그렇지 않으면 사태가 걷잡을 수 없이 악화되어 망하고 만다. 빠르면 빠를수록 좋다.

오늘날에는 혼란사태의 발생 원인이 천재지변이나 전쟁, 질병 등에 그치지 않는다. 사회가 복잡해지고 다양화되고 인구의 국내외적 이동이 빈번함에 따라 민족 간, 종교 간, 국가 간 그리고 사회계층 간의 이해가 빈번히 충돌한다. 이런 충돌로 국가 간의 전쟁 이외에도 대규모의 시위와 소요 또는 반란이나 내전이 일어나 혼란사태가 발생한다. 세월호 참사와 같은 대형사고도 다른 요소들이 개입되어 장기간의 분란을 조성하면 매우 혼란한 사태가 돼버린다.

제2절 혼란사태의 해법

(가) 폭력시위

오늘의 시대에서 보면 비상한 인재가 가장 필요한 곳의 하나가 대규모의 불법적인 폭력시위 내지 소요 사태를 처리하는 부서이다.

폭력적인 불법시위와 봉기는 강물에 일어나는 파도와 같다. 큰 파도는 배를 뒤집고 그 여파로 수없이 많은 작은 파도를 일으켜 안전한 항해를 위협한다. 국가와 사회의 안정을 위해서는 대중의 대규모 폭력시위를 제압해야 한다. 때로는 피하고 때로는 막고 때로는 분쇄하여야 한다. 이 대처를 잘못하면 국가가 전복되고, 사회가 동요하고, 경제가 파탄되고, 민생이 어려워진다.

대규모의 폭력시위를 분쇄하려면, 첫째 지휘자를 제압해야 한다. 몸을 움직이는 것은 머리다. 그러므로 몸의 움직임을 제압하려면 그 머리를 제압해야 한다. 평소부터 누가 머리인지를 파악하고 그 소재를 면밀히 추적해야 한다.

지휘자의 제압이 소요의 현장에서 이루어질 경우 자칫하면 큰 물리적 충돌을 일으키고 이것은 사태를 악화시킬 위험이 있다. 이것은 때로는 대중봉기의 기획자들이 파놓은 함정에 빠지는 것일 수도 있다. 이것을 피하기 위해서는 은밀한 기동이 필요하다.

둘째로 지휘자의 참모진과 정보망을 제압하여야 한다. 이를 위해서는 내부 사정의 철저한 파악이 선행되어야 한다.

셋째로 외부에서 불량배不良輩와 음모가陰謀家들이 끼어드는 것을 철저히 막아야 한다. 다른 목적과 조직을 가진 전문가급專門家級의 사람들이 행여라도 침투하여 자기들의 목적 달성에 이용하지 못하게 막아야 한다.

넷째로 폭력행동을 기획, 운영하는 조직의 자금원을 봉쇄하여야 한다.

다섯째로 진압과정에서의 충돌로 인한 사고에 대하여 그

것이 정당한 공무집행이라면 당해 공무원을 과감히 면책하고 유공자에 대하여는 정당한 포상을 시행하여야 한다.

여섯째로 심리전과 선전전을 다각도로, 지속적으로, 음양陰陽 양면으로 시행해야 한다.

일곱째로 이슈(issue)를 선점하고 먼저 해결하여야 한다.

독일의 비스마르크[1]가 사회주의운동을 분쇄하려고 선제적先制的으로 노력한 사례에서 시사점을 발견하여야 한다. 선발제인先發制人(먼저 움직여 다른 사람을 제압하는 것)이 그것이다. 대중운동에 뒤 끌려다니지 말고 먼저 나서서 문제를 해결하여 명분을 주지 말아야만 그것을 예방하고 저지할 수 있다.

비스마르크는 1878년 사회민주주의 탄압법을 제정하여 사회민주주의적 또는 사회주의적, 무정부주의적 성향을 가진 단체들의 활동을 금지시켰다. 그러나 그는 탄압만이 사회주의에 대한 완벽한 대응이라고는 생각하지 않았다. 그는 국가가 적절한 사회정책을 펼치고 노동자들의 생존권을 보장하여야 한다는 확신도 가지고 있었다. 그리하여 그는

1) 근세 독일의 정치가. 생몰 서기 1815~1898. 1862년에 프로이센의 수상으로 임명된 후 강력한 부국강병책을 써서 프랑스에 대한 전쟁 등에서 승리하여 1871년 독일 통일을 완성하였고 사회주의 운동을 탄압하였다.

1883년 질병 치료비와 부상 수당금 지급을 위한 질병보호법을 제정하였고 질병 금고를 갖춘 협동조합도 설치하였다. 1884년에는 노동재해보험법을, 1889년에는 폐질·노년보험을 위한 법률을 공포하였다. 그는 노동자의 부담을 덜어주기 위해서 국가와 기업이 사회복지제도의 운영자금을 분담하는 법안도 제출했으나 의회가 이를 부결하였다. 노동자의 보호를 위한 10여 년에 걸친 그의 선제적 노력은 그러나 의회가 노동자보호입법을 통과시키지 않음으로써 충분한 효과를 보지 못하였다.[2)]

여덟째로 선후책善後策을 잘 운용해야 한다. 범법자를 끝까지 추적하여 처벌하고 행위자에게 손해배상을 청구하여 피해를 복구하여야 한다.

이상의 여러 가지 방법을 종합적으로 잘 운용한다면 국가와 사회의 질서를 안정시키고 민생을 안정시키며 손해의 발생을 예방할 수 있다.

위의 여덟 가지 방법은 혼란사태에 대한 대비책의 원칙만을 예시한 것이고 실제의 구체적 대응은 상황에 맞춰 융통성 있게 설계, 시행하여야 한다.

2) 김장수 지음, 『비스마르크』, 2009, 살림, 50p.

다만, 4.19혁명과 프랑스 대혁명과 같이 전체 국민이 대체로 공감하는 분노가 폭발하여 일어나는 대규모 대중 운동의 경우에는 위에서 말한 것들은 해당이 안 된다. 비리가 곪아 터져 일어나는 경우와 그렇지 않은 경우를 구별하여야 한다.

(나) 국회선진화법國會先進化法으로 인한 의회議會의 마비痲痺

1 다수결원리多數決原理 배제의 위헌성違憲性

뿐만 아니라 최근 우리나라에서는 국회에서 정당 간의 비협조와 상대의 발목잡기가 정도를 넘어 국회의 입법기능과 법치주의가 마비되어도 이를 해결하지 못하는 사태가 장기화하고 있다. 이러한 정치권의 무책임한 처사가 중요한 국정 처리를 지연시키고 헌정질서와 법치주의를 일부 마비시켜 일종의 혼란사태를 조성한다. 그런 사태발생의 원인은 여야합의로 국회법을 개정하면서 위헌적인 조항[3]을 일부 신설하였기 때문이다. 소위 국회선진화법이 다수결원리를 배제하였기 때문이다. 그러므로 그 위헌조항을 국회에서 개정하기 어렵다면, 헌법재판소에서 위헌결정을 통하여 이를 폐기하여야 한다. 그리하여 나는 몇몇 변호사

3) 국회법 제85조 제1항, 동법 제85조의2 제2항, 동법 제106조의2 제6항.

와 함께 그 위헌조항에 대한 헌법소원을 제기하였는데 그 주장의 요지는 다음과 같다.

1. 의회議會의 지위

의회는 헌법상 입법권을 담당하고 있다.

헌법상 그 존립근거는 삼권분립의 원리이고 그 구성원리는 대의제도이며 그 작동원리는 다수결의 원리이고 그 결과는 법치주의의 실행이다.

그러므로 삼권분립의 원리, 대의제도 및 다수결의 원리 이 세 가지는 의회의 존립근거, 구성원리 및 작동원리로서 의회를 살아 있게 하는 헌법의 기본 원리다.

2. 의회의 마비痲痺

우리나라의 국회는 지금 의회로서의 입법기능이 마비되었다. 그 실상은 이미 공지의 사실이 되었으므로 새삼 이를 언급하지 않는다. 이 마비는 일시적一時的 현상이 아니라 국회법상 다수결의 원리가 배제됨으로 인한 상시적常時的 상태이면서 지엽적枝葉的 부분의 마비가 아니라 입법을 장해함으로써 주된 기능을 마비시키는 결정적 마비다.

민주주의는 법치주의이다. 법치주의라는 것은 법으로 국가를 통치한다는 원칙이다. 그러므로 법이 있어야 통치를 할 수 있고 법이 없으면 통치를 할 수 없다. 권력만 가지고 통치할 수는 없다. 그런데 국회가 법을 만들지 아니하여 통치를 할 수 없게 되었다면 이것은 국가가 그 범위 내에서는 마비되고 만다. 적어도 민주주의 국가인 이상에는, 이것은 천재지변 이상의 비상사태에 해당한다.

3. 헌법 자체의 침해

의회의 마비는 입법권이라는 헌법의 주요 기능을 마비케 하므로 바로 헌법 자체의 중대한 침해를 구성한다.

이것은 헌법 자체의 침해라는 점에서, 헌법이 보장하는 개인의 기본권 침해와는 명백히 차원을 달리 한다.

4. 국민의 헌법상 위치

국민은 헌법의 제정권력制定權力이고 헌법의 개정권력改正權力이다. 이 두 가지는 헌법에 명시되어 있다. 이 두 가지 권력을 지닌 위치로부터, 헌법이 침해侵害되거나 위기危機에 처해 있을 때, 국민은 헌법을 수호할 권리와 책임을 지니는 위치에 처할 수밖에 없다고 함은 당연히 논리에 따라 나오는 결론이다. 그러므로 국민은 첫째로 헌법의 제정권력이요, 둘째로 헌법의 개정권력이면서, 셋째로 헌법의 수호권력守護權力이다.

이 세 가지 권력은 헌법이 보장하는 개인의 기본권을 향수한다는 의미에서의 국민의 개인적, 수혜적受惠的 차원의 권한이 아니라, 국가공동체의 민주적 기본질서를 지켜내기 위한 공익적公

益的, 헌법보위적憲法保衛的, 적극적 참여차원의 권리이고 일종의 공인公人으로서의 권한이다.

5. 헌법의 보호장치

국회법의 일부 문제조항에 의하여 다수결의 원리가 중대하고도 결정정인 제약을 받음으로 말미암아 의회의 입법기능이 마비되고 이로써 삼권분립원리, 대의제도 및 다수결원리라는 민주주의 헌법의 핵심원리가 침해되어 헌법 자체가 중대하게 침해되었다.

이와 같이 헌법 자체가 침해된 경우에 헌법의 수호권력인 공인으로서의 국민이 취할 수 있는 헌법보호절차는 국민이 스스로 청구인이 되어 헌법재판소에 위헌소원을 제기함으로써 문제조항의 위헌성을 제거하는 결정을 얻는 방법 이외에는 다른 대체수단代替手段이 없다.

의회해산제도議會解散制度나 의원소환제도議員召還制度도 간접적으로 헌법 자체를 보호하는 절차로 기능할 수 있긴 하겠지만 우리 헌법에는 그나마 그 어느 제도도 있지를 않다.

헌법개정을 통하여 문제조항의 등장을 원천적으로 봉쇄하는 방법도 있긴 하겠지만 국민이 개인의 위치에서 헌법개정의 시동을 거는 것이 법적으로 불가능할 뿐만 아니라 실제로는 '닭을 잡으려 하면서 소를 잡는 데 쓰는 큰 칼을 쓰는' 어리석음을 범할 우려가 있다.

혹자는 의원이 제기하는 권한쟁의權限爭議 소송을 거론한다. 그러나 이것은 의원이 국민의 지위에서가 아니라 의원議員이라는 별개의 지위에서 의회 내부에서의 권한의 범위와 절차를 직접 대상으로 하여 다투는 절차이고 문제조항의 위헌성 여부가 직접 심판의 대상이 되지는 않는다. 그러므로 개인이 국민의 지위에서 문제조항의 위헌성을 직접 다투는 것과는 근본적으로 차원이 다르다.

따라서 국민의 헌법소원과 의원의 권한쟁의는 그 대상과 목적이 서로 다른 별개의 절차로서 경합이 가능하고 어느 한 가지만이 허용되어야 하는 그런 관계는 아니다.

더구나 과두적寡頭的(적은 숫자의 지도자들이 지배하는)으로, 그리고 계파적으로 운영되는 정당정치의 현실에서 여야與野가 한때 합의하여 만든 문제조항에 대하여 의원들이 과연 얼마나 진정眞情을 가지고 그 위헌성의 제거에 진력할 것인가에 대하여 국민들은 매우 회의적임을 지적하지 않을 수 없다.

6. 맺으면서

비상식적 비상사태를 조성하여 중대한 헌정의 위기를 초래하고 있는 이 사건의 문제조항과 같은 경우에 대하여만 한정적으로 국민의 위헌소원을 허용하는 것은 추상적 규범통제의 길을 무비판적으로 넓히는 일은 결코 되지 않을 것이다. 추상적 규범

통제의 한계에 항상 유의하는 헌법재판소의 심계원려深戒遠慮(장래를 깊이 생각하고 염려하여 경계함)는 계속 유지되리라 믿기 때문이다.

종래의 일상적인 논의와는 차원을 달리하여, 비상식적 비상사태로 인한 헌법의 위기를 치유할 수 있도록, 그리고 국민이 헌법수호권력으로서의 권한과 의무를 다할 수 있도록, 이 사건 헌법소원을 허용하여 문제조항의 위헌성을 제거하여 주시기 바랍니다.

2015. 11. 26. 청구인 권 성 외 [4]

국회선진화라는 이름으로, 국회가 교섭단체 사이의 합의를 다수결원리에 우선시키는 법률을 만든 여파로 많은 법률안이 처리되지 못하여 국회의 입법기능이 근래에 들어 마비되었다. 이것이 이른바 교각살우矯角殺牛(소의 뿔을 고치려 하다가 잘못하여 소를 죽이고 마는 짓)[5] 라는 것이다.

---

4) 국회법 제85조 제1항, 동법 제85조의2 제2항, 동법 제106조의2 제6항에 대한 위헌소원사건. 사건번호 2014헌마795의 청구인 측 준비서면에서 인용함.

5) 잘못된 점을 고치려다가 그 방법이나 정도가 지나쳐 오히려 일을 그르침을 이르는 말.

다수당의 물리적 횡포를 견제하고 소수의견도 토론에 의한 검증 기회를 보장한다는 것이, 그만 방법을 잘못 선택함으로써, 오히려 국회 자체를 마비시킨 것이다. 이런 혼란한 국면을 타개할 책임 있는 사람들은 일시적으로는 욕을 먹는 일이 있더라도 장기적으로 나라의 이익을 위하여 혼란을 척결하는 용기를 과감하게 발휘하여야 한다.

의원 개개인의 국민대표성을 강화하여 국회의장과 정당 지도자에게 권력이 집중되지 않도록 하여야 한다. 국회의장이 타협에 훈련되지 않은 의원議員들 상호 간의 이견異見과 여야與野 정당 사이의 싸움을 조정하는 강제强制 조정調整의 책임을 져야 한다. 그 책임의 일환으로 국회의장이 그 재량을 통하여 의장의 직권상정권한을 적절히 발동하여 토론의 장을 마련하고 합의가 안 되면 표결에 붙여야 한다. 의장의 임기를 6개월 내지 1년으로 하며 의장직을 순환제로 함으로써 권한의 독점을 막아야 한다.

이론理論을 가지고 논란하는 것보다 실제의 사례와 경험에서 해결책을 찾을 줄 아는 지혜와 실용주의적實用主義的 사고가 필요하다.

2 북한인권법北韓人權法의 외면外面

시급히 처리되어야 할 민생과 관련된 많은 법률안이 국회선진화법 때문에 처리되지 못하고 있다. 뿐만 아니라 북한주민의 인권개선에 기여하기 위한 북한인권법北韓人權法의 제정조차 전 세계의 주목에도 아랑곳 하지 않고 10년이 넘도록 그 법률안을 처리하지 않고 있다. 남까지 걱정해주는 판에 정작 자기 가족은 외면하고 있으니 체면이 말이 아니다. 북한주민을 걱정해야 할 국회가 도대체 누구를 걱정해서 이러는 것인지 알 수가 없다.

3 국회의원 지역선거구 구역표의 공중분해空中分解

급기야는 헌법재판소가 2015년 12월 31일까지 그 개정을 명령한 국회의원 지역선거구 구역표도 국회가 이를 개정하지 못하여 기존의 선거구역표는 효력을 상실하였다. 이제는 선거구가 없어졌으니 어떻게 선거를 할 것인지 참으로 희한한 사태가 발생했다. 의원들이 입법을 마비시키더니 이제는 자기 발밑까지 허무는 꼴이 되었으니 갈수록 해괴하다고 하지 않을 수 없다. 이런 사태를 보고 좋아할 사람은 누구일까? 사상 초유의 웃지 못할 사태까지 빚고 말았다. 일종의 비상사태라고 아니할 수 없다.

헌법재판소가 문제를 삼아 위헌으로 지적한 것은 국회의원을 선출하는 지역구 사이의 인구 편차가 너무 심하다는 것이었다.[6)]

헌법재판소는 일부 선거구의 인구편차가 $33\frac{1}{3}$% 또는 인구비례 2:1의 기준을 초과하므로 위헌이고 이는 선거구역표 전체에 영향을 미치므로 그 구역표 전체를 위헌으로 선언한다고 하면서 2015년 12월 31일까지만 기존 선거구역표의 잠정적용을 명하였다.

그런데 국회는 여야與野 사이의 합의의 실패로 2015년 12월 31일까지 선거구역표를 개정하지 못하였다.

선거구의 획정은 의원 개개인의 정치적 운명에 관계되는 중요한 일이어서 합의가 쉽지 않다. 그러므로 정당의 대표나 국회의장 등 지도자들이 대국적 견지에서 국가의 이익을 위하여 조정하고 결단을 해야 하는데 이런 조정이 안되고 있다. 선거구 획정에 실패하고 있는 지금의 상황은 진정 의회의 위기가 아닐 수 없다.

선거구의 인구편차 문제에 관하여 나는 2001년 일찍이 다음과 같은 의견을 헌법재판소의 결정문에서 제시한 바 있었다.[7]

---

6) 헌재 2014. 10. 30. 2012헌마192 등 공직선거법 제25조 제2항 별표 1. 위헌확인사건.

7) 헌재 2001. 10. 25. 2000헌마92 · 240(병합) 국회의원지역선거구구역표 위헌확인사건.

재판관 권 성의 별개의견

1. 투표가치 평등의 한계

1 : 1이라고 하는 투표가치의 산술적 평등 이념은 행정구역을 기초로 하는 소선거구제도하에서는 근본적으로 달성하기 어렵다. 더구나 3 : 1은 괜찮고 4 : 1은 안 된다고 하는 말은, 별 차이가 없는 것을 문제삼는 셈이어서 지나치게 작위적인 면이 없지 않다.

선거구의 획정에 있어서 투표가치의 평등은 가장 우선시되어야 할 이념은 아니다. 선거구 획정에 있어서 고려하여야 할 여러 가지 중요한 기준의 하나에 불과하다.

2. 의원의 지역대표성 또는 주민대표성

다른 기준의 하나로 생각할 수 있는 것이 의원의 대표성 문제이다. 대의제도를 채택하는 이상 그리고 보통선거와 직접선거의 방식을 취하는 이상, 의회의 의원은 어차피 일정한 지역, 즉 행정구역을 단위로 하여 그 지역의 국민, 즉 주민의 대표를 선출하는 방식을 취할 수밖에 없다. 그 구역의 광협에 따라 소선거구, 중선거구, 대선거구의 구별은 있지만 전국을 하나의 선거구로 하여 다수의 의원을 뽑는 방식은 대표성이 매우 약하여진다. 현행의 전국구의원을 생각하면 이것은 자명하다.

의원은 국민의 대표이지만 동시에 지역주민의 대표이기도 하다. 의원을 국민의 대표라고 하는 말은 법률상의 지위와 정치적

책임을 규정하는 말이고 그로부터 의원이 지역의 이익만을 위하여 일하여서는 안 되고 국민 전체를 위하여 일하여야 한다는 의원행동의 윤리강령이 도출되지만, 이것이 의원의 선출원리는 아니고 의원의 지역주민 대표성을 부정하는 규정도 아니다. 오히려 의원의 대표성은 의원이 어느 정도의 독자성을 갖는 지역(예컨대 행정구역)의 주민을 대표한다고 할 때 가장 확실하여진다.

3. 주민대표성의 정당성

의원이 주민대표성을 살리는 규정은 다음과 같은 이유로 그 합리성과 정당성이 인정된다. 단순한 정서상의 문제가 아니다.

① 의회제도 발전의 역사적 연원에 비추어 볼 때 의원은 항상 일정한 지역주민의 대표로 선출되었고 또 그것을 당연하게 여겼다.

② 소수자보호의 원리에 비추어 인구가 많은 지역의 대표나 인구가 적은 지역의 대표 모두가 똑같은 한 사람의 의원으로서 동등한 지위를 부여받았고 또 받아야 한다.

③ 국가통합의 원리에 비추어 인구가 밀집하고 경제력이 강한 지역의 대표와, 인구가 좀 적고 경제력이 약하고 변두리에 위치한 지역의 대표가 똑같은 의원으로서 지위를 부여받았고 또 받아야 한다.

④ 의원에게 필요한 자존심, 명예감, 사명감은 지역주민의 대표성에 의하여 더욱 강화된다.

그러므로 소선거구제를 택하는 이상 의원의 지역주민 대표성은 투표가치의 평등성과 대등한 이념으로 인정할 필요가 있다.

4. 주민분리의 위헌성

따라서 투표가치의 산술적 평등에 보다 접근시키기 위하여 어느 행정구역의 일부 주민을 다른 행정구역에 편입하여 하나의 선거구를 만드는 규정은 의원의 주민대표성을 약화시키고 이것은 자기 구역에서 분리되어 타구역에 편입당한 주민들의 선거권을 침해하므로 위헌이 된다.

선거권을 침해당한다고 보는 이유는 다음과 같다.

대의제도는 의회제도의 본질요소이고, 일정한 행정구역을 단위로 하여 선출하는 대표를 대의원으로 삼는 원칙은 대의제도의 본질요소이다.

그러므로 국회의원의 선거에 있어서 국민은 자기가 거주하는 행정구역의 대표를 선출하여 그로 하여금 국회의원의 지위를 갖도록 하는 권리를 갖는다. 이것이 국회의원 선거에 있어서 국민이 갖는 선거권의 본질이다. 따라서 일부 주민이 자기의 행정구역에서 분리된 뒤 다른 행정구역에 편입되어 투표를 하게 되면 자기 지역대표를 뽑는 선거권을 상실하게 된다. 물론 복수의 행정구역을 묶어 하나의 선거구를 만드는 것 또는 인구가 과밀한 행정구역을 복수의 선거구로 만드는 것 등은 모두 어느 정도는 지역 주민의 자기 대표를 뽑을 권리를 제약하게 되지만 공동대표자를 선출한다든지 또는 복수의 대표자를 선출한다든지 하는 관념으로 이것을 파악할 수 있으므로 이것은 대의제도의 본질을 침해하지는 않는다.

다수의견은 공선법 제25조 제1항 후단이 국회의원지역구를 획정함에 있어서 "구 · 시 · 군의 일부를 분할하여 다른 국회의원지역구에 속하게 하지 못한다." 고 규정하지만 이것은 헌법적 요청이 아니라고 설시하고 있다. 그러나 나는 위에서 설명한 바와 같이 투표가치의 산술적 평등에 보다 접근시키기 위하여 어느 행정구역의 일부 주민을 다른 행정구역에 편입하여 하나의 선거구를 만드는 것은 의원의 주민대표성을 약화시키고 이것은 자기 구역에서 분리되어 타구역에 편입당한 주민들의 선거권을 침해하므로 위헌이 된다고 생각한다. 그러므로 이 규정은 헌법의 요청을 반영한 것이고 이 규정에 어긋나는 선거구의 획정은 따라서 위헌이라고 생각한다.」

요컨대 내 의견은 주민의 수에 따른 투표가치의 산술적 평등도 중요하지만 의원의 주민대표성도 그에 못지않게 중요하고 따라서 행정구역의 통폐합이나 일부 주민의 분리를 수반하는 선거구 획정은 신중을 요한다는 취지이다. 이렇게 생각할 때 우리 일부 의원들이 파당의 이익에 지나치게 집착하는 잘못된 습관이 있음을 헌법재판소가 깊이 고려했더라면, 결정 당시의 선거구 인구편차가 비록 위헌의 정도에 이르렀다 하더라도, 차라리 그 해결을 잠시 뒤로 미루어 두는 편이 보다 낫지 않았을까 하는 생각마저 든다. 잘못하면 이것이 또 하나의 교각살우矯角殺牛가 되지 않을까 염려가 되기 때문이다. 요즈음의 국회 사태를 보면 이런 염려가 현실화되었다는 느낌이 든다.

4 해결의 요체要諦

혼란론混亂論의 항목을 따로 두어 이 문제의 대처방법을 이 곳에서 논한 것은 혼란한 사태에 대비하여 사명감을 가지고 책임을 끝가지 다하는 비상한 인재가 있어야 나라가 발전할 수 있기 때문이다. 좋은 것이 좋다는 식의 평범하고 원만한 인물, 혹은 욕먹기를 싫어하는 사람 또는 속으로 다른 생각을 하면서 겉으로는 거짓된 명분을 내세우는 소위 '송양공宋襄公 같은 사람'은 이런 사태를 적절히 해결할 수 없기 때문이다(다음 제4장 제1절 (다) 참조).

제4장

중용하지 말아야 할 사람重用不可者

중요한 임무에 써서는 안 될 사람에는 두 부류가 있다. 하나는 송양공宋襄公과 같은 사람, 둘은 포호빙하자暴虎馮河者이다.

제1절 송양공宋襄公과 같은 사람

(가) 조조의 조치

조조는 일세一世의 명사 공융孔融, 예형禰衡, 양수楊修 등을 처단하였다. 공융은 공자의 20대손으로 조조를 비판하다가 처형되었고, 양수는 당대의 천재로서 계륵鷄肋(닭의 갈빗대라는 뜻으로, 먹기에는 너무 양이 적고 버리기에는 아까워 이러지도 저러지도 못하는 형편을 가리킴)의 고사로 유명하지만 조조에게 밉보여 결국 죽었다. 예형은 조조, 유표 등을 모욕하고 다시 황조를 욕하다가 그에게 죽임을 당하였다.[1] 또 전前 구강태수 변양邊讓은 평소 재명才名이 높았는데 가벼이 조조를 조롱하다가 죽임을 당했다.[2] 공융과 예형은 당시 일세를 풍미한 천재들로서 천하에 그 이름이 높았다. 그러나 이들은 실제의 일을 처리하는 데에는 아무런 쓸모가 없고 공연히 아무 거리낌 없이 잘난 체하며 과장하여 떠벌리기를 일삼아 시무를 비판하는 여론이나 일으키는 허명지사虛名之士(유명한 명성과는 달리 그에 걸맞는 실질이 없는 사람)라고 조조는 생각하던 끝에 적당한 기회에 구실을 잡아 이들을 처형해 버렸다. 물론 조조는 많은 비판을 받았고 후세에도 잔인한 사람으로 치부되었다.

그러나 군웅群雄이 할거割據한 시대에 정치와 전쟁의 실무를 담당한 승상丞相 조조의 실용주의적 입장에서는 그런 처사는 당연한 일이라고 생각했을 것이다. 정치와 군사의 실

1) 나관중의 『삼국지연의』에 자세히 나온다. 특히 계륵의 고사에 관하여는 황석영 옮김, 『삼국지』 제6권, 2003, 창작과비평사, 271p.
2) 이중텐 지음, 김성배 · 양휘웅 옮김, 『삼국지강의』, 2013, 김영사, 70p. ; 사마광의 자치통감 권61 참조.

무를 벗어나 초야에서 학문을 연구하고 시문詩文을 창작하고 제자를 기르는 일에 전념한다면 크게 세상을 이롭게 할 사람들이 있다. 그런데 이런 사람들 일부는 그런 일에서 벗어나 현실의 정치와 군사에 뛰어들어 기왕에 널리 퍼진 명성을 도구로 삼아 현실문제의 해결에 아무런 도움도 되지 않는 주장이나 해대어 세상의 칭송을 받는 일이 있다. 나아가 이런 사람들이 그런 행동을 통하여 더 높은 관직으로 출세하려고까지 하기도 한다. 이런 사람들, 이른바 허명지사虛名之士를 조조는 크게 싫어했던 것이다.

이런 사람들은 비록 영재이긴 하지만 실제의 일을 당해서는 크게 일을 실패하게 만들 사람들이다.

(나) 제갈량의 조치

제갈량의 경우도 마찬가지였다. 제갈량은 조조와는 다른 훌륭한 인품과 재능을 겸비한 사람이었지만 의법치국依法治國(법대로 나라를 다스림)해야 하는 승상으로서 실용주의적 입장에 설 수밖에 없는 그로서는 조조와 마찬가지로 허명지사虛名之士를 매우 싫어하였다.

이중텐의 '삼국지강의 2'에서 관련된 부분을 옮겨본다.[3)]

3) 이중텐 지음, 홍순도 옮김, 『삼국지강의』 2, 2012, 김영사, 574~575pp.

어느 명사의 행동이나 여론이 촉한蜀漢 정권에 위협을 줄 때에는 제갈량도 사정을 봐주지 않았다. 심지어 "불손한 말을 했다"는 이유로 조조처럼 죄를 다스리기도 했다. '초楚의 뛰어난 인재'로 불린 요립[4]의 경우는 "선왕先王을 비방하고 뭇 신료들을 비난했다"는 죄명으로 일반 서민으로 신분이 강등됐다. 내민[5]이라는 사람도 민심을 혼란시켰다는 죄를 뒤집어썼다. 심지어 익주 명사 팽양[6]은 37세의 젊은 나이에 죽임을 당하기도 했다.

제갈량이 팽양을 싫어한 이유는 조조가 예형이나 공융을 미워한 이유와 거의 똑같다. 이 몇몇 사람들은 모두 사람들의 미움깨나 받음직한 명사들이었다. 즉, "실속 없이 겉만 번지르르하고 무리를 지어 백성을 현혹시키는 소인배"였다. 이 부류의 명사들은 몇 가지 공통점도 가지고 있었다. 즉, 명성이 높은 것만큼이나 성질이 좋지 않았다. 학문이 높은 만큼 허세를 잘 부렸다. 게다가 논쟁을 벌이기를 즐기고 허튼 소리를 거침없이 내뱉었다. 일을 성공시키기는커녕 망치지 않으면 다행이었다. 팽양은 허튼 소리를 하는 데는 이골이 난 사람이었다. 유비에 대해 "늙어 황당할

4) 진수 저, 김원중 옮김, 『정사 삼국지』 제5권 촉서, 요립전, 2001, 신원문화사, 321p.
5) 앞의 책, 내민전, 279p.
6) 앞의 책, 팽양전, 216p.

뿐 아니라 어그러졌다." 고 마구 욕을 해댄 적도 있었다. 제갈량은 겉으로는 팽양을 아주 정중하게 대했다. 그러나 속으로는 팽양을 대단히 미워했다. 그러던 차에 좋은 구실을 만나자 문 앞의 난초처럼[7] 가볍게 제거해버릴 수 있었다.

(다) 송양공宋襄公 같은 사람

위에서 살펴본 몇몇 사람들은 이들을 통틀어 송양공宋襄公 같은 사람이라고 부를 수 있다. 송양공이 누구인가. 초나라와 전쟁을 하면서 아무도 지키지 않는, 이미 지나간 시대의 전쟁 예법을 들먹이다가 전쟁에 지고 부상까지 당한 사람이다.[8] 그런 예법을 진심으로 존중하는 사람이었다면 애당초 그 전쟁을 일으키지 말았어야 했다. 속으로는 다른 생각을 하면서 겉으로만 그럴 듯한 좋은 말을 내세운 짓이었다. 송양공은 실력도 없으면서 '제환공과 같은 천하의 패

7) 蜀의 장유라는 사람이 유비의 장래를 불길하게 예언을 하여 그의 심기를 거슬렀다. 이에 유비가 그를 처형하려 하자 제갈량이 익주 토착 士人들의 불만을 우려하여 이를 만류하자 유비가 "아무리 향기로운 난초라도 문 앞에 자라면 베어버리지 않을 수 없소." 라고 말하고 장유를 처형했다. 문 앞의 난초라는 것은 여기서 나온 말이다.

8) 제1편 제5장 제2절 (4) 참조.

자霸者'라는 칭송을 받기를 속으로 무척 탐내고 있었다. 전쟁의 경위를 보면 사실 그 전쟁은 송양공이 억지를 부려 일어난 전쟁이고 얼마든지 피할 수 있는 전쟁이었다. 사태의 올바른 해결 방법은 생각지 않고 자기도 믿지 않는 헛된 명분이나 내세운다는 공통점이 이 사람들에게는 있다. 그래서 이 사람들을 '송양공과 같은 사람들'이라고 부르는 것이다.

자유와 평등, 표현의 자유, 그리고 학문의 자유가 헌법으로 보장되는 민주주의 시대에는 더욱 이러한 송양공 같은 사람들이 세상의 칭송을 등에 업고 세론世論을 잘못 인도하거나 일을 그르치는 일이 때로 없지 않다. 인사권자로서는 옥석玉石(보석과 돌)을 잘 구별하여야만 한다.

(라) 말과 행동의 일치

송양공 같은 사람인지 여부를 구별하는 기준의 하나는 말과 행동이 일치하는가를 보는 방법이다. 예컨대 반미反美를 부르짖으면서 자기 아이는 미국에 조기 유학을 보낸다든지 하는 사람은 일단은 송양공 같은 사람이 아닌지 생각해 보아야 한다.

의회의 독립과 자주는 보장되어야 할 원칙이지만, 실제

에 있어 다수결원칙의 외면으로 말미암아 의회가 마비상태에 빠져 있는 사태를 보면서도 이를 해결해야 할 사람들이 입법 마비상태를 방관한다면[9] 이런 경우도 송양공의 예에 비추어 생각해 보아야 한다. 이런 이들에게 일을 맡기면 일은 실패하기 마련이다.

송양공 같은 이보다는 차라리 상앙과 같은 사람이 낫다. 상앙과 같은 사람은 비록 자기 한 몸은 온갖 욕을 먹고 최후에는 비참하게 생을 마감했으나 대국적으로 장기적으로 보아 나라를 위하여 이익이 되는 일을 과감하게 해낸 사람이다. 그야말로 총대를 메는 이런 사람이 있어야 국가는 흥성하고 반대로 송양공 류의 사람들이 여기저기서 행세를 하면 나라는 기울어진다.

제2절 용감하지만 무모한 사람(포호빙하자暴虎馮河者)

대단한 용기와 능력을 가졌지만 자기 능력만을 과신한 나머지 상대를 경시하여 무모하게 일을 벌이는 사람에게도 절대로 큰일을 맡겨서는 안 된다.

---

9) 앞의 제3장 혼란론 제2절 (나) ❹ 참조.

삼국정립三國鼎立(원래 하나이던 나라가 셋으로 나뉘어 서로 균형을 유지하면서 서 있는 것)을 이룬 뒤에 이를 발판으로 삼아 천하일통天下一統으로 나가려던 유비와 제갈량의 원대한 계획은 동오東吳의 손권孫權을 무시한 관우關羽의 오만 때문에 무너지고 말았다.

동오의 손권이 자기 딸을 관우의 아들에게 시집보내 동오와 촉한의 동맹관계를 굳건히 하려고 관우에게 청혼하였는데 관우는 "호랑이의 딸을 어찌 개의 아들에게 시집보낼 수 있느냐" 하면서 호통을 치고 이를 거절하여 손권에게 모욕을 주었다고 한다.[10] 이후 손권은 조조와 손잡고 관우를 공격하여 그를 죽이고 이로써 유비의 전략은 깨지기 시작했다. 한 사람의 오만이 천하의 대사를 그르쳤다고 할까.

공자孔子도 그의 제자 자로子路를 훈계하면서 포호빙하暴虎馮河(맨 손으로 호랑이를 잡고 배 없이 맨 몸으로 강을 건너다)의 사람과는 같이 일하지 않겠다고 말하지 않았는가.

자로가 공자에게 말했다. "선생님께서 삼군三軍을 통솔하시게 된다면 누구와 함께 하시겠습니까?" 이에 공자께서 말씀하셨다. "나는 맨손으로 호랑이를 때려잡고 걸어서 강을 건너다가 죽어도 후회하지 않는 사람(포호빙하 사이무회

10) 진수 지음, 김원중 옮김, 『정사 삼국지』 제5권 촉서, 2001, 신원문화사, 122p. 이때의 자세한 얘기는 나관중의 『삼국지연의』에 나온다.

자暴虎馮河 死而無悔者)과는 함께 하지 않는다. 일에 임하면 반드시 두려운 듯이 신중하며 차분하게 잘 계획하여 일을 성취하는 사람이어야 한다."[11)]

11) 류종목 지음, 『논어의 문법적 이해』, 2000, 문학과 지성사, 225p. 論語 述而 7-11.

제5장

도덕위험론道德危險論

제1절 개론

(가) 축형도수逐兄盜嫂한 진평陳平

인재를 등용할 때는 도덕위험론에 주의하여야 한다. 재능이 필요해서 어떤 인재를 등용한다면 그와 같은 재능이 실제로 있는지 여부에만 관심을 가지고 살펴보아야 하지, 그 사람이 도덕군자인지 여부까지 살피고 평가해서는 인재를 잃고 만다는 것이 도덕위험론의 한 내용이다.[1)]

1) 도덕위험론은 도덕이 심하게 해이해져 위험할 정도에 이른 상태를 우려하는 말로 보통은 사용하고 있다. 그러나 뒤에 보는 것처럼 케네스 애로우 교수가 이 용어를 처음 사용했을 때에는 본문에

초楚나라의 항우項羽로부터 유방劉邦에게 망명해와 높은 벼슬을 받은 진평陳平을 여러 신하가 헐뜯었다. 사실은 그가 일찍이 축형도수逐兄盜嫂(형을 내쫓고 형수와 사통함)한 나쁜 사람이고 유방의 수하가 된 뒤에도 여러 장군들로부터 뇌물을 받았다는 내용이었다. 유방이 크게 노하여 추천한 사람을 불러 질책하자 그 사람은 "내가 추천한 것은 그의 재능이지 행실이 아닙니다. 지금 초나라와 우리 한나라가 천하를 다투는 마당이라 기모奇謀 있는 선비를 천거하였으니 그 계책이 참으로 국가에 이로운가를 살필 따름이지 어찌 형수와 사통하거나 금金을 받은 것을 문제 삼아야 하겠습니까?" 라고 대답하였다. 이에 유방이 크게 깨닫고 진평의 벼슬을 오히려 높여주었다고 한다.[2)]

(나) 도덕의 무기화武器化

사람들은 아무데나 도덕을 들이대어 그 사람을 평가하려고 한다. 사람은 누구나 다소간에 도덕적 결함을 가지고 있으므로 그 결함을 지적하는 것은 제일 쉽고도 치명적인 공격방법이 되기 때문이다. 그러나 이것은 대단히 위험한

서와 같이 '아무데서나 도덕을 내세울 때 생기는 위험'이라는 뜻이었다.

2) 司馬遷 지음, 정범진 외 역, 『史記 世家』 下, 1994, 까치, 575p.

일이다. 도덕은 원래가 자기를 수양하는 거울 노릇을 해야지 남을 공격하는 칼이 되어서는 안 된다. 세상에 도덕을 기준으로 할 때에 비판으로부터 자유로울 수 있는 사람은 거의 없다. 아무도 없다고 해도 과언이 아니다. 도덕으로 공격을 받은 사람은 자기도 다시 상대방을 도덕으로 비판하여 역공逆攻을 취한다. 이때는 도덕적으로 덜 수양된 사람, 즉 뻔뻔스럽고 부끄러움이 없는 후안무치厚顔無恥한 사람이 대부분 이기게 되어 있다. 이렇게 악순환이 되면 공멸하여 혼란을 걷잡을 수 없게 된다. 강제력으로 진압하지 않으면 싸움은 끝이 나지 않는다. 이것은 망하는 길이다.

(다) 케네스 애로우(Kenneth Arrow)의 도덕위험론

실용주의적 입장이 필요한 분야에서는 도덕을 가지고 그 사람을 평가하여 그 재능을 사장死藏시키는 일이 있어서는 안 된다. 도덕적 인품이 필요한 분야에서는 물론 도덕이 평가의 기준이 되어야 한다. 분야에 따른 이러한 성숙한 구별이 필요하다. 오늘날 우리나라에서는 많은 정치인들이 도덕을 칼로 삼아 상대를 공격하는 것을 많이 본다. 정치인들의 행태를 따라 일반 시민들까지도 이런 행태를 벌인다. 참으로 위험한 일이다. 굳이 비판이 필요하다면 도덕 대신 법을 기준으로 상대의 잘못을 비판해야 한다.

1972년 노벨 경제학상을 받은 하버드대학 교수 케네스 애로우(Kenneth Arrow)는 '도덕에 따르는 위험'이라는 취지로 이해될 수 있는 주장, 즉 도덕위험론道德危險論을 일찍이 발표한 바 있다. 그에 따르면 민주주의 사회에서 도덕에 부합하는 진정한 공익(public interest)이 밝혀질 수 있는가에 대해 매우 회의적이다. 생각해 보면 일리가 있다. 모두 국가나 사회를 위해 일한다고 하는데 누가 과연 옳은지, 누가 도덕적인지 알 수가 없다. 수십 년 또는 수백 년이 지나야 누가 옳았는지가 드러나기도 한다. 아무데나 도덕을 칼처럼 휘둘러 대서는 안 된다. 특히 정치인들의 경우에 그렇다. 도덕은 각자가 이를 집에 두고서 자기를 성찰하는 거울로 써야 한다.

(라) 관중의 사치奢侈

중국 춘추시대의 유명한 정치가 관중管仲[3]은 제환공을 도와 패업霸業을 이룬 뒤 호화로운 저택을 몇 채씩 가지고 호사스러운 생활을 하였다. 사마천의 사기史記에는 관중의 재산은 제나라 왕실의 재산만큼이나 많고 삼귀三歸[4]와 반점反

3) 제2장 각주 26) 참조.

4) 이성異姓의 세 여자를 세 곳의 집에서 아내로 거느리는 것이라는 說과 그밖의 다른 說이 있다. 사마천 지음, 정범진 외 옮김, 『史記

坫[5]을 갖추고 있었다고 기록되어 있다. 아마도 제후에 못지않은 호사생활을 누린 모양이다. 그러나 그의 공적이 워낙 위대하였기 때문에 제나라 사람들은 이를 사치스럽다고 여기지 않았다고 한다.[6] 오늘날의 우리나라 같으면 여론이 들끓어 관중은 권력 남용과 부정부패로 재판을 받고 처벌되었으리라.

당시에도 정인군자正人君子(도덕적으로 올바르고 품격이 고상한 사람)로 유명한 그의 친구 포숙아鮑叔牙는 물론 이를 못 마땅히 여겨 관중을 나무랐다. "주공이 사치하면 그만이지만 그대까지 따라하면 과연 옳은 일인가?" 그러자 관중은 이렇게 변명했다. "이제 내가 주공의 월권越權을 도우며 법에 어긋난 시설을 하는 것은 주공이 세상 사람들로부터 받는 그 비방을 주공 혼자만이 받을 것이 아니라 나도 그 비방의 대상이 됨으로써 주공을 지켜드리려는 것이오."[7] 포숙아는 이런 대답을 듣고 더 이상 따지지 않았다고 한다.

공자孔子까지 그 위대한 업적을 칭송한[8] 관중마저 이렇게

列傳』 上, 1995, 까치, 17p. ; 류종목 지음, 『논어의 문법적 이해』, 2000, 문학과지성사, 101p. 論語 八佾 3-22.

5) 諸侯 이외의 일반인은 사용할 수 없는 儀式용 器物. 앞의 註와 같은 곳 참조.

6) 사마천 지음, 정범진 외 옮김, 『史記 列傳』 上, 1995, 까치, 17p.

7) 김구용 완역, 『열국지』 제1권, 1981, 어문각, 418p. 이하 참조. 나의 해석을 통하여 원문에 약간의 수정을 가하였다.

8) 류종목 지음, 『논어의 문법적 이해』, 2000, 문학과지성사, 465p. 論

월권과 사치를 즐겼는데 오늘날의 정치인들이야 말해 무엇하겠는가. 포숙아가 더 이상 관중을 추궁하지 않은 것은 무슨 생각이었을까.

(마) 예술가의 경우

예술분야는 어떤가? 역시 적당하지 않다고 생각한다.

오늘 아침 신문의 한 칼럼에서 '마에스트로의 퇴장'이라는 글을 읽었다.[9] 유명한 지휘자 정명훈 씨에 관한 내용이었다. 나는 언론의 보도를 통해 아는 것 말고는 정명훈 씨를 모른다. 더구나 그의 인품과 처신에 관하여는 더욱 알지 못한다. 그러나 칼럼을 읽다보니 내가 지금 언급하고 있는 도덕위험론이 생각났다. 그래서 그 글을 잠시 인용한다.

〈서울시향 사태는 작년 말 서울시향 전 대표가 "정명훈이 시향 조직과 예산 면에서 독단적 권력을 휘둘렀다." 라

語 憲問 14-17("환공이 제후들을 제패하여 온 천하를 바로잡도록 관중이 보필해주어 백성들이 오늘에 이르기까지 그 은택을 입고 있다. 관중이 없었다면 나는 아마 머리를 풀어서 늘어뜨리고 옷자락을 왼쪽으로 여미는 오랑캐의 통치하에 살고 있을 거야!" 라고 공자가 말했다).

9) 김태익 논설위원, '마에스트로의 퇴장', 2015년 12월 31일자 조선일보 A30면 만물상.

고 말하면서 불거졌다. 정명훈의 몇몇 흠은 그가 공公과 사私를 구분하고 자신에게 더 엄격했더라면 남지 않았을 것들이다.〉

이어서 이 글은 세계적인 지휘자 카라얀을 인용하면서 다음과 같이 덧붙인다. 〈카라얀 그는 마흔일곱에 베를린 필 음악감독으로 들어가며 종신계약을 요구했다. 주로 오스트리아에 살며 지휘가 있을 때만 베를린에 나타나 사보이, 켐핀스키 같은 특급호텔 스위트룸에 묵었다. 1963년 베를린 필 음악당을 지을 땐 지휘자 사무실 곁에 욕실 딸린 전용 휴게실을 만들어 달라고 요구했다. 그때마다 논란이 있었지만 베를린 시민, 아니 독일인들은 카라얀을 받아들였다. "지구상 어디를 가도 베를린 필을 모르는 사람은 없다. 그것만으로도 카라얀은 제 몫을 다하는 것"이라고 했다. 우리가 정명훈 같은 지휘자를 다시 가지려면 많은 세월이 필요할 것이다.〉

예술은 자유로운 영혼을 요구한다. 도덕률은 창조적 재능을 속박하는 경우도 있다. 예술과 도덕이 함께 하는 것은 아름다운 일이다. 그러나 현실의 세계에서는 그렇지 못한 경우도 하나 둘이 아니다. 유명한 예술가들 중에 그들의 사생활이 얘깃거리가 되는 일을 우리는 많이 알고 있다. 어쩌랴! 인간은 누구도 완벽한 존재가 되지 못하는 것을.

우리가 예술을 사랑한다면 예술을 창조하는 예술가의 인품에 대해서는 때로 눈을 감아주는 지혜가 있어야 함을 우리는 경험에서 오는 상식으로 알고 있다. 도덕이 싫기 때문이 아니라 예술이 아깝기 때문에 그런다. 이것은 결코 공리적功利的(자신의 공명과 이익을 먼저 생각하는 것) 타산打算에서만 나오는 얘기가 아니다. 자유로운 영혼이 궁극에는, 그 예술가를 포함한 우리 인간을 모두 한층 더 성숙된 도덕의 길로 인도하리라고 믿기 때문이다.

도덕적 기준을 가지고 남을 탓하기 전에 먼저 자신을 좀 돌아다 보아야 한다. 내가 과연 남의 말을 할 수 있을 만큼 도덕적으로 자신이 있는가. 우리가 과연 그렇게 도덕적인 국민인가. 도덕 앞에서는 우리 모두 좀 더 겸손해져야 한다.

제2절 사법연수원司法研修院의 강연

나는 2011년 11월 8일 사법연수원의 법관연수과정法官研修課程에서 도덕위험론道德危險論이라는 제목으로 판사들에게 위와 같은 요지로 강연한 일이 있었다. 참고로 그 요지 일부를 발췌하여 소개한다.

(전략前略)

(1) 가정에서는 법률에 앞서 도덕이 적용이 되어야 한다.

논어論語에는 이런 구절이 있다. 「섭공葉公이 공자께 "우리 마을에 곧은 사람이 있습니다. 자기 아버지가 양羊을 훔쳤는데 아들이 그것을 증언했습니다." 라고 하자 공자께서 "우리 마을의 곧은 사람은 이와 다릅니다. 아버지는 아들을 위하여 숨겨주고 아들은 아버지를 위하여 숨겨주는데 그 가운데 곧음이 있습니다." 라고 말씀하셨다.」[10)]

가족 간에서는 도덕이 우선 적용되어야 함을 뜻하는 말이다. 부모는 자식을 사랑하고, 자식은 부모에게 효도하고, 형제 간에는 우애가 있어야 하고, 이런 기본적인 도덕들은 가정에서 출발한다. 가정에서는 도덕이 지켜져야 한다. 오늘날 학교와 사회에서 여러 가지 문제가 생기고 있는데, 어린이들을 집에서 제대로 가르치지 않아서 이런 많은 문제가 발생한다고 말한다. 오늘날에는 가정에서 어른이 아이들에게 야단을 치는 일이 점점 없어진다고 한다. 그저 '튼튼하게만 자라라', 그저 '공부만 잘해라'는 것이 부모들의 요구사항이라고 한다. '도덕적으로 무엇이 옳고 무엇이 그르고', '어떤 일을 해야 하고 어떤 일은 하지 말아야 하고' 이런 것들은 잘 가르치지 않는다고 한다. 가정에서는 원

10) 류종목 지음, 『논어의 문법적 이해』, 2000, 문학과지성사, 433p. 子路 13-18.

칙으로 도덕을 먼저 가르치고 적용해야 한다.

(2) 학교는 도덕을 가르치고 실천해야 할 곳이다. 그런데 상급학교로의 진학과 취업에만 관심을 두고 있고, 정작 가르쳐야 할 도덕은 등한시하고 있다고 비평가들은 지적한다. 물론 합격률과 취업률이 나쁘면 그 학교는 존립이 어려워지는 현실적인 문제가 있다. 그러나 만사가 균형을 유지해야 하는데, 우리나라 현실은 균형을 상실하고 있다. 더 많은 진학, 더 많은 취업, 이것들 때문에 기본이 되는 도덕은 제대로 가르치고 있지 않다.

(3) 재판에서는 도덕이 직접 적용되어서는 안 된다.

법원에서 재판은 법률을 가지고 해야 하지 도덕을 가지고 할 수는 없다. 검사도 마찬가지이다. 법률에 의해서 기소를 해야 하지 도덕에 의해서 기소를 해서는 안 된다. 이것은 지극히 당연한 상식이다. 만일 법률이 아닌 도덕을 가지고 재판한다면 아마도 성인聖人을 제외한 거의 모든 사람을 기소하고 모든 사람을 유죄로 처벌해야 하리라. 그럴 수는 없다. 재판에는 도덕이 직접 적용되지는 않는다고 할 수 있다.

(4) 또 하나, 도덕이 적합하지 않은 영역은 군사軍事 분야이다.

옛날 중국 춘추시대 초성왕楚成王[11]과 송양공宋襄公[12]이 홍수泓水라는 강을 사이에 두고 전쟁을 하게 됐다. 초성왕이 군대를 이끌고 강을 건너기 시작하자 송양공의 신하가 "지금 초나라 군사가 강을 건너기 시작했으니, 적이 완전히 강을 건너기 전에 먼저 공격하면 이길 수 있습니다." 라고 진언했다. 그러자 송양공은 "군자君子의 군대는 오로지 인仁과 의義를 행할 뿐이다. 상대방이 혼란에 빠져 있을 때 공격하는 것은 인의의 군대가 할 일이 못 된다." 라고 하며 듣지 아니 하였다. 이에 초나라 군대는 거침없이 강을 건넜다. 그때 송나라의 같은 신하가 다시 "초나라 군대가 강은 건넜습니다만, 아직 진을 못 쳤습니다. 진을 치기 전에 그들이 우왕좌왕할 때 공격하면 이길 수 있습니다." 라고 말했다. 그러자 송양공은 화를 내며 "내가 말하지 않았는가? 군자의 군대가 어떻게 상대가 진을 치기도 전에 공격을 할 수 있겠는가?" 라고 말했다.[13] 마침내 강력한 초나라 군대가 완전히 진용을 정비하고 쳐들어오자 송나라는 대패했고, 송양공은 다리에 상처를 입고 도주하였다.[14]

이때는 중국의 전국시대戰國時代로 주周나라 말기였는데 원래 주나라의 제후諸侯 간에 전쟁을 할 때에는 양편이 모두 진을 치고 나서 서로 사신使臣을 교환하여 인사를 나누고 그런 뒤에 신호에 따라 전투를 개시하는 것이 당시의 전쟁 규범이었다고 한

11) 중국 제후국 초나라 왕(재위 BC 671~BC 626년).
12) 중국 제후국 송나라 왕(재위 BC 651~BC 637년).
13) 장기근 강술, 『十八史略』 上, 2006, 명문당, 192p.
14) 사마천 지음, 정범진 외 옮김, 『史記 世家』 上, 1994, 까치, 160p.

다. 송양공은 다른 속셈이 있어 전쟁을 하면서 그 속셈을 숨기려고 거짓으로 예법을 따르는 것처럼 행세하여 군자임을 가장한 것이었다. 거짓으로 괜한 명분을 내세우는 짓 또는 어리석음을 뜻하는 송양지인宋襄之仁이라는 고사가 이렇게 해서 생겼다.

이와 같이 도덕은 군사 분야에서는 직접 적용할 기준이 못된다. 군사 문제에 도덕을 적용하면 송양공처럼 자기 군대는 패배하고, 자신도 다치거나 잘못될 수 있다. 병불염사兵不厭詐 라는 말이 있는데, 이는 군사에서는 상대를 속이는 것을 꺼리지 않는다는 뜻이다. 이것이 군사에서 승리를 가져오는 하나의 방법이다. 삼국지에 나오는 조조는 병불염사를 잘해서 전쟁에서 대개 승리한다. 전쟁에서 상대방을 속이지 않으면 패하거나, 이긴다 하더라도 아군이나 적군의 사상자가 너무 많이 발생한다. 아군의 사상자死傷者를 최소화하면서 승리하기 위해서는 상대방을 속이는 것이 필요하다. 이것은 도덕의 원칙과는 맞지 않는다. 이와 같이 군사 문제에 관해서는 도덕을 이야기할 필요가 없다.[15] 도덕을 앞세우다 전쟁에서 패하고, 국가가 망한다면 이를 두고 훌륭한 지도자라고 말할 수는 없다.

(5) 그 다음으로 도덕이 적합하지 않은 분야는 기업이다.

---

15) 그러나 장기적인 관점에서 대전략大戰略을 논할 때는 도덕의 면에서 우위를 점하는 것이 승리를 위하여 반드시 필요하지만 이것은 별론이다.

기업은 이익을 추구한다. 비용과 손실은 최소화하고 이익은 최대화하는 것이 기업의 당면 목표이다. 그런데 다른 것을 고려하지 않고 우선 이익을 추구하는 기업가들을 사람들은 '모리배' 謀利輩(장사의 잇속만 차리는 좋지 않은 사람) 라고 하여 부도덕한 사람이라고 욕한다.

요즈음에는 많은 기업들은 광고를 통해 자기 기업의 이미지를 개선하기 위해 노력한다. 소위 이미지 광고라고 하는 것이다. 이는 기업의 원래 목표인 합리合利, 즉 이익을 쫓는다는 목표와 맞지 않는다. 또 박리다매薄利多賣(이문을 적게 붙여 많이 판다)를 내세우지만 이 또한 기업가가 인심이 좋아서 하는 행위가 아니다. 적은 이윤으로 많이 팔아야 전체적으로 이득이라는 계산에서 나온 것이다. 앞서 말한 이미지 광고도 마찬가지이다. 기업의 이미지를 좋게 선전해야 자기 기업의 제품을 많이 팔게 된다는 계산이 깔려 있는 것이다.

투명경영透明經營, 이것도 마찬가지이다. 이런 것을 기업이 내세울 때 그 이면에는 '합리성合利性'이라고 하는 계산이 깔려있다. 여기서 말하는 합리성은 이치에 맞다는 뜻의 합리合理가 아니고 이익利益에 적합하다는 뜻의 말이다. 투명한 기업, 윤리적인 기업에 대해 소비자들이 좋은 인상을 갖게 되고, 그런 회사의 제품을 더 많이 사게 되는 현상이 나쁜 일만은 아니다. 긍정적인 효과가 물론 있다. 그러나 그것을 문자 그대로 도덕적인 경영, 도덕적인 기업가라고 말한다면 지나치다. 기업은 도덕과는 일단 거리가 있다.

세상 사람들이 스티브 잡스를 매우 칭송한다. 스티브 잡스가 창의적인 기업가임은 분명하다. 그러나 도덕적인 사람이라고 말할 수는 없다. 오히려 전기와 영화 등에서 나타난 그의 행동은 도덕과는 거리가 멀다. 그는 "어떻게 하면 제품을 좋게 만들어서 다른 기업보다 더 많이 팔 수 있을까" 하는 쪽으로 노력한 사람이 아닐까? 이와 같이 기업과 도덕은 서로 거리가 있다.

물론 성공한 기업가 중에는 높은 차원에서 도덕과 기업을 융합시키는 훌륭한 사람도 많이 있다. 그러나 우리가 현실에서 보는 많은 기업가들의 사업 경영과 도덕과는 일단 거리가 있다고 말해도 지나친 말은 아니리라.

(6) 도덕이 적합하지 않은 또 하나의 영역은 바로 정치 분야이다.

정치라고 하는 것은 권력을 더 많이 획득하고 권력을 자기에게 더 유리하게 배분토록 하기 위한 행동이다. 거기에는 무엇이 필요한가. 우리 현실을 두고 얘기를 해보자. 우선 확고한 결의가 있어야 한다. "적당히 해 보고 안 되면 그만 둔다" 라고 생각해서는 백전백패百戰百敗한다. "무슨 수를 써서든지 끝까지 물고 늘어져서 내가 이겨야 한다" 는 확고한 결의가 있어야 한다. 그런 결의가 도덕적이지 않은 경우도 있다.

그리고 그런 정치행위를 하기 위해서는 능력이 있어야 한다. 그 능력은 시대의 흐름을 알고, 사람의 마음을 읽을 줄 알고, 목표를 정할 줄 알고, 그 목표를 달성하기 위해 사람을 설득하고 조직할 줄 알고 돈을 모아서 베풀 줄 아는 능력이다. 때로는 상대를 위협하기도 하고, 매수하기도 하고, 때와 장소에 따라 다양한 방법을 취한다.

정치에서는 결의와 능력, 이 두 가지가 반드시 있어야 한다. 내가 승리하겠다는 결의, 그리고 그렇게 할 수 있는 능력, 이것이 있어야 우리 현실에서는 정치인으로 성공한다.

그러니 정치가가 결의와 능력은 제쳐두고 도덕만 이야기한다면 어떻게 되겠는가.

'맹자孟子'에 보면 맹자가 양梁나라 혜왕惠王을 만나 나눈 대화가 나온다. 당시 맹자는 유명한 유학자로 명성이 자자했다. 양혜왕이 맹자에게 "선생께서 천리를 멀다 않고 우리나라를 찾아와 주셨으니 틀림없이 우리나라를 이롭게 해줄 무엇인가를 갖고 오신 것이 아닙니까" 라고 물었다. 그러자 맹자는 "왕께서는 왜 하필 이익이라고 말씀하십니까? 이익이 아니라 저는 오로지 인과 의를 이야기할 뿐입니다." 라고 대답했다. 여기서 바로 세속적인 정치가와 위대한 유학자 사이에 극명하게 갈라지는 관점의 차이를 볼 수 있다. 양혜왕은 오로지 자기 나라의 부강富强

과 같은 세속적인 문제에 관심이 있다.

그러나 맹자는 그와 반대로 인간을 근본적으로 훌륭하게 만드는 데 관심이 있는 사람이었다. 현실 정치는 자기가 다른 사람과 경쟁해서 이기겠다는 확고한 결의와 이를 행할 능력이 있어야 하는데, 맹자와 같은 사람의 가르침을 받아 매일 인의와 같은 이야기만 해서는 현실 정치에서 이기기 어려울 터이다.

이렇기 때문에 정치 분야 역시 기업과 마찬가지로 도덕과는 일단은 친하지 않은 분야라고 생각한다. 그러나 더 높은 차원에서 정치와 도덕이 결합하는 경우도 있음은 물론이다.

(7) 이렇게 몇 개 분야에서는 도덕을 함부로 적용하기가 곤란한 경우가 있다.

"도덕은 자기를 수양하는 거울이 되어야 하지, 남을 공격하는 무기가 되어서는 안 된다."라고 나는 생각한다.

이것은 무엇을 의미하는가? 정치인들이 정파政派 간에 경쟁을 하면서 이기기 가장 손쉬운 방법은 상대의 도덕적 결점을 찾아 공격하는 방법이다. 재산 증식 과정의 비리非理, 공직에서의 부정不正, 그리고 성추문性醜聞 등은 가장 손쉽고도 효과가 큰 공격 포인트이다. 도덕적 공격 앞에서는 힘을 쓰지 못한다.

인간은 도덕적으로 매우 취약한 존재이다. 맹자는 성선설性善說을 주장했지만 그것은 이상적인 이야기이고, 실제로는 인간은 성악적性惡的인 측면도 함께 갖고 있다. 오히려 성악적인 측면이 더 클 수도 있다.

이처럼 악한 본성을 갖고 있는 인간에게 도덕적인 잣대를 갖다 대면 통과할 사람이 별로 없다. 그러면 그 낙마한 사람은 가만히 있는가? 누군가가 자신의 도덕적인 결함을 지적해서 비판할 때 이것을 겸손한 마음으로 수용해서, "나는 진실로 부족한 사람이다." 라며 반성하는 사람은 그렇게 많지는 않다.

도덕적으로 공격을 당한 사람은 가만히 있지 않고 보복을 한다. 그러다 보면 결국은 악순환이 되풀이된다.

그런데 이렇게 도덕을 무기삼아 서로 공격하면 결국 도덕적으로 덜 수양된 사람이 이긴다. 왜 그런 것일까? 양심을 조금이라도 갖고 있는 사람, 도덕적인 부분을 조금이라도 생각하는 사람, 이런 사람은 다른 사람의 공격에 대해서 적시에 방어를 못하고 우물쭈물하게 된다. 그리고 답을 분명하게 못한다. 한참 우물쭈물하다가 겨우 생각해서 조금 반격을 하게 된다. 그러나 도덕적으로 덜 수양되고 양심이 부족한 사람은 뻔뻔하고 부끄러움이 없다. 자신의 얼굴은 감추고 상대를 맹렬하고도 신속하게 공격한다. 이렇게 하면 항상 도덕적으로 덜 수양된 사람이 이기게 마련이다.

이것을 경제학에서 말하는 '그레샴의 법칙'에 비유할 수 있다. 그레샴의 법칙은 악화惡貨가 양화良貨를 쫓아버리는 현상을 가리킨다. 똑같은 액면 가치를 가진 금화와 은화가 있다면 사람들은 금화는 집에 감추고 은화만을 사용하게 되고 그러면 금화는 시장에서 사라지고, 은화나 구리 돈만 유통된다. 이와 마찬가지로 정치 세계에서 도덕을 무기로 싸우게 되면 그때는 덜 수양된 사람이 이기게 된다. 그러면 그 사회가 잘 돌아갈 리가 없다.

바바라 터커만의 '바보들의 행진'이라는 책에 의하면, 덜 수양된 사람들이 권력을 잡으면 그들은 자기보다 능력이 있는 사람을 싫어한다. 자신의 권력을 잃게 될까 두려워하기 때문이다. 결국 그들은 자기보다 능력 있는 사람을 도덕을 무기로 공격하여 매장시킨다. 결국 바보들만 남게 된다. 그러면 권력자는 더 오만해진다. 그 결과로 사회는 혼란해진다. 능력 있는 사람들은 정치 세계에서 멀어질 수밖에 없다.

옛날 중국 한무제漢武帝 시대에는 대신들 중에 허리가 잘려 죽은 사람이 많았다. 자칫 잘못하면 허리가 잘린다. 그것은 무엇을 의미하는가? 잘못을 저지른 사람도 있었겠지만 유능한 사람이 높은 관직에 있으면 황제의 권위를 위협하게 될까봐 걱정하는 마음도 작용했을 것이다. 이런 형국이 되면 양심 있고 능력 있는 사람들은 권력의 주변에서 스스로 피해가기도 한다. 적지 않은 사람들이 초야草野에 묻힌다. 그러면 점점 더 유능한 사람들은 멀리 사라지고, 몰염치한 사람들만 남아서 경쟁한다. 이것이 도덕이 가지고 있는 뜻밖의 부작용이 아닐까?

(8) 결국 도덕이란 원래 좋은 것인데, 도덕을 적용하기 곤란한 분야에 이를 들이대면 도덕이 오히려 위험한 무기가 되어버린다. 그래서 '도덕위험'이란 말을 쓸 수 있는 것이 아닌가 한다. (후략後略)」

제3절 학생에 대한 체벌體罰

내가 헌법재판소에 있을 때 학생에 대한 체벌이 문제가 된 적이 있다. 교사의 체벌은 허용되지 않는다고 헌법재판소에서 다수결로 결론이 났다. 하지만 나는 그 사안에서 어느 정도의 체벌은 도덕에 따라 당연히 허용되어야 한다는 반대의견을 냈다. 내 의견의 출발점은 학교에서는 원칙적으로 도덕이 우선 적용되어야 한다는 데 있다. 법으로는 허용이 안 된다 하여도 도덕을 기준으로 하면 일정한 한도 내에서 체벌도 허용되어야 한다는 것이었다. 형식상으로는 위법한 행위라 하여도 사회상규社會常規(사회 일반인의 건전한 윤리감정)에 어긋나지 않는 행위는 법률도 처벌하지 않고 있다. 이 사회상규가 바로 도덕에 포함된다.

이 학생 체벌 사건[16]은 이런 사안이었다. 여교사가 고등

16) 2006. 7. 27. 2005헌마1189 기소유예처분취소사건.

학교 1학년 남자 학생의 뺨을 한 차례 때린 데 대하여 검사가 폭행의 혐의를 인정하고 기소유예를 하였다. 그러자 여교사가 그것은 정당한 행위였으니 '혐의 없음'이라는 결정을 해야지 왜 기소유예를 하는가, 그런 조치는 위헌이다 라면서 다툰 사안이었다. 합헌의견이 6, 위헌의견이 3이었다. 그때 내가 제시한 위헌의견에 대한 보충의견의 요지를 이하에서 소개한다.

위헌의견에 대한 재판관 권 성의 보충의견

(가) 청소년에 대한 교육을 맡고 있는 선생님은 지식 이외에 덕망과 위엄, 이 두 가지를 함께 갖추고 교육의 현장에서 상황에 맞게 이 두 가지를 적절하게 활용하여야만 교육의 성과를 거둘 수 있다.

이 두 가지 중 하나라도 빠지면 그 교육은 온전하게 이루어질 수 없다. 인간은 성선性善과 성악性惡의 두 가지 본성을 모두 가지고 있는 존재이므로 어려서부터 덕으로 선성善性을 권장하고 위엄으로 악성을 절제하여야만 올바른 인간으로 교육될 수 있기 때문이다.

선생님이 위엄이 없으면 학생은 태만과 건방짐의 부덕不德에 빠져드는 유혹을 받게 되며 이미 그러한 부덕에 빠진 학생은 선생님이 위엄으로 질책하고 덕망으로 포용하지 않으면 그러한 부덕에서 벗어나기 어렵다. 위엄과 덕을 베풀지 않는 선생님이 있다면 그는 보수를 목적으로 지식만을 판매하는 짓에 불과하다는 비난을 면하기 어렵다.

그러므로 선생님은 교육의 현장에서 구체적인 상황에 대처하여 때로는 덕망으로, 때로는 위엄으로, 때로는 이 양자를 함께 베풀어, 잘못을 저지른 학생을 올바른 방향으로 인도하여야만 하는데 그 구체적인 방법은 당연히 선생님이 그 재량으로 결정하고 선택하여야만 한다.

그리하여 때로는 잘못을 못 본 척함이 필요한 경우도 있고 때로는 엄히 잘못을 질책하여야만 할 경우도 있으며 또한 그 양자 사이에는 여러 가지 다른 방법으로 대처하여야 할 많은 경우가 있을 터이다.

위엄으로 잘못을 질책하여야 할 경우에 반드시 체벌을 사용할 필요는 물론 없고 또한 체벌의 사용이 언제나 정당시되는 것도 아니다.

그러나 상황에 따라서는 체벌이 보다 효과적이거나, 체벌이 아니면 질책의 효과가 없다고 할 경우도 있음은 사리상 당연한데 이 경우에 체벌의 필요성 유무에 대한 판단 및 체벌의 구체적 방법의 선택은 역시 선생님의 재량에 맡겨야 한다.

물론 이러한 경우에 대비하여, 이러한 때에는 이런 방법을 쓰고 저러한 때에는 저런 방법을 쓰도록 하라고, 미리 규정을 만들어 놓을 수도 있지만 구체적인 상황에 맞는 적절한 방법을 모든 경우에 걸쳐 다 망라하여 규정할 수도 없으려니와 이러한 고정된 규정만 가지고서는 다양한 실제의 상황에 적절히 대응하기 어렵기 때문에 이러한 규정은 본질적으로 선생님들을 위한 참고용의 가이드라인에 그칠 수밖에 없다고 보아야 한다.

(나) 그러므로 문제는 실제의 경우에 행사된 선생님의 재량이 적절하였는가 또는 재량의 한계를 일탈하거나 재량을 남용한 것은 아니었는가 하는 점에 귀착된다.

우선 첫째로, 체벌의 대상이 된 학생의 부덕 내지 비행이 얼마나 중대하였는지 하는 점이 고려되어야 한다. 아주 사소한 비행의 경우라면, 초기에 비행의 단서를 뿌리 뽑는 것이 교육상 필요하다는 특별한 사정이 없는 이상은, 체벌의 선택은 재량의 남용이라고 볼 소지가 많다.

둘째로, 설혹 잘못이 있다고 하여도 이를 덮어주고 모르는 척 하는 것이 오히려 잘못을 고치게 하는 더 효과적인 방법이 되는 경우도 있으므로 과연 그 잘못에 대하여 체벌이 필요하였는지 하는 데에 대한 검토가 있어야 한다. 예컨대 체벌을 가하는 일만으로는 이미 개선을 기대하기 어려운, 거의 교정이 불가능하다고 여겨지는, 심각한 비행에 대하여 체벌을 가한다면 오히려 체벌의 필요성에 대한 재량을 그르친 행위라고 보아야 할 것이다.

셋째로, 선생님 자신의 폭력적 성향을 충족시키기 위하여 또는 그러한 성향의 발로로 말미암아 의식, 무의식 간에 체벌이 선택된 것은 아니었는지 하는 점이 고려되어야 한다. 선생님의 폭력적 성향이나 기질로 인하여 체벌이 행사되었다면 이는 재량의 남용에 해당할 경우가 많을 터이다.

넷째로, 잘못을 저지른 학생 이외의 다른 학생에 대하여 체벌이 미치는 교육적 효과 또는 반反교육적 효과에 대하여 고려하여야 할 것이다. 사소한 잘못 또는 용서를 받아도 좋을 만한 잘못이라고 다른 학생들이 생각하는 부덕 내지 비행에 대하여, 선생님이 체벌을 가한다면 이는 다른 학생들의 공감을 얻기 어렵고, 그 결과 선생님을 무오류無誤謬로 믿고 싶어 하는 순진한 학생들의 신뢰를 저버리는 반反교육적 효과를 일으킨다.

반대로 마땅히 엄히 질책되어야 할 비행을 선생님이 방치한다면 학생들에게는 이른바 '깨진 창문' 이론이 제시하는 '무질서의 만연'을 당연시하는 반反교육적 효과를 일으킨다. 잘못에 대한 체벌이 다른 학생들에게 경각심을 일으켜 자기절제를 유도하는 교육적 효과를 갖는 점에 대하여는 굳이 말할 필요가 없을 터이다. 다른 학생들에게 반교육적 효과를 일으키는 체벌이라면 이는 재량을 그르친 행동이 될 소지가 있다.

끝으로, 체벌의 내용과 정도가 비행에 비하여 과도하지는 아니하였는지 하는 점이 검토되어야 한다. 가혹하고 무자비하다고 일반적으로 여겨질 체벌은 어느 경우에도 재량의 정당성을 인정받기 어렵다.

결국 이상에서 검토한 여러 가지 기준에 비추어 체벌의 선택과 행사가 현저히 재량을 남용하거나 재량의 한계를 일탈하지 않았다면 선생님의 체벌행위는 최소한 형법상으로는 정당한 행위로서 폭행의 위법성을 조각한다고 보아야 마땅하다. (이는 도덕적 판단과도 일치한다.[17])

(다) 이제 이 사건에 돌아와 살피건대 기록에 의하면 문제의 학생은 수업일수 91일 중 결석이 39일, 지각이 6일, 조퇴가 2일, 수업시간 불참이 21회나 되었고 평소 성행이 불량하고 교사의 지도에 불응하는 태도를 보였는 데다가 사건 당일에는 다른 학생 3인과 함께 식당에서 라면을 먹고 제1교시 수업시간에 25분이나 늦게 들어왔다.

우선 이러한 경우에 이를 질책함이 없이 그대로 방임한다면 문제의 학생 자신 및 다른 학생들에게, 규칙을 무시하고 태만을 부리고 건방을 떨고 안하무인으로 행동하여도 괜찮다는 반교육적 분위기와 인식을 만연시킬 우려가 있어 이는 사소한 잘못이라고는 도저히 볼 수 없다.

나아가 청구인이 시도한 체벌도 여자의 손바닥으로 뺨을 한 차례 가볍게 때리는 정도였으므로 이를 잘못에 비하여 과중한

17) ( ) 부분은 원래의 결정문에는 없는 것인데 이 글을 쓰면서 내가 부기한 것이다.

체벌이었다고는 역시 도저히 인정하기 어렵다.

뿐만 아니라 청구인의 이러한 체벌행위가 그 자신의 폭력적 성향이나 기질에서 연유하였다고 볼 자료도 전혀 없다.

끝으로, 회초리(또는 나무막대)를 사용하는 대신 손바닥을 사용하는 행동이 언제나 무방하다거나 바람직하다고는 물론 할 수 없다. 그러나 회초리를 휴대하지 않았다거나 가까운 곳에 이것이 비치되어 있지 않은 경우, 상황에 따라서는, 즉석에서 체벌과정을 끝내고 곧이어 수업을 재개할 수 있도록 현장을 정리하기 위하여, 회초리의 사용 이외의 다른 대체수단을 재량으로 선택할 수도 있는 것이므로 청구인이 이 사건에서 한 바와 같은 선택을 재량의 남용이나 한계의 일탈이라고는 볼 수 없다.

그렇다면 청구인의 체벌행위는 체벌에 관한 선생님의 재량을 일탈하거나 남용한 행위가 아니어서 최소한 형법의 적용 측면에서는 정당한 행위이고 따라서 폭행의 위법성을 조각한다고 보아야 한다.

만일 청구인이 한 바와 같은 이 정도의 체벌행위를 형법상 정당한 행위로 인정하지 아니하고 폭행죄가 된다고 한다면 다음과 같은 우려가 있다. 선생님들은 교육의 현장에서 상당한 체벌을 가하여야 할 경우라고 생각되는 경우를 만나 이를 벌하기 위하여 손을 들거나 매를 들었다가도, “이렇게 했다가는 폭행죄로 고소당하거나 처벌되지 않을까” 하는 찜찜한 생각에 우물쭈물하다가 손을 내리고 마는 안일과 나약과 무책임 속으로 도피하게 될 수 있다.

이렇게 되면, 그렇지 않아도 기강과 가치관의 심각한 붕괴 위기를 맞고 있는, 우리 청소년교육의 장래가 더욱 황폐화되지 않을까 우려된다.

한 걸음 더 나아가 생각할 때 이것은, 양을 훔친(양양攘羊) 아버지를 고발한 아들을 곧은 사람(직궁直躬)이라고 사직당국이 평가함과 같아서, 아들이 아버지를 숨겨주는 행동 가운데에 곧음이 있다고 보는 도덕적 성찰을 근저에서 허무는 짓이다.[18)]

(라) 따라서 이 사건 기소유예처분은 청구인이 선생님으로서의 재량에 의하여 비행학생을 가벼운 체벌의 방법으로 적절히 훈계하여 교사로서의 본분을 다하고 이로써 보람과 행복을 찾고자 하는 헌법상의 행복추구권을 침해하여 위헌이므로 이는 마땅히 취소되어야 한다.」

학교에서 학생에 대한 교사의 체벌이 너무 제한된다면 도덕 교육이 필요 없는 일로 취급될 우려가 있고 이것은 기본을 지키도록 가르쳐야 할 학교교육의 본분에 어긋난다.

---

18) 류종목 지음, 『논어의 문법적 이해』, 2000, 문학과지성사, 433p. 論語 子路 13-18.

제6장

실용주의實用主義와 경敬

제1절 예언자와 지도자

'전략론(*strategy*)'의 저자 리델 하트(Liddell Hart)[1]는 그 책의 서문에서 진리를 말하는 예언자와 그 진리를 전파하고 실행하는 지도자를 구별하고, 예언자는 박해迫害를 당할 수도 있지만 지도자는 박해를 당해서는 안 된다고 하였다. 예언자가 설파한 진리의 목표에 접근하기 위하여 지도자는 예언자처럼 직접 도전하는 대신, 간접우회작전間接迂廻作戰을 사용하는 지혜를 가져야 한다고 말하였다.[2] 영국으로부터

1) 영국의 군사전략가. 탱크부대 운용에 관한 그의 이론은 독일에 채용되어 제2차 세계대전에서 전격전의 기초가 되었다.

2) 리델 하트 지음, 신상초 역, 『戰略論』, 1972, 하서출판사, 저자서문

인도를 독립시키는 데 기여한 간디[3]를 예언자라고 한다면 네루[4]는 그 지도자에 해당한다고 그는 말한다. 이와 유사한 역할 분담의 관계는 역사에서 다수 발견된다. 일본의 전국시대戰國時代를 끝내는 기초를 닦은 오다 노부나가[5]와 그의 후계자 도요토미 히데요시[6]의 관계도 이런 예에 해당한다.

제2절 지도자指導者의 실용주의實用主義

목표에 접근하는 간접우회의 지혜, 이것을 나는 실용주의에 속한다고 생각한다. 하나의 목적을 일관되게 유지하면서도 상황에 적합한 방법으로 이를 추구하는 사고思考, 이것이 전략상의 실용주의라고 보기 때문이다.

예언자는 자주 나오기 어렵다. 늘 나오는 사람도 아니다. 그러나 지도자는 항상 나오고 또 항상 있어야 한다. 다만

중에서 발췌하였다.

3) 무저항 비폭력운동으로 영국으로부터 인도의 독립운동을 이끌었다. 1948년 79세 때 암살되었다.

4) 간디를 추종하여 인도 독립 후 초대 수상이 되었다.

5) 일본의 전국시대를 끝내는 기초를 닦았으나 1582년 48세의 나이에 부하 장군의 반란으로 자결하였다.

6) 오다 노부나가의 사후 그의 후계자로서 일본을 통일하고 조선을 침략하였다.

그 지도자가 실용주의를 따르는 사람이고 실용주의를 따를 만큼 지혜로운 사람이기를 우리는 소망할 따름이다. 왜냐하면 실용주의를 따르지 않는 어리석은 지도자는 나라와 사회를 파멸로 이끌고 망하게 하기 때문이다.

예언자를 우리가 의도적으로 또는 계획적으로 양성하는 일은 생각할 수 없다. 아마도 불가능에 가까우리라. 그러나 지혜로운 지도자를 양성해내는 일은 재능 있는 사람을 찾아 가르침으로써 가능하다. 제1편 제9장의 인재양성에서 언급하겠지만 인재를 양성하는 교육에서는 무엇보다도 실용주의적 사고를 가르치는 것이 제일 중요하다. 실용주의를 가르치는 교육은 지혜로운 지도자를 양성하는 길이기 때문이다.

제3절 전통傳統의 역할

(가) 스승의 필요

그러나 장기적으로, 그리고 크게 본다면 지도자에게 목표를 제시해주는 역할을 담당하는 예언자적 인물이 필요함은 물론이다. 그렇다고 하여 새로운 예언자가 필요에 따라 수시로 나와야 하는 것은 아니고 그럴 수도 없다. 몇 세대에 걸쳐, 또는 몇 세기에 걸쳐서라도 지도자와 국민에게 진리와 이상을 제시해주는 스승이 한 명이라도 있으면 된다.

지금 당장 스승이 없을 때에는 과거에 존재한 위대한 인물[7]을 찾아내 존경하고 그의 가르침을 실천할 필요가 있다. 이것은 과거에 존재한 위대한 인물들이 예언자의 역할을 현재에 대신 행하는 셈이다. 그렇게 되기 위하여는 과거에 존재한 위대한 인물들을 찾아내어 그들의 가르침을 전해주고 그들을 따라 살아가도록 권장하는 그런 선생님과 지도자, 부모, 그리고 선배와 동료가 먼저 있어야 한다. 다음으로는 이런 역할을 하는 분들을 국민들이 소중히 여기고 존중하는 사회 분위기가 있어야 한다.

(나) 전통의 존중

위대한 인물의 가르침을 전해주고 그들을 따라 살아가도록 권장하는 선생님과 지도자, 부모, 그리고 선배와 동료를 소중히 여기고 존중하는 사회 분위기, 이것을 다른 말로 한다면 전통에 대한 존중이라고 할 수 있다. 여기서 전통을

7) 예를 든다면 을파소, 을지문덕, 김유신, 최치원, 강감찬, 서희, 세종대왕, 이순신 등 우리 역사에서 많이 찾을 수 있다.

존중하는 사회의 기풍氣風이 나라를 발전시키는 중요한 기능을 수행함을 알게 된다.

주변을 둘러보면 전통을 존중하는 집안과 사회, 그리고 나라가 비록 한때 시련을 겪는 일이 있더라도 결국은 꾸준히 발전하는 모습을 발견할 수 있지 않은가.

영국이 그 좋은 예이다.

전통을 존중하는 이러한 사회기풍은 뒤에 나오는 교육의 장[8]에서 언급하는 '**경**敬'에 대한 국민 교육에 의하여 길러질 터이다.

(다) 위대한 비전의 허실虛實(진실과 거짓)

많은 사람들이 지도자는 거창하고 위대하고 선도적인 비전을 제시하여야 한다고 주장한다. 물론 그럴 수도 있다. 그러나 많은 경우 그런 거창하고 위대한 비전이 액면 그대로 믿기가 조심스럽고 자칫 위험하기까지 하다. 때로는 특정 목적에 이용하려는 선동용煽動用에 불과한 때도 있음을 역사는 보여주고 있다. 그런 비전이 오히려 투쟁을 격발하고 전쟁을 불러오는 수도 있다. 예컨대, 중세시대中世時代의 십자군전쟁十字軍戰爭에 한 빌미를 제공했다고 볼 수 있는

8) 제1편 제9장 제2절 (라) 가정교육 ❷ '敬의 가르침' 참조.

'성지탈환聖地奪還'이라는 비전 내지 구호도 이런 경우에 속하는 면이 없지 않다. 이것은 특정 종교에 대한 비난의 의도로 하는 말이 아니다.

오히려 현실 세계에서는 장기간에 걸쳐 사회와 국가를 지탱해오는 데 기여한 위대한 선인先人들의 가르침 및 전통을 존경하고 실천하는 일이 더 소망스럽고 필요하기도 하다. 물론 이것이 새로운 사상 및 학문과 예술의 창조를 억압하지 않고 새로운 기술의 진보를 억제하지 않는 한도 내에서 말이다. 기존의 사상과 전통에 대한 새로운 해석과 이해도 보장하는 한도 내에서 말이다.[9)]

실용주의적 지혜를 갖춘 지도자와 그 지도자에 대한 경敬을 실천하는 국민, 이 두 가지는 국가가 흥성하는 길이며, 그 보장책이다. 검은 고양이든 흰고양이든 쥐만 잘 잡으면 된다고 말한(흑묘백묘론黑猫白猫論) 현대 중국의 지도자 등소평鄧小平의 지혜도 일종의 실용주의에 해당한다.

---

9) 조선시대에 性理學이 思想界를 휩쓸면서 陽明學을 異端視한 것은 강력한 전통이 학문에 대한 새로운 해석을 억압한 좋지 못한 사례라고 볼 수 있다.

제 7 장

과학科學과 기술技術

과학자와 기술자의 양성은 국가의 발전에 있어 필수사항이다. 장기적·지속적인 발전을 위해서는 이것만큼 중요한 일이 없다. 이것을 게을리하면 비록 한때는 번영할지 몰라도 결국은 쇠퇴하고 멸망한다.

나라 안에 인재가 없으면 거금巨金을 주고서라도 외국에서 사와야 한다. 인재의 수입에 관하여 앞에서 말했지만, 인재의 수입이 가장 필요한 분야가 과학과 기술이다.

그 방법은 첫째가 신분의 보장, 둘째가 최고의 보수 제공, 셋째가 높은 명예의 보장, 넷째가 도덕적 흠결에 대한 면책, 마지막으로 시설과 실험에 대한 무한적 투자이다.

앞에서 연소왕이 초현대를 설치한 고사를 얘기하면서 죽

은 천리마千里馬의 뼈를 사온 얘기를 했다.[1] 죽은 천리마의 뼈를 사오듯이 과학자나 기술자를 영입하여야 한다. 비록 그 깊이가 아직 얕은 경우라고 하여도, 또 도덕적인 면에서 다소의 스캔들이 있다고 하여도 마찬가지이다. 천금을 주고 사오는 심정으로 우대하여 영입하고 후원하여야 한다. 그런 후원과 우대를 계속하면 조만간 최고수준의 과학자와 기술자를 맞이하게 된다.

장관으로 입각이 예정되었던 미국 거주의 우리 교민 과학자가 국적을 논란하는 여론 때문에 입각을 포기한 일이 있었다. 이것은 과학자 우대와 영입의 정신에 역행하는 일로 다시는 이런 일이 없어야 하겠다.

과학자와 기술자를 우대하여야 한다는 주장은 그들에게 그저 높은 벼슬이나 감투를 주어야 한다는 얘기가 아니다. 영입하라는 얘기도 정계와 관계에 영입하라는 얘기가 아니다. 그들이 마음 편하게 과학과 기술의 연구 및 개발에 전념할 수 있는 환경과 조건을 만들어 주어야 한다는 주장이다.

제2차 세계대전 당시 독일이나 일본이 미국에 앞서 원폭

1) 제1편 인론, 제1장 인재의 수입 참조.

原爆의 개발에 성공하였더라면 그 피해는 엄청났을 것이다(실제로 추축국樞軸國들이 원폭의 개발성공에 거의 육박하고 있었음이 종전 후의 조사로 드러났다고 한다). 미국과 소련의 냉전冷戰 시대에 소련이 수소폭탄을 먼저 개발하였다면 그 뒤로 냉전의 향방이 어떻게 전개되었을까를 생각해 보면 이 문제의 심각성을 깨닫는 데 어려움이 없다.

우리나라에서 공과대학을 졸업한 사람들이 한때 의학전문대학원이나 법학전문대학원으로 몰리는 현상이 있었다. 이런 현상이 지속된다면 정말 큰일이 아닐 수 없다. 과학자와 기술자를 우대하고 존중하며 보호하는 시책이 지속적으로 필요하다. 이는 나라를 살리고 발전시키는 길이다.

북한의 수소폭탄 실험과 장거리 미사일 발사 성공으로 온 나라가 시끄럽다. 당연한 일이다. 그렇지만 급할수록 돌아가라는 속담처럼 당장 무슨 해결책을 요구하거나 기대할 일이 아니다. 10년, 20년 뒤를 생각하고 꾸준히 천천히 기초과학부터 다져나가야 한다.

떠오르는 아침 해처럼 무서운 기세로 발전하던 청나라의 창업자 누르하치가 만리장성을 향해 돌진하다가 영원성 전투에서 명나라의 장군 원숭환의 홍이포紅夷砲 포격의 파편에 맞아 부상을 입고 사망한 것이 서기 1626년이다. 누르하치는 이때 이렇게 탄식하였다. “나는 스물다섯 살 때부터 군사를 거느리고 싸웠는데 이때까지 공격하여 점령하지 못한 성과 요새가 없고 싸워서 이기지 못한 적이 없었다. 그런데 어찌하여 영원성만은 점령하지 못하는지 모르겠다.”[2)]

홍이포는 붉은 털을 가진 야만인, 즉 홍이紅夷라고 부르던 네덜란드인으로부터 명나라가 입수한 강력한 최신의 대포였다. 구경이 100㎜에 유효사거리 700~800미터, 최대사거리 4㎞에 달하는 강력한 대포로 후금에는 없던 무기였다. 누르하치 사망 후 3년 뒤 제2대 황제 청태종 홍타이지는 홍이포 제작 기술자들과 포병 장교들을 포로로 잡아와 한족漢族인 그들을 노예에서 해방시키고 많은 상을 내리면서 우대하여 마침내 홍이포의 자체 제작에 성공하였다. 1631년에는 명군보다 더 많은 대형 화포를 가지고 대릉하라는 명군의 견고한 요새 성벽을 부수는 데 성공하였다. 이후 청나라는 명과 조선의 높은 성벽들을 거침없이 무너뜨렸다. 병자호란 때 남한산성으로 달아난 조선 조정이 끝까지 버티지 못했던 이유도 군량미 부족과 함께 홍이포의 가공할 파괴력 때문이라고 할 수 있다.

2) 장한식 지음, 『오랑캐 홍타이지 천하를 얻다』, 2015, 산수야, 98p.

신무기 획득을 위한 적극적 투자와 신기술에 대한 놀라운 개방성은 홍타이지가 지닌 여러 장점 가운데 하나였다.[3)]

우리도 결코 늦지 않다. 조용히 꾸준히 집중해서 투자할 일이다.

3) 앞 주의 책, 170~173pp.

제8장

인재에 대한 갈망渴望

제1절 연소왕燕昭王의 초현대招賢臺

인재의 등용과 관련하여 가장 중요한 것은 인사권자의 갈망이다. 열의와 정성을 넘어선 그 이상의 것을 갈망이라고 한다면 훌륭한 인재에 대한 갈망, 이것이 없으면 훌륭한 인재는 구하기 어렵다.

앞에서 말한 연소왕燕昭王의 초현대招賢臺 또는 황금대黃金臺 고사는[1] 현명한 인재에 대한 연소왕의 갈망을 잘 드러내는 이야기이거니와 이런 열성 없이는 악의樂毅와 같은 인재를 구하지 못했을 것이다.

1) 제1편 제1장 제5절 '죽은 천리마의 뼈' 참조.

제2절 주공周公의 토포악발吐哺握發

또 다른 대표적인 고사는 토포악발吐哺握發이다. 사기에는 주周나라의 주공周公이 그 아들 백금에게 훈계하는 다음과 같은 기록이 있다.

"나는 문왕[2]의 아들이고 무왕의 동생이며 성왕의 숙부이니 천하에서 또한 신분이 낮지는 않으리라. 그러나 나는 한 번 목욕하는 데 세 차례나 머리카락을 움켜쥐고 나가 손님을 맞이했고(일목삼악발一沐三握髮), 한 번 식사하는 데 세 차례나 음식을 뱉어내면서까지 나가 선비를 맞이하였으면서도(일반삼토포一飯三吐哺) 오히려 천하의 현인을 잃을까 걱정하였다. 너는 노나라 땅으로 가거든 삼가해서 나라를 가진 제후라고 남에게 교만하지 말아라."[3] 이것이 유명한 토포악발의 고사로서 공자가 가장 존경하는 성인聖人인 주공이 얼마나 현명한 인재에 목말라했는가를 잘 보여주는 일화이다.

---

2) 중국 고대 周王朝의 기초를 닦은 名君. 태공망을 발굴하여 재상으로 삼은 얘기가 유명하다. 무왕과 주공의 아버지이고 성왕은 그의 손자이다. 공자가 가장 존경하는 聖人이다.

3) 사마천 지음, 정범진 외 옮김, 『사기 세가』 상, 1994, 까치, 65p. ; 장기근 감수, 『이야기 고사성어』, 2005, 명문당, 876p.

제3절 삼고초려三顧草廬

그 밖에 삼국지연의三國志演義에 나오는 유비가 제갈량諸葛亮을 세 번 찾아가 모셔온 삼고초려三顧草廬[4] 얘기는 너무도 유명하다. 정사正史라고 하는 진수陳壽의 삼국지에도 이것이 실려 있는 것을 보면 단순한 허구는 아니다.[5]

앞에 언급한 바 있는 제환공의 관중 등용[6]이나 진목공의 백리해 발탁[7]도 모두 인사권자의 賢才에 대한 갈망을 잘 보여준다.

대사大事의 성패가 현재賢才를 얻느냐 못 얻느냐에 달려 있다면 인사권자의 현재에 대한 이러한 집착은 오히려 당연한 것이 아니겠는가? 그러한 집착이 없는 인사권자가 만일 있다면 그것이 오히려 이상한 일이다.

제4절 당태종唐太宗 이세민李世民

당태종 이세민[8]은 어진 인재를 구하는 데 아주 열심이었

4) 뜻 자체는 시골의 초가집을 세 번 방문하다 라는 것이다.
5) 진수 지음, 김원중 옮김, 『정사 삼국지』 제5권, 2001, 신원문화사, 92p.
6) 제1편 제2장 제2절 (다) '관중' 참조.
7) 제1편 제2장 제4절 (마) ❷ '강태공과 백리해' 참조.
8) 중국 당나라의 사실상 창업주(재위 서기 626년~649년). 중국 역

다. 태종이 어느 때 봉덕이[9]에게 현인을 천거하도록 영을 내렸으나 오래도록 아무도 천거를 하지 않자 봉덕이를 나무랐다. 봉덕이가 대답하되, "마음을 다하지 않음이 아니라 오늘날 기이한 재주를 가진 사람이 아직 없기 때문" 이라고 하였다.

태종이 말하였다. "군자가 사람을 쓰는 것이 마치 그릇을 쓰는 것과 같아서 각각 그 잘하는 바를 취하는 것이니 다스림을 지극히 잘하던 옛 사람이라고 해서 어찌 다른 시대에서 인재를 빌려 왔겠는가. 내가 제대로 알지 못함을 마땅히 걱정해야 하지 (지금 이 세상에 훌륭한 사람이 없다고 함으로써) 어찌 이 한 세상의 모든 사람을 헐뜯는가." 이 말을 듣고 봉덕이가 몹시 부끄러워하며 물러났다고 한다.[10]

당태종이 인재를 구함에 얼마나 진지하였는지를 알게 하는 대화이다.

또한 인재라고 하여 모든 면에서 탁월한 사람만을 인재라고 한다면 그런 인재는 실제로는 구할 수 없고 어느 것이든 한 가지만 잘 하는 사람이라면 그런 사람을 등용하여 그 장점을 취할 필요가 있다는 지극히 당연한 이치를 이

사상 최고의 名君이라는 평을 듣는다.

9) 당태종을 보좌한 대신의 한 사람.

10) 『상밀주석 통감언해』, 십일권, 대정 6년, 신구서림, 4면.

얘기는 일깨워준다.

위와 같은 사례들에서 또 하나 우리가 간취할 수 있는 것은 인사권자의 겸손이다. 겸손하지 않은 사람이 어떻게 주공周公과 같이 토포악발을 할 수 있으며 연소왕과 같이 초현대를 지을 수 있으며 유비와 같이 삼고초려를 할 수 있겠는가.

중국의 당唐나라를 세웠다고 할 태종 이세민李世民은 매우 오만한 사람이었다. 당태종은 워낙 똑똑한 사람이어서 신하들이 좀 부족한 얘기를 하면 곧바로 그것을 지적하고 질책하여 신하들이 말을 못했다. 하루는 그가 회의를 마친 뒤 내전에 들어가 장손황후[11]에게 "오늘 아무개가 이런 어리석은 소리를 하기에 내가 야단을 쳤다."라고 자랑을 했다.

이에 장손황후가 "그렇지 않아도 폐하의 눈에서는 불이 쏟아지는 듯하고 목소리는 쇠종을 울리는 것 같아서 가만히 있어도 신하들이 다 무서워하는 판인데 그렇게 신하들의 얘기에 대하여 잘못을 지적해서 야단을 치면 어느 누가 감히 입을 열려고 하겠습니까? 이렇게 되면 현명한 신하들은 모두 떠나가고 아첨이나 하는 신하밖에 남지 않을 것입

11) 당태종의 부인. 중국 역사상 최고의 덕망과 현명함을 지닌 부인으로 칭송을 받는다.

니다. 장차 누구와 더불어 천하를 다스리려고 하십니까?" 라고 하였다. 당태종이 크게 깨닫고 이후에는 신하들을 겸손한 태도로 대하였다고 한다.[12)]

당태종에게는 이런 얘기도 전해진다. 어느 날 태종이 조정 회의가 끝난 뒤 몹시 화가 나서 내전에 들어왔다. 장손황후가 그 이유를 물으니 태종이 답하기를 "내 기회가 닿는 대로 이 시골 영감을 반드시 죽이고 말겠다." 라고 하였다. 황후가 도대체 누구를 말하느냐 라고 물으니, 태종이 "위징[13)]이란 자가 매번 조정에서 나를 욕하는구려" 라고 답하였다. 장손황후가 물러나 예복을 갖추어 입고 뜰에 서서 하례를 하기에 태종이 놀라 그 까닭을 물었다. 황후가 말하기를 "군주가 밝으면 신하가 정직하다 하는데 이제 위징의 정직함은 폐하가 밝기 때문이니 제가 어찌 치하를 드리지 않을 수 있습니까" 라고 하였다.[14)]

나라가 잘 되는 데는 다 그럴 만한 이유가 있음을 알게 하는 얘기들이다.

여기에 나오는 위징은, 당태종이 고구려 정벌에 실패하

12) 이 얘기는 어느 책에서인가 보기는 해서 기억하는 대로 여기에 적긴 했으나 출전을 확인하지 못했다.
13) 당 태종 때의 名臣. 서슴없는 直諫을 잘 했던 것으로 유명하다.
14) 『상밀주석 통감언해』, 십일권, 대정 6년, 신구서림, 55면.

고 귀국한 뒤 "위징이 살아 있었더라면 나로 하여금 고구려 정벌에 나가지 않도록 말렸을 텐데."라고 울면서 탄식했다는 얘기의 그 위징이다.

제9장

인재人才의 양성

제1절 범인凡人과 영재英才

인재의 양성에서는 범인과 영재를 일단 구별하여야 할 필요가 있다. 그러나 범인과 영재를 구별함은 결코 인간을 차별해서 하는 처사가 아니다. 인간으로서 행복을 추구할 권리가 있음에는 아무런 차이가 없고 인권의 향유 주체로서 결코 차이가 없다. 우리가 주목해야 하는 차이가 있다면 다른 사람에게 미치는 영향의 있고 없음과 그 정도이다. 더 구체적으로 말한다면 다른 사람에게 영향을 미치는 일에 종사하면서 원래 의도한 대로 좋은 영향을 제대로 미칠 수 있는가 아니면 원래 계획된 또는 의도된 바와는 다르게 나쁜 영향을 미치거나 제대로 영향을 못 미치느냐에 차이가 있다는 점이다. 다른 사람에게 영향을 미치지 않는 일을 할 경우에는 그가 무슨 일을 어떻게 하든 우선은 상관이 없다. 이런 일에서는 우리는 범인과 영재를 구별할 이유도 없고 필요도 없다.

그러나 다른 사람에게 영향을 미치는 일에서는 구별이 필요하다. 그 일에 적합한 능력이나 인품 또는 지식이나 기능을 필요한 만큼 갖추지 못하면 문제가 생긴다. 다른 사람에게 적극적이든 소극적이든 크고 작은 이런저런 손해를 끼치게 된다. 적어도 손해를 입게 될 처지에 있는 다른 사람이 그러한 피해를 묵시적이든 명시적이든, 사전이든 사후이든, 받아들이지 않는 이상에는 그런 피해의 발생은 예방되고 저지되어야 한다.

그래서 우리는 다른 사람이 원하는 기능과 인품을 필요한 만큼 특별히 갖춘 사람을 편의상 인재人材라고 부르고 그렇지 않은 사람을 편의상 범인凡人이라고 부른다면 적어도 이런 의미에서는 범인과 인재를 구별함이 당연하다. 다만 이쪽 분야의 영재가 저쪽 분야에서는 범인이고, 그 반대로 이쪽 분야의 범인이 저쪽 분야에서는 영재인 경우도 있다. 일의 분야에 따라서 그 구별은 달라진다.

우리는 각종 국가시험과 입사시험을 시행하는데 그 이유

는 바로 이런 구별의 필요성 때문이다.

그렇다면 그런 구별에 맞추어 교육을 시행함이 당연하다. 이런 구별을 무시하는 행위는 겉으로 보기에는 평등의 이념에 부합하여 매우 이상적이고 아주 인간적인 처사 같지만 실제로는 개인과 나라를 망치는 짓이다. 이런 구별을 무시하는 사람은 대개는 앞에 나온 허명지사虛名之士(말만 그럴 듯하고 속으로는 딴 계산을 하는 사람)[1]에 해당하는 경우가 많다.

한 2만 명 정도의 사람이 전체 영국 사람을 먹여 살린다고 하는 말을 들었다. 영재 자체가 특별히 예뻐서 대우하고 존중해주는 것이 아니라 조직의 구성원이나 나라의 구성원(국민)의 삶과 안전을 위하여 그들 영재가 필요해서 그런다고 한다.

제2절 전형적典型的 교육

교육을 전형적 교육과 비전형적 교육으로 나누어 살펴보자. 전형적 교육은 공적公的이든 사적私的이든 어떤 제도에 의한 교육이고 학교교육과 가정교육이 이에 속한다. 가정

1) 제1편 제4장 제1절 '송양공과 같은 사람' 참조.

교육도 전형적 교육으로 취급한다. 가정은 학교 이상으로 확고한 제도이기 때문이다.

비전형적非典型的 교육은 학교와 가정 이외의 교육이다. 스승과 제자가 일대일一對一 또는 일대수인一對數人으로 하는 도제徒弟교육과 언론 매체에 의한 간접적 교육 그리고 교육기관 이외의 단체나 직장에 의한 교육 등이 이에 속한다.

(가) 초중고初中高의 학교교육

1 국민교육과 대중교육

초중고初中高의 학교교육은 국민교육이고 대중교육이다. 국민으로서의 기본 소양을 가르치는 교육이다. 대중이 지켜야 할 행동준칙을 가르치는 것도 초중고 학교교육이 하는 일이다.

국가와 사회 그리고 세계에 유익한 활동을 할 인재를 양성하는 영재英材교육, 천재교육, 지도자 교육은 초중고 학교교육의 기본목표가 아니고 그렇게 되어서도 안 된다.

그러므로 고등학교의 적당한 단계에서 대학에 진학할 학생과 사회로 진출할 학생을 구별해서 교육내용을 달리하는 조치가 필요하고 이런 점에서 유럽 선진국들의 제도는 마땅히 본받아야 한다. 현재의 우리 초중고 학교는 그 교육의 목표를 벗어나서 국가, 사회, 가정의 재정을 낭비하고 파탄시키는 잘못된 교육을 하고 있다.

초중고 교육은 국민으로서의 기본적인 소양과 대중으로서의 행동준칙 그리고 초보적인 직업기술을 가르치고 함양하는 데 그 목표를 두어야 한다. 올바른 국민, 교양 있는 국민, 초보단계의 기술을 익힌 국민, 이러한 국민을 양성하는 교육이어야 한다.

모든 국민을 퇴계退溪 이황李滉 선생이나 율곡栗谷 이이李珥 선생 같은 큰 선비 또는 아인슈타인이나 파인만 같은 천재적 물리학자, 베토벤이나 피카소 같은 위대한 예술가로 만들려고 하는 교육이 되어서는 아니 된다. 이런 교육은 보다 높은 단계의 교육기관 또는 다른 전문 학교나 기관에 맡겨야 한다.

유명한 물리학자의 이름을 딴 학원들이 시중市中에 나와 있는데 이런 명칭은 국민교육과 대중교육을 받아야 할 어린이들을 대상으로 하는 학원의 명칭으로는 적당치 않고, 대학생 또는 특출한 어린이나 성인을 대상으로 하는 전문적 연구소의 명칭이 되어야 마땅하다.

결국 초중고의 학교교육은 국민으로 하여금 기본을 알고 기본을 지키는 국민이 되도록 하는 데 있어야 한다. 이것이 개인과 가정, 나라가 흥성하고 융성하게 되는 기본적인 길이다.

2 국사國史 교과서의 좌편향左便向

요즘(2015년 12월경)에는 초등학교와 중고등학교에서 이루어지는 국사교육이 좌파적으로 편향되어 있음을 둘러싸고 크게 분쟁이 일어나고 있다. 이 문제는 교육당국자와 집필학자 그리고 교사들 중에 일부 사람들이 초중고 교육과 대학교육의 사명, 역할을 구별하지 않고 오히려 의도적으로 그 구별을 무시하는 데서 유래한다.

좌파적左派的 이념理念에 따르는 역사인식歷史認識 가운데 헌법이 허용하는 학문과 사상의 자유 범위 안에 포함되는 내용의 교육은 다른 견해 및 객관적 사실을 공평하게 제공하면서 대학교육의 장場 또는 좌파단체의 사회교육의 장場에서 이루어져야 한다. 그렇지 않고 초중고 학교에서 어린이들을 상대로 좌파적 이념에 따라서만 편식적偏食的(자기가 좋아하는 음식만 골라 먹는 식)으로 이를 교육해서는 안 된다.

과거 한동안 6.25 사변은 남한이 먼저 북한으로 쳐들어가 시작된 전쟁이라고 주장하는 사람도 있었는데 아무튼 사실과 다른[2] 이런 식의 주장을 어린 학생들을 상대로 일

2) 소련 해체 후 1992년 옐친 러시아 대통령이 전해준 스탈린과 김일성의 비밀 대화록 등 소련의 관련 공문서에 의하면 김일성이 먼저 남침을 계획하여 전쟁을 시작한 사실이 객관적으로 확인되고 있다. 박태균 지음, 『한국전쟁』, 2012, 책과함께, 155p. 이하 참조.

방적으로 행한다면 그것은 곤란하다. 더구나 이것이 북한의 주장에 동조하는 것이라면 더욱 문제가 된다.

그런 편식偏食 교육이 행하여졌다는 사실은 교육당국의 무책임과 기회주의 그리고 좌파진영의 의도적 전략, 전술이 뒤엉켜 이루어진 산물이다.

좌파는 그 역사인식 위에 민족주체의식民族主體意識과 사회정의社會正義라는 기치旗幟를 꽂고 이를 정의감正義感으로 포장하여 한창 감수성感受性이 예민한 청소년에게 스승의 권위를 가지고 주입시키고 있다.

이는 대단한 전략이고 놀라운 전술이다. 그들이 10년이나 20년 뒤에 성인成人이 될 때를 노리고 있다.

「2015년 10월 서울 종로구 인사동에서 열린 '역사교과서 국정화 반대 청소년 2차 거리행동'에 참가한 한 여고생은 "사회구조와 모순을 바꿀 수 있는 건 오직 프롤레타리아 레볼루션(혁명)뿐이다" 라고 그야말로 철 지난 구닥다리 이념의 구호를 앵무새처럼 외웠습니다. (중략) 이 어린 여학생에게 누가 이런 해묵은 개념을 불어 넣어 주었나요?」 [3)]

3) 김철홍 · 전희경 · 김진 지음, 안병훈 엮음, 『마르크스의 유령들』, 2015, 기파랑, 8p.에서 인용함.

앞에서 말한 것처럼 초중고 교육과정은 국민이 기본적으로 알아야 하고 지켜야 할 지식과 품성을 국가의 기본 목표에 맞추어 가르치는 교육의 장이어야 한다. 우리나라의 국가기본목표는 자유민주주의自由民主主義의 확립과 안전보장安全保障이다. 자유민주주의를 발밑에서 흔드는 교육, 그리고 국가의 안전을 위협하는 적대세력에 동조하는 교육은 초중고 학교에서 결단코 허용되어서는 안 된다.

자유의 적에게 자유는 없다(Keine Freiheit für die Feinde der Freiheit). 자유의 적은 자유를 말살한다. 자유의 적에게 자유를 주는 짓은 나라를 망하게 하는 길이다.

(나) 공교육公教育과 사교육私教育

학교교육은 운영의 주체에 따라 공교육과 사교육으로 나눌 수 있지만 우리나라에서는 실제로 그 구별에 본질적인 차이는 없다. 공교육과 사교육 모두 기본적으로 국민교육과 대중교육을 맡고 있기 때문이다. 다만 사교육기관에 대한 국가의 간섭이 줄어든다면 사교육은 영재교육이나 전문가 양성교육에 보다 용이하게 접근이 가능하리라. 또 사교육은 적어도 일부라도 그런 방면에 투입됨이 바람직하다.

(다) 대학교육

1 대학의 사명

대학이 국민교육과 대중교육을 담당하는 역할을 하는 일은 잘못되어도 아주 잘못된 상황이다. 더구나 대학원까지 그런 역할을 한다면 말이 안 된다.

대학은 전문적인 학문과 기술을 연구하고 연마하는 교육기관이 되어야 한다.

대학의 전문화는 더욱 강화되어야 한다. 앞에서 잠깐 언급하였지만 퇴계나 율곡 또는 칸트 같은 위대한 철인哲人, 뉴턴이나 아인슈타인이나 파인만 같은 대大물리학자, 훌륭한 정치가, 최고수준의 기술자를 양성하는 것이 대학교육의 목표가 되어야 한다. 대학에서 교육을 받은 사람 모두가 실제로 앞에 말한 사람들과 같은 위인이나 지도자가 될 수는 없다. 그러나 적어도 목표는 그렇게 설정하고 그 방향으로 나가야 한다. 호랑이를 그리다가 잘못되면 개라도 그릴 수 있지만 처음부터 개를 그리면 개조차 못 그린다. 닭이 천 마리면 그 중 봉황새가 한 마리는 있다고 하지 않는가. 대학이 처음부터 국민교육 또는 대중교육을 목표로 하는 곳이어서는 안 된다.

2 대학의 과다過多

이렇게 되면 자연히 대학의 숫자와 대학생의 숫자가 문제된다. 우선 지금의 숫자가 너무 많다는 것은 틀림이 없다. 적절한 수준으로 감축해야 한다.

그러나 대학교육이 중요한 하나의 산업분야가 되어버린 오늘의 현실에서 볼 때 이런 감축 조치의 실행은 큰 반발을 일으키고 커다란 사회적 파동을 일으킨다. 지식인의 대규모 실업失業 사태가 가져올 후유증은 만만치 않다. 고양이의 목에 방울을 다는 문제와 같다. 일거에 대규모로 감축해서는 안 된다. 경과조치의 시간을 설정해 놓고서, 그리고 다른 출구를 마련해 주면서, 서서히 점진적으로 추진해야 한다.

외국의 우수한 학생을 데려와 교육시키는 방향으로 전환하는 것도 한 방법이라고 한다. 그러나 그것이 얼마나 지속 가능하고 경쟁력이 있을지 의문이다. 미국에 전 세계의 우수한 학생이 몰려들어 그 자체가 하나의 산업이 된 것을 예로 든다. 그러나 미국과의 단순비교는 적절치 않다.

규모 축소의 자율적 이행은 바람직하지만 기대하기 어렵고 결국은 사심私心 없고 경륜 있는 정치가들의 등장과 결단이 필요하다.

뒤의 제7편 제1장 '아사비야'에서 논하는 바와 같이 코네티컷대학의 교수 피터 터친은 국가가 평화시대에서 혼란의 시대로 접어들게 하는 한 원인이 엘리트층의 과잉생산(적절한 정도를 넘어 너무 많이 생산하는 것)이라고 지적하고 있다.

대학 졸업자의 과도한 양산은 바로 엘리트층의 과잉생산에 해당하여 평화가 깨지는 한 원인까지 되므로 보통 문제가 아니다. 이 문제는 제7편 제1장 '아사비야'에서 다시 언급한다.

❸ 대학입시제도大學入試制度

또 하나 논의에서 빼놓을 수 없는 사항이 대학입시제도와 사설학원 및 예술분야의 전문교육이다.

대학입시제도는 고르디움Gordium의 매듭[4]과 같다. 고르디움은 옛날 마이더스Midas왕王이 통치하던 프리기아Phrygia의 수도였던 소小아시아의 도시다. 이 도시의 신전 속에는 전차戰車가 하나 전시되어 있었다. 이 전차는 산수유나무 껍질을 꼬아 만든 튼튼한 동아줄로 붙들어 매져 있었다. 그런데 그 동아줄의 매듭은 그 실오라기의 끝이 사람으로서는 도저히 찾아내기 어려운 복잡한 속에 감추어져 있었다. 그래서 이 매듭을 푸는 사람은 온 세계를 정복한다는 전설이 있었다. 그동안 아무도 풀지 못한 이 매듭을 알렉산더 대왕이 잠시 생각한 뒤에 칼로 내리쳐 단번에 풀었다고 한다.

---

4) 박시인 역, 『플루타크 영웅전』 제4권, 1961, 을유문화사, 321p. 참조.

대학입시제도는 너무도 난마亂麻(어지럽게 얽힌 삼실의 가닥)와 같이 얽혀 있어서 풀기가 어려운 상황이 마치 고르디움의 매듭과도 같다. 많은 교사, 학원, 출판사, 해설가, 상담사, 출제 전문가, 그 밖의 여러 분야의 상인 및 관련 공무원들의 이해가 뒤엉켜 있기 때문이다. 그 누구도 풀 수 없는 문제가 되고 말았다. 알렉산더와 같은 위인이 나와서 일거에 해결하지 않는 한 어려우리라.

아마도 해결의 방향은 학생의 선발 방법을 개별 대학의 자율에 맡기고 국가는 학생의 선발 문제에서 손을 떼는 데서부터 찾아야 하지 않을까. 국가는 담당자의 관련 부정행위를 사후事後에 엄벌하는 조치 이상은 나가지 말아야 한다.

대학입시를 대학의 자율에 맡기는 이런 방향으로의 전환이 국민과 가정 그리고 나라를 흥성하게 하는 길이다. 지금과 같이 이해관련자들의 손에 계속 맡기면서 세월을 질질 끈다면 갈수록 점점 더 괴상하게 되어(유출유괴愈出愈怪) 학생과 학부모의 진을 빼서 나라와 국민을 쇠망衰亡의 길로 끌고 갈 것이다.

4 사설학원私設學院

학원의 문제도 합리적인 해결이 어렵다. 어린이와 청소년 학생들을 혹사하고 조기유학早期遊學으로 내몰고 스승의 자격이 없는 사람들이 어린 학생들의 생각을 잘못 물들이며 가계家計를 적자赤字로 만드는 등 폐단이 자심하다. 그렇다고 해서 덮어놓고 사설학원을 폐쇄한다거나 감축한다면 당장 실업失業문제가 생기고 텅 빈 시설이나 사무실이 늘어나고 선행학습先行學習을 해달라는 요청을 감당키 어려워진다. 연쇄적인 파동이 몰려온다. 선거에 민감할 수밖에 없는 정치권이 감당하기 어렵다.

해결책은 초중고 교육의 목표가 국민교육과 대중교육에 있음을 재확인하고, 그 이상의 목표를 좇아가는 교육을 이들 학교에서 실시하지 말아야 한다. 그리고 그런 초과교육超過教育(예컨대 선행학습이나 고도高度의 실기實技 교육 등)을 부추기는 원인을 제거해야 한다.

그 원인을 제거하는 방법은 다음과 같은 조치들이다.

㉠ 대학졸업자 수 및 대학졸업 실업자失業者 수의 감축 ㉡ 선행학습 등 초과학습의 금지 ㉢ 외국어 교육, 초과교육 기타 특수분야의 교육을 담당하는, 대학이 아닌 영재학교와 같은 전문적 학교의 설치, 운영 등이다.

5 예술분야의 전공학교

예술분야의 전공학교는 대학의 체제를 벗어버려야 한다. 대학의 체제를 갖는 것은 단순한 명칭의 문제로 그치지 않는다. 대학이라는 이름을 갖게 되면 그 시스템이 일반대학을 따라가게 되고 그러면 일반대학의 관료적 운영체제를 따라가게 된다. 이것은 자유와 창의를 최대한 보장하여야 하는 예술의 교육방식으로는 적합하지 않다. 그러므로 예술을 전공하는 학과를 일반대학에 설치하지 말고 예술전공학교를 별도로 설립, 운영하여야 한다. 위대한 예술가에게 학사, 석사, 박사 등의 학위가 왜 필요한가. 예술의 성취도나 작품의 가치가 학위라고 하는 세속의 등급에 비례하는가. 그렇지 않으며 그래서도 안 되리라.

논자에 따라서는 일반대학에서 가르치는 교양이 예술가들에게도 필요하므로 일반대학에 예술전공학과를 두어 일반교양의 습득 기회를 주어야 한다고 한다.

그러나 일반교양의 습득이 필요할지 여부는 첫째로는 예술가들 개인의 자유로운 판단에 맡겨야 한다. 그것이 예술의 본질에 비추어 합당하다. 둘째로는 일반교양 교육을 전수할 커리큘럼의 설치 여부도 개별적으로 각 예술전공학교의 운영 당국자의 자유로운 판단에 맡겨야 옳다. 예술전공학교를 일반대학의 체제로 편성한 조치는 대학졸업을 부러워하는 일반대중의 심정에 교육정책 당국이 영합한 일이라는 측면도 없지는 않으리라.

6 요약

개인이나 나라가 잘 되려면 기본적으로는 국민이 기본을 알고 기본을 지켜야 하지만 이것은 필요조건일 뿐 충분조건은 아니다. 이것 이외에 지도자들이 능력이 있고 현명하여야 한다. 능력 있고 현명한 지도자를 양성하는 하나의 방법이 대학교육이다. 능력 있고 현명한 사람을, 고래의 용어로 표현한다면, 군자君子, 영재, 엘리트, 인재라고 부를 수 있다. 그러므로 대학은 한마디로 말한다면 인재를 양성하는 곳이어야 한다. 이것이 나라를 발전시키는 길이다.

인재라고 해서 반드시 능력과 덕망을 두루 갖추어야 하는 것은 아니다. 둘 다를 갖춘다면 물론 더 바랄 바가 없다. 그러나 실제로는 둘 다를 제대로 갖춘 완전한 인재를 갖기는 어렵다. 둘 중 어느 하나라도, 어느 정도라도, 갖춘 사람만 되어도 우리는 환영하고 존경해야 한다. 반군자半君子라도 감사해야 하고 존경해야 한다. 반군자라도 여럿이 모여 서로 합심하면 진군자眞君子에 못지않기 때문이다.

(라) 가정교육

1 천차만별千差萬別

가정교육을 전형교육의 한 갈래로 분류했지만 이러한 분류는 과거의 교육이라면 맞는 말이지만 오늘날에는 잘 맞지 않는다. 학교교육은 전국 어디서나 어느 때나 그 교육내용과 방법이 거의 동일하여 전형적이라는 말에 들어맞지만 가정교육은 그 내용과 수준, 방식에 있어 가정마다 상이한 점이 근래 너무 많아졌기 때문이다.

과거 왕조시대王朝時代에는 사대부士大夫로부터 양민良民에게, 양민良民에서 다시 상민常民에게로 유교儒教교육이 단계적으로 하향下向, 전수傳授되었다. 다른 한편으로는 하층계급이 상층계급을 흉내 내어 유교 예절을 은연중 모방하는 경향이 있었으므로 결국 전국의 모든 기관과 가정에서 거의 동일한 유교교육이 전형적으로 행하여졌다. 또한 광복 이후에는 국민에게 새로운 민주주의를 습득시켜야 할 시대적 필요성 때문에 학교와 가정에서 일률적 계획과 지도하에 거의 동일한 교육이 행하여졌다.

그러나 지금은 어떠한가. 과거의 봉건적 사회계급과 위계질서는 무너지고 전통적인 씨족집단의 부락구조는 해체되고 가정은 핵가족이 되었다. 게다가 도시화, 민주화, 산업화가 이루어지고 개인주의와 다양성이 존중되며 다양한 종교가 퍼짐으로써 각 가정의 자녀교육은 전형성에서 벗어나 개별화되고 다양해졌다.

2 경敬의 가르침

㉠ '개인의 존중'과 '다른 사람과의 관계의 존중'

이 시대에 와서는 가정교육의 주제가 한편으로는 '개인의 존중'이라는 가치, 그리고 다른 한편으로는 '다른 사람과의 관계의 존중'이라는 가치, 이렇게 두 가지 가치에 집중될 수밖에 없다. 더 줄여서 표현한다면 나 자신과 남에 대한 존경이 되고 더 줄인다면 하나의 '경敬'이라는 글자에 모아진다.

㉡ 정호程顥와 정이程頤 형제

경敬은 중국 송대宋代의 유학자儒學者 정호程顥와 정이程頤 형제가 수양의 방법으로 특히 강조하였다고 한다. 정호는 "나我와 만물이 혼연일체渾然一體임을 인식하고 이런 인식과 깨달음에 마음을 기울이는 것이다." 라고 하였다. 정이는 함양涵養(덕성德性을 기름)하려면 경을 공부해야 한다(함양수용경涵養須用敬) 라고 하면서 "경敬은 마음속에서 거짓됨을 물리치는 것으로서 감히 속이지 않고 감히 게으르지 않으며 오히려 남이 보지 않는 곳에서 부끄럽지 않은 행동을 하는 마음가짐이 모두 경敬의 일이다." 라고 하였다.[5)]

㉢ 자중자애自重自愛하고 남을 존경하는 마음가짐

경敬에 대한 철학적 설명은 잘 알 알기 어렵다. 알 것도 같지만 확실하게는 들어오지 않는다. 그러나 그 깊은 이론은 여하튼, 쉽게 생각한다면, 우선 나를 소중히 알아서 조심하는 마음, 즉 자중자애自重自愛하는 마음이 경敬이다. 그러면서 동시에 이 마음을 확장하여 남을 존경하는 마음가짐, 이것이 경敬이라고 나는 이해한다. 이러한 이해에 따르면 이 경敬이야말로 민주주의 사회 그리고 개인주의 사회에서 민주시민이 마땅히 가져야 하고 지켜야 할 기본적인 마음가짐이라고 생각한다.

이것이 한편으로는 이 시대가 요구하는 개인주의와 인간존중 그리고 다른 한편으로는 옛날부터 내려온 효제孝悌와 신의信義의 사상을 하나로 융합, 승화시키는 덕목德目이 된다. 경敬은 나 자신을 존경하고 동시에 다른 사람도 존경하는 마음을 가지고 이런 마음이 행동에 드러나는 태도를 여

5) 풍우란 지음, 박성규 옮김, 『중국철학사』 下, 1999, 까치, 517~530pp. ; 노사광 지음, 정인재 옮김, 『중국철학사(송명편)』, 1987, 탐구당, 293~296pp. 각 참조.

일하게 견지하는 생활자세이다. 이런 기본이 확장되고 충실하여지면 군자君子가 되고 인자仁者가 되는 것이지만 이것은 물론 나중의 일이다.

가정에서 그리고 학교에서도 경敬을 가르치고 지키는 일이 가정교육의 핵심이 되어야 하고 이것을 가르치고 배우고 실천하는 일이 인재를 길러 개인과 나라를 흥기興起시키는 길이다.

제3절 비전형적非典型的 교육

(가) 도제교육徒弟敎育

1 Pax Romana와 오현제五賢帝

인재를 양성하는 비전형적 방법의 대표적 존재가 도제[6] 교육이다. 선생이 제자에게 일대일로, 몸과 마음으로 전수傳授하는 형식인데 심오한 사상이나 고차원 기술의 전수에는 가장 효과적이다. 스승의 몸가짐과 언행을 통하여 말뿐이 아닌 실천으로 가르침의 진수眞髓를 전하는 데는 이만한

6) 스승의 밑에서 직접 같이 일하면서 지식이나 기술을 배우는 제자나 직공.

방법이 없다. 이 방법은 수양修養, 신앙, 학문, 기술 모든 분야에 적용할 수 있고 낮은 단계의 것에서부터 최고수준의 것에 이르기까지 모두에 적용된다. 훌륭한 지도자의 양성에는 이 방법이 가장 이상적이다.

특히 대代를 이어 훌륭한 지도자가 나오도록 하는 데는 이 방법이 가장 효과적인 방법이다.

그러므로 가정이나 사회나 국가를 막론하고 훌륭한 지도자는 모름지기 도제방식으로 후계자를 양성하는 데 힘써야 한다. 이를 게을리 하면 지속적인 발전과 안정은 바랄 수 없다.

훌륭한 후계자를 양성하고 그렇게 양성된 후계자를 사회가 존중하고 신뢰하는 일, 이것이 흥성하는 길이다. 아들이 없던 로마의 줄리어스 시저가 옥타비아누스를 후계자로 삼아 키운 행동은 역사상 최고의 후계자 선택이라고 할만하다.

로마의 오현제五賢帝 시대에 네르바가 트라야누스를, 트라야누스가 하드리아누스를, 하드리아누스가 안토니누스 피우스를, 피우스는 마르쿠스 아우렐리우스를, 각기 양자養子로 삼고 다시 공동황제로 지명했다가 나중에 자기의 후임 황제로 만든 조치[7]는 가히 도제교육의 백미白眉(가장 뛰어난

7) 에드워드 기븐 지음, 김영진 역, 『로마제국쇠망사』 제1권, 1990,

것) 라고 하겠다. 중국 고대의 요堯임금이 순舜에게, 순임금이 우禹에게 선양禪讓(임금의 자리를 혈육이 아닌 남에게 스스로 물려주는 것)한 처사도 마찬가지이다.

2 망나니 아들 코모두스 황제의 비극

재능이 있는 자, 심성이 올바른 자를 열심히 그리고 신중하게 선택하여 자기의 후계자로 양성하는 일은 선임자의 중요한 의무이다. 이를 게을리한다거나 재능이나 인품이 부족한 혈육을 후계자로 삼으면 자기와 나라 모두가 쇠망한다.

역사상 유명한 로마의 평화(Roman Peace, Pax Romana)라고 불리는, 거의 1세기에 걸치는, 세계의 평화 시대를 만든 로마제국의 오현제五賢帝 중 마지막 황제는 마르쿠스 아우렐리우스이다. 그는 stoa학파의 유명한 철학자이기도 하다. 소위 철인황제哲人皇帝라고 불리는 사람이고 유명한 명상록瞑想錄의 저자이기도 하다.

그런데 그에 앞선 네 명의 황제들은 모두 자기의 혈육이 아닌 사람을 양자養子로 삼고 그 양자에게 황제의 지위를 물려주었음에도 불구하고 막상 철인황제라 불리는 아우렐

대광서림, 35~128pp. 참조.

리우스 황제는 자기 친아들인 코모두스[8]에게 황제 자리를 물려주었다. 앞에서 이미 말했듯이 네르바, 트라야누스, 하드리아누스, 안토니누스 피우스 이렇게 네 명의 황제는 모두 자기 아들이 아니지만 아주 현명한 사람을 골라 양자를 삼고 그에게 황제의 지위를 물려주었다. 마치 고대 중국에서 요堯, 순舜, 우禹 사이에 순차 선양禪讓이 행해진 바와 같다.

그런데 오현제 중의 마지막 황제인 마르쿠스 아우렐리우스는 자기 아들 코모두스에게 황제 자리를 물려주었는데 이 코모두스가 로마 역사상 가장 잔인하고 악독한 황제였고[9] 그때부터 로마제국의 쇠망이 시작되었으니 참으로 철인황제라는 이름에 부끄러운 후계자 선택이었고 비극이었다.[10]

중국의 오호십육국시대五胡十六國時代와 남북조시대南北朝時代를 끝내고 천하를 통일한 걸출한 황제 수문제隋文帝가 태자로 삼은 그의 아들 양광(수양제隋煬帝)은 후일 역사상 최대의 폭군이 되어 나라를 망쳤다. 코모두스와 비슷하다.

---

8) AD 161~192(재위 AD 180~192)

9) 그의 惡行, 奇行, 愚行에 대하여는 에드워드 기븐 지음, 김영진 역, 『로마제국쇠망사』 제1권, 1990, 대광서림, 130~146pp. 참조. ; 시오노 나나미 지음, 김석희 옮김, 『로마인 이야기』 제11권 종말의 시작, 2002, 한길사, 253p. 이하 참조.

10) 마르쿠스 아우렐리우스 황제의 이런 선택에 대한 변호에 대하여는 시오노 나나미의 앞의 책, 254~256pp. 참조.

❸ 공업계工業界 특성화고特性化高의 실험

이 글을 쓸 당시 나는 도제교육이 필요하고 또 중요하다고 생각은 하고 있었지만 우리 교육의 현장에서 이 문제가 어떻게 다루어지고 있는지는 미처 알지 못하였다. 그러다 이 글을 쓰기 시작한 지 한 달여가 지난 오늘 아침 신문에서 우연히 한 칼럼[11]을 읽고 반가운 느낌을 받았다. 우리나라의 공업화분야 특성화고 9개교에서 이미 산학일체형産學一體型(산업 현장의 필요와 학교의 수업 내용이 서로 잘 연결되는 형태) 도제교육이 실시돼 성과가 나타나고 있다는 내용이었다. 올해에는 도제학교가 51개교로 확대되며 2017년에는 203개 모든 공업계 특성화고가 도제교육에 나선다고 한다. 의미 있는 출발이라고 생각한다. 굳이 공업계 특성화고에 한정할 이유는 없다. 다른 분야에서도 나름대로 그 분야의 성격에 적합한 방식으로 이런 도제교육이 확산되었으면 한다.

(나) 언론을 통한 교육

국민을 계몽하고 각성시키는 데 기여하는 언론의 역할은

---

11) 이효환 전국공업고등학교장회 회장, '경제단체들은 도제교육에 적극 동참해야', 2016년 1월 1일자 조선일보 A29면, 생각해 봅시다.

참으로 중요하다. 아무 근거 없는 소문이나 선동하는 말(소위 유언비어流言蜚語)과 세상 사람을 헷갈리게 하여 속이는(혹세무민惑世誣民) 말에 국민이 휩쓸리지 않고 침착하고 냉정하게 처신하도록 조언하고 혼란 속에서 국민을 안정시키고 결속시키는 것은 언론이 할 수 있는 일이다.

동시에 고의든 과실이든, 야심가와 음모자들의 농간에 이용당하여 국민을 오도하는 일이 없어야 한다.

언론을 통한 국민교육과 대중교육은 학교교육에 못지않게 중요하다.

수준 높은 언론이 국민을 각성케 하고 사회를 안정시키고 결속시키는 것은 나라를 흥성케 하는 중요한 힘이 된다.

반면 언론이 고의든 과실이든, 검증되지 않은 지식과 정보를 유포하여 국민을 혼란케 하고 착각에 빠트리고 자만케 한다면 이는 국가를 쇠망으로 인도하는 길이 된다.

(다) 사회교육

직장이나 각종 사회단체 또는 공공기관이 제공하는 교육도 국민교육과 대중교육에서 큰 역할을 수행한다.

다만, 이런 교육이 너무 가볍게 시류時流에 편승하여 확인되지 않은 지식을 전달하거나 대중의 자만심을 부추기는 방향으로 나간다면 이는 국민과 대중을 잘못 인도하는 짓이다. 국민의 자신감을 고취하는 일은 좋지만 그 정도를 넘어서 망자존대妄自尊大(자기가 제일인 줄 아는 것)케 한다면 이는 나라를 쇠망으로 인도하는 독毒이 될 수 있다. 겸손하지 못한 국민은 망한다는 말에 유의하여야 한다.

제 2 편

물론 物論

흥 망 유 수
興 亡 有 數

제 1 장

권력權力

문제는 권력이다. 더 직접으로 말하면 권력욕이다. 국가의 모든 문제, 사회의 모든 문제, 아니 개인의 모든 문제까지 근본 동인動因은 권력욕이다. 권력욕 때문에 사람은 움직이고 다투고 싸운다. 왜 그러는가. 사람은 욕망의 덩어리다. 식욕, 색욕, 명예욕, 창조욕, 지배욕 등등 이런 모든 욕망은 권력을 쥐면 함께 성취가 가능하다. 먹고 싶은 욕망, 돈을 많이 갖고 싶은 욕망, 아름다운 여자와 함께 하고 싶은 욕망 등 이런 개별적인 욕망들을 한꺼번에 이루는 방법, 그것은 권력을 쥐는 것이다.

돈을 버는 재주를 갖지 못한 사람도 권력을 쥐면 부자가 될 수 있고 여자의 호감을 살만한 외양이나 능력을 갖지 못한 남자도 권력을 쥐면 미녀를 얻을 수 있고 위대한 학문적 업적을 이룰만한 재주를 갖지 못한 사람도 권력자가 되면 대학자의 지식을 자기 것으로 가질 수 있고 훌륭한 덕망을 이룰 소질이 없는 사람도 권력자가 되면 위대한 성인聖人, 군자君子와 교유하거나 그들을 옆에 두거나 부릴 수 있게 된다. 예컨대 삼국지에 나오는 포악한 동탁[1]이 대학자 채옹[2]을 불러 쓴 일과 같다. 또 마케도니아의 필립왕도 후일 대왕으로 불리는 그의 아들 알렉산더의 가정교사로 아리스토텔레스를 초빙하였다.

이러니 누구나 권력을 갖고 싶고 이런 경향은 특별한 재주가 없는 사람일수록 더욱 강하다. 특히나 재주는 없으면서 욕심은 많은 사람, 이런 사람들일수록 욕망을 한꺼번에 성취할 수 있는 길이 권력임을 너무도 잘 알아서 수단 방법을 가리지 않고 권력을 잡는 일에 뛰어들게 마련이다.

인간의 욕심은 끝이 없다. 만족을 모르며 단계적으로 끝없이 확장된다. 음식도 처음에는 허기만 면하면 되지만 그 다음에는 더 맛있는 음식을 찾게 되고 그 다음에는 더, 더 맛있는 것을 찾는다. 맛 이외에 분위기도 찾게 되고 같이 식사할 상대까지도 점점 더 근사한 쪽을 찾는다. 끝이 없

1) 중국 후한 말기의 무장. 정권을 잡은 뒤 승상이 되어 황제를 강제로 폐위하고 새 황제를 세웠다. 잔인한 정치로 후한의 멸망을 재촉하였다.
2) 중국 後漢시대의 학자.

다. 옷도 그렇다. 여자도 그렇다. 더 예쁜 여자, 더욱 예쁜 여자, 아니 최고의 일등 미인, 이렇게 끝이 없다. 제왕帝王의 삼천궁녀라는 얘기도 나온다. 남자의 욕심을 드러내는 얘기이다. 돈도 그렇다. 아무리 많이 벌어도 결코 끝나지 않는다.

권력 역시 마찬가지다. 될 수만 있다면 누구든지 왕이 되고 싶고 황제가 되고 싶다. 군인이 되면 장교를 거쳐 장군이 되고 싶고 장군이 되면 최고사령관이 되려 하고 최고사령관이 되면 다시 왕이 되고 싶어 한다.

좋은 것, 많은 것, 큰 것을 찾는 데 그치지 않는다. 거기서 더 나아가 혼자서 다 갖고 싶어 한다. 독점, 이것이 욕망의 본질이고 종착역終着驛이다.

제 2 장

권력의 분점分占

제1절 독점獨占

(가) 욕망

문제는 독점이다. 독점을 막아야 개인도 편안하고 사회도 편안하고 나라도 편안하고 세계도 편안하다. 그래서 독점을 막기 위하여 일부일처제一夫一妻制가 법으로 강제되고, 소득세나 상속세 등은 누진제를 택하고, 기업의 합병은 제한되고, 중앙정부와 지방정부는 권력을 나누어 갖고, 대통령과 국회와 법원이 권력을 나누어 갖는다.

나라가 흥하는가 망하는가도 권력이 독점되는가 분유分有 내지 분점分占[1]되는가에 달려있다.

욕망은 생의 원동력이다. 그러므로 세속의 사람이나 사회로서는 모든 욕망을 죄악시하고 타기唾棄(더럽게 생각하여 돌아보지 않고 버린다)할 일은 아니다. 현실의 사회에서는 분야에 따라 지나친 욕망의 추구를 자제하고 제한함이 바람직할 뿐이다.

물론 고차원의 입장에서는 탐진치貪瞋痴(욕심내고 화내고 어리석음)의 삼독三毒에 해당하는 일체의 욕망을 끊는 것이 목표가 되고 이상이 되어야 하겠지만 현실세계에서의 흥망을 논하는 이 글에서는 이것은 논외의 문제이다. 흥망을 논하는 작업은 결국은 흥을 바라고 망을 피하고자 하는 바람 내지 욕망 때문인데, 이런 욕망도 고차원의 세계에서는 삼독에 해당하기 때문이다.

(나) 일부다처제一夫多妻制

다시 본론으로 돌아간다. 문제는 독점이라고 했다. 일부다처제一夫多妻制(한 남자가 여러 여자를 처로 삼는 것) 같은 제도도 사실은 권력 독점의 한 예라고 이해할 수 있다. 동물이나 곤충의 세계에서 심심치 않게 볼 수 있는 일이지만 생

---

1) 분점이라는 말은 분립과는 다소 그 뜻에 차이가 있다. '分立'이라는 말에 비하여 '分占'은 상호 간의 連帶性이 좀 더 강하다는 느낌을 준다. 이 책에서는 이런 뜻으로 이 말을 사용한다.

식권력生殖權力이 특정의 한 개체에게 독점된다. 여왕벌이나 여왕개미 한 마리 또는 가장 힘이 센 해구 한 마리 등이 번식繁殖을 독점한다. 인간의 세계에서는 일부다처제가 이와 비슷한 측면이 있다. 특정의 일인 내지 특정계층에 속하는 남자들에게만 유리하게 집중되어 있었던 생식권력이 시대가 점차 개명되면서 모든 남자에게, 적어도 제도상으로는, 평등하게 개방, 분점되게 되었다. 일부일처제一夫一妻制는 모든 남자와 여자에게 평등하게 생식의 기회를 보장하는 제도이다.

(다) 정치권력의 독점

이제 정치권력의 독점을 본다. "하늘에는 해가 하나뿐이다", "두 개의 해가 없다" 라고 주장하며 이를 추구하는 행동이 정치권력의 독점이다. 감히 단언컨대 모든 사회문제나 국가의 문제는 그 원인이 권력의 독점에 있다.

예를 들면 영토분쟁이나 종교분쟁 등으로 인한 전쟁도 실은 땅과 바다를 지배하는 권력, 그 땅과 바다의 자원을 지배하는 권력, 그 위에 사는 사람을 지배하는 권력, 그 사람의 사상과 신앙을 지배하는 권력, 이런 권력을 특정인이, 나아가 특정집단이, 나아가 특정민족이 갖고자 하는 데서 일어난다.

다시 그 권력의 지배 범위를 밖으로 끝없이 넓히려 하고 나아가 그 권력을 안으로 더욱 소수의 사람이, 끝내는 한 사람이 갖고자 하는 독점욕, 이것이 문제이다.

그러나 그렇다고 해서 모든 인간에게 이러한 권력의 추구를 포기하고 이러한 권력에 대한 욕망을 소멸시키도록 요구하는 것은 현실의 세계에서는 아직은 가능하지도 않고 또 가능할 수도 없다. 오직 가능한 일은 권력을 제한함으로써 그 독점을 막는 조치이다.

그 방법으로 인간의 위대한 이성으로 발명하고 고안한 산물이 민주주의民主主義이고 삼권분립三權分立이다. "주권이 국민에게 있다"라고 선언하여 우선 권력이 결단코 대통령, 왕, 황제 등 일인이나 자본가계급 또는 무산계급정당 등 특정집단의 독점 대상이 아님을 명백히 밝힌다. 선거로 국민이 대의원을 뽑고 국민이 대통령을 뽑게 하여 나누어진 권력을 실제로 행사한다. 국가권력을 행정부, 입법부, 사법부가 나누어 행사한다. 소위 삼권분립도 권력의 분점이다.

제2절 분점

(가) 만기친람萬機親覽

권력의 분점은 보통은 횡橫으로 이루어진다고 이해하기 쉽다. 예컨대 삼권분립 같이. 그러나 종縱으로 이루어지는 현상도 사실은 권력의 분점이다. 이 종적인 권력의 분점이야말로 실제로는 아주 중요하고 그러면서도 쉽게 잊혀지고 쉽게 간과되는 부분이다.

횡적인 권력분점은 사실상 형식에 그치는 경우가 많다. 횡적으로 권력이 분점되면 겉으로 보기에는 민주주의가 시행되는 것처럼 보이지만 실제로는 민주주의가 제대로 작동하지 않는 경우도 많다. 또 반대로 민주주의가 아닌 경우에도 1인의 군주가 권력을 종적으로 여러 신하에게 적절히 분배하여 행사케 함으로써 훌륭한 치적을 이룬 사례가 역사에는 허다하다.

그러므로 비록 삼권이 분립된 민주주의 국가라고 하더라도 횡적인 권력분점과 함께 종적인 권력분점이 제대로 시행되어야만 국가가 제대로 기능하고, 권력의 분립은 실제로 작동하여 앞에서 말한 권력의 독점으로 인한 모든 폐해의 치유가 시작될 수 있다.

의회정치를 정당정치라고 흔히 부르지만, 정당의 지도층이 그 소속 정당원에 대한 강한 지배권을 가지고 이로 인하여 정당 차원의 의사결정이 왜곡된다면 이것은 종적인 권력분점이 아니고 민주주의가 왜곡되고 만다.

행정부도 마찬가지이고 법원도 마찬가지이다. 대통령과 내각의 관계에서 국무총리나 장관이 법에 의하여 위임된 권한을 책임 있게 행사하지 못한다면 이는 권력의 분점이 아니고 권력의 독점이다. 장관과 그 산하 공무원 사이에서도 마찬가지이다.

종적인 권력의 분산과 책임의 분배 그리고 이를 존중하는 국민의 의식이 민주주의의 성공과 국가의 흥기를 위하여 결정적으로 중요하다.

사고가 날 때마다 대통령이나 수상의 책임을 묻는 국민과 여론이 있다면 그런 의식 수준, 즉 만기친람萬機親覽(왕이 모든 정사를 직접 살펴서 처리하는 것)의 욕구나 요구는 권력의 분점을 막는 한 원인이 된다. "대통령이 직접 챙기겠다." 라는 말 또는 "대통령이 직접 챙겨라." 라고 하는 등의 요구는 권력 분점의 원칙에 어긋난다. 또 이루어질 수도 없는 일이다.

(나) 수隋의 문제文帝와 청淸의 옹정제擁正帝

역사를 보면 과거의 탁월한 제왕들 가운데 일부는 실제로 만기친람萬機親覽의 통치를 한 예가 있었고 그 성과도 위대하였다. 오호십육국시대五胡十六國時代와 남북조시대南北朝時代의 3세기 반에 걸친 대혼란기를 끝내고 중국을 통일한 수隋문제文帝2)라든지 부패와의 전쟁을 수행한 청나라 옹정擁正황제3) 같은 사람들이다.

그러나 이런 통치는 엄청난 독재가 아니면 불가능했고 따라서 그 독재로 인한 피해 역시 간과할 수 없다. 뿐만 아니라 이런 치적은 모두 당대當代의 짧은 치세가 끝나면 전부 사라지고 만다.

제갈량은 제왕이 아니면서도 만기친람을 한 사람이다. 그의 성실하고 충성된 인품 때문이었다. 그러나 당시에도 그 무리함을 충고하는 지적을 받았다. 앞의 제1편 제2장 제7절 (라) 부분을 다시 읽어 보기 바란다.

---

2) 재위 서기 581년~604년. 중국을 통일한 영웅적 황제. 진시황에게 비길 만하다. 부인인 독고황후를 존경하여 공동 통치까지 할 정도였으며 공처가로 유명했다.

3) 청나라 제5대 황제로 재위 서기 1722년~1735년. 청나라 전성기의 황제.

(다) 연개소문淵蓋蘇文의 아들들

권력의 분점에서 일어나는 문제는 권력담당자 내지 권한 소지자들 사이의 유기적 협조를 어떻게 성취하는가 이다. 논자들은 대부분 그 협조의 어려움을 지적하면서 협조를 위한 제도적 장치의 필요성을 주장한다. 그러나 나는 그렇게 생각하지 않는다. 협조를 위한 제도적 장치가 있어서 해로울 것은 없다. 그러나 그런 장치의 있고 없음이 문제를 해결하지는 못한다. 권력의 분점이 제대로 이루어졌고 그 당사자들이 책임감 있는 사람들로 구성되어 있는 한 실제로는 협조 장치의 없음으로 인한 사고는 생각만큼은 일어나지 않는다. 당사자들이 책임감 없는 사람들인 경우에는 협조 장치가 아무리 잘 되어 있어도 오히려 사고는 수 없이 일어나기 때문이다. 오늘날의 우리나라 의회와 행정부의 관계 그리고 정당 상호 간의 관계에서 보는 것처럼.

협조가 되지 않아서 일어나는 사고는 첫째로는 권력의 분점이 제대로 되지 않은 때 일어난다.

고구려의 독재자 연개소문淵蓋蘇文이 죽고 난 뒤 그의 지위와 권력은 장남 남생男生에게 승계, 독점되었다. 이에 불만을 품은 그의 동생 남건男建과 남산男產이 쿠데타를 일으키자 남생은 당나라에 투항하고 이는 곧바로 고구려의 멸망으로 이어졌다. 이런 형제 간의 권력 다툼은 만일 권력이 적당히 분점되었더라면 일어나지 않았을 일이다.

고구려는 원래 5부 부족[4]의 연맹체로서 왕을 중심으로 5부의 귀족들이 권력을 행사하고 있었다. 그러던 상황이 연개소문 때는 그의 독재체제로 바뀌었다.

생각컨대 연개소문에게 집중되었던 권력이 그의 사후 그의 아들들과 5부의 귀족 대표들에게 분점되어 원래의 집단지배 상태로 환원되었더라면 아마도 그들 형제끼리 치고받는 이런 내분은 일어나지 않았으리라고 본다. 남생의 두 동생과 그 이외의 귀족들까지 참여시켜 5부연맹의 집단지도체제의 형식을 이루었다면 내분을 피할 수 있었을 것이다.

독점, 이것이 문제였다. 권력이 분점되었더라면 상호 간에 다소의 마찰은 있을지언정 독점자의 교체를 위한 파멸적인 투쟁은 없었으리라.

사실 연개소문 아들들 사이의 내분은 경위가 분명치 않다. 김부식金富軾[5]의 삼국사기 중 고구려사高句麗史 열전列傳에

---

4) 5부의 명칭은 소노부, 절노부, 순노부, 관노부, 계루부였다. 후에는 동부, 서부, 남부, 북부, 중부의 5부로 바뀌었다.

5) 고려 중기의 유학자, 역사가, 문인, 정치가. 생몰 서기 1075년~

따르면 "남생이 막리지가 되고 삼군대원수를 겸하여 대막리지大莫離支의 지위를 더하였을 때 동생들에게 나라 일을 보살피게 하였다." 고 되어 있다.

"동생들에게 나라 일을 보살피게 하였다." 라는 기록으로 미루어 보건대 연개소문 일가가 권력을 독점하고, 그들이 소속된 동부를 제외한 나머지 귀족들은 여전히 권력에서 제외되어 있었음을 알 수 있다.

고구려사 열전은 계속 이렇게 기록한다. "이때 누군가가 동생들에게 형을 참소하였다. '남생은 그대들이 자신을 핍박해 오는 것을 싫어하여 장차 제거하려고 한다.' 남건과 남산은 이를 믿지 않았다. 또 남생이 지방 시찰을 나가 있을 때 어떤 자가 그에게 이르기를 '장차 동생들이 그대를 받아들이지 않을 것입니다.' 라고 하였다. 남생이 첩자를 보내 가보게 하였는데 남건이 첩자를 사로잡았다. 그리고 즉시 왕의 명령인 것처럼 속여 남생을 소환하였으나 남생이 두려워 감히 들어오지 못하였다. 남건이 형의 아들 헌충을 죽였다. 남생은 두려워 달아나 국내성國內城에 머물다가 글안과 말갈의 병사와 함께 당나라에 투항했다."[6)]

1151년.

6) 정구복 외 4인 번역, 『역주 삼국사기』 2, 2012, 한국학중앙연구원, 821p. ; 상고사학회 편저, 『정역본 삼국사기』 열전편, 2010, 고대사, 263p.

위 기록을 보면 남생과 그 동생들 사이를 이간離間(둘의 사이가 나빠지게 헐뜯어 멀어지게 하다)하는 음모가 연속적으로 진행되었음을 알 수 있다. 먼저 동생들에게 접근하여 형을 모략했고 두 동생이 이를 믿지 않자 다시 형에게 두 동생을 모략했다. 이런 이간 획책을 암시하는 단서에다 그 직후 당나라가 고구려를 침공했다는 사실을 더해 보면 당나라가 고구려에 대하여 내부 분열공작을 했음을 능히 추측할 수 있다.

당시뿐만 아니라 중국의 역대 제국帝國은 다른 나라를 침공하기에 앞서 이간책을 써서 내부를 분열시키고 그 틈을 타서 침략을 하는 것이 상투적인 수법이었다.

당나라가 직접 연개소문의 둘째와 셋째 아들에게 접근했을 수도 있고 그렇지 않으면 연개소문 때문에 그동안 권력을 잃었던 5부 귀족 중의 누군가에 접근하여 그들로 하여금 형제 사이를 이간시키도록 부추겼을 수도 있다. 이들 형제는 당나라 측의 이간 공작에 희생되었을 가능성이 매우 높다.

또한 김부식이 삼국사기에서 연개소문의 성씨 '연淵'을 '천泉' 씨로 바꾸어 기록하고 있음을 주목할 일이다. 당고조唐高祖 이연李淵의 이름 '연淵'자를 피휘避諱(임금의 이름 글자를 백성들이 쓰지 않도록 하기 위해서 다른 글자로 바꿔 쓰는 일)하기 위한 짓이다. 몇 백년 뒤의 고려에서조차 중국(당시는 아마도 송宋나라 때일 것이다)에 대하여 이렇게 신경을 썼으니 당나라 측이 먼 장래에까지 영향을 미치도록 치밀하게 역사를 은폐하고 조작했음직하다.

고구려에 대하여 행하여졌던 내부 분열 공작이 사후에 철저히 은폐되었으리라 능히 추측할 수 있다.

진실은 쉽게 알 수 없다. 그러나 적국의 이간에 쉽사리 놀아나 내분이 일어날 정도로 권력의 분점이 제대로 되어 있지 않았고, 그로 인한 불만은 형兄을 죽여서라도 권력 독점의 이익을 내 차지로 해야겠다는 욕망을 일으키기에 충분할 만하다.

(라) 데미스토클레스와 아리스테이데스

분점자들이 협조가 안 되어 일어나는 사고의 둘째 원인은 분점자들이 능력과 자질이 모자라는 데 있다.

분점자들이 자질이 모자라면 서로 시기하고 능력 있는 자를 배척하고 자기 잇속만 챙기고 끼리끼리만 모여 패거리를 만들고 나라와 조직 전체의 이해와 미래를 생각하지 않는다.

삼권분립과 같은 권력의 분점은 그 취지가 견제와 균형을 위한 조치이다. 그런데 권력의 분점자들이 자질이 부족하고 능력이 모자라는 경우에는 균형을 위하여 견제하는 것이 아니라 상대의 실패와 몰락을 위해 견제를 한다. 건강한 균형을 위한 견제가 아니라 상대가 망하기를 획책하는 짓거리이다. 이렇게 되면 조직과 나라는 제대로 굴러갈 수가 없고 쇠망의 구렁텅이로 떨어진다. 연개소문의 아들들이 바로 이런 꼴이었다.

반면 분점자들이 훌륭한 인품과 능력을 갖춘 사람들인 경우에는 서로 모여 상의하고 항상 조직과 나라 전체의 입장에서 무엇이 흥하는 길이고 무엇이 망하는 일인가를 먼저 늘 염두에 두고 일을 처리한다. 말 그대로 선공후사先公後私(공적인 일을 먼저 하고 사적인 일은 뒤로 미룬다)의 입장에서 자기만의 이익보다는 공적인 이익을 앞세운다. 분점자들이 이런 사람들이라면 더 이상 무슨 걱정을 할 일이 없다. 한두 사람이 혹시 이런 수준에 미달하거나 혹시 간사하여 남을 해치려 하는 경우에도 대세大勢가 선공후사의 방향에서 협조하는 관계로 나갈 때에는 그런 부정적인 사람들은 힘을 쓰지 못한다.

분점자들이 재능이 있고 또 훌륭한 인품을 가진 경우에는 비록 서로 경쟁관계에 있어 한때 서로 불화하고 배척하는 일이 있어도 조직이나 나라가 위기에 처할 때에는 지난날의 원한을 제쳐놓고 서로 협력한다.

훌륭한 인물들 사이의 위대한 협력의 이야기로는 다음과 같은 사례를 들 수 있다.

고대 아테네의 정치가 데미스토클레스는 빈천한 출신이지만 한편 그의 정적政敵인 아리스테이데스는 그와 반대로 명문가의 출신으로 고결한 인품의 소유자였다. 데미스토클레스는 책략에 매우 능했지만 아리스테이데스는 의인義人이라고 칭송을 받고 있었다. 데미스토클레스는 아리스테이데스를 질투하고 미워하여 그와 늘 반대편에 서 있었다. 그러나 페르시아의 크세르크세스 황제가 그리스를 침공하여 아테네로 진군해오자 데미스토클레스는 당시 국외로 추방되어 있던 아리스테이데스를 사면하여 귀국케 하였다. 혹시 그가 페르시아와 결탁할까 염려했기 때문이었다고도 한다. 아테네로 돌아온 아리스테이데스는 아테네 군軍을 총지휘하고 있는 데미스토클레스를 말로나 행동으로나 전적으로 도우며, 자기의 가장 큰 적을 나라에서 가장 높은 지위에 올려 모시는 데 주저하지 않았다. 이것은 그렇게 함이 나라의 이익이라고 생각하였기 때문이다.

때마침 살라미스만에 주둔중인 아테네 함대를 페르시아 함대가 완전히 포위하였음을 발견한 아리스테이데스는 단신으로 기적적으로 포위망을 뚫고 살라미스항에 들어가 그 사실을 아테네 함대의 사령관인 데미스토클레스에게 알려주면서 이렇게 말하였다. "데미스토클레스여! 우리가 만일 현명하다면 서로 누가 잘났느냐 내기하기를 그치도록 합시다. 그리고 당신이 군軍을 지휘하고 내가 당신을 도와 나라를 구하도록 합시다. 이 위기를 제대로 보고, 좁은 바다에서 가급적 속히 적과 대결하는 것이 상책上策임을 아는 사람은 당신뿐이오. 그런데 과감한 결전을 주장하는 당신의 전략에 동맹국 장군들이 반대하고 있는 동안 적이 선수를 써서 앞뒤를 다 봉쇄하고 바다에는 적의 배가 우글우글하니 그리스군은 싫어도 결사적으로 싸울 수밖에 없게 되었소. 다른 길이 없으니까요."

이에 대하여 데미스토클레스는 이렇게 대답하였다. "당신이 이렇게 큰 도량을 보여주시니 나도 그 점에 있어서는 지지 않으려 하오. 나라를 구하기에 힘을 다하기로 내기를 하자는 것이니 나도 지지 않고 큰 공을 세워야겠소." 라고 말하고 그는 페르시아군이 포위해오도록 자기가 펼친 계략을 설명하였다.

당시 그리스연합함대의 사령관인 스파르타의 장군 에우리비아데스는 페르시아의 함선이 매우 많음을 보고 두려운 나머지 펠로폰네소스 쪽으로 옮겨가서 지상전地上戰을 벌이자는 명분을 내세워 살라미스만에서 후퇴하기를 주장하고 있었다. 지상전에서는 도저히 페르시아를 이길 수 없음을 잘 알고 있는 데미스토클레스는 그리스 연합함대가 살라미스만에서 후퇴하지 못하게 만들어 부득불 페르시아 함대와 결전을 하지 않을 수 없도록 만들기 위하여 한 가지 꾀를 내었다. 그는 그리스 해군의 후퇴계획을 크세르크세스에게 슬그머니 흘려주었다. 이에 속은 크세르크세스는 페르시아 해군을 시켜 서둘러 살라미스만의 해협을 봉쇄하고 만의 안으로 들어와 그리스 함대를 완전 포위하여 탈출할 수 없게 만들었다.

데미스토클레스는 자기의 이러한 유인誘引계략의 경과를 설명하고는 이제는 일전을 감행치 않고는 그리스군은 구명救命될 수 없게 되었음을 에우리비아데스를 만나 깨닫게 해달라고 아리스테이데스에게 부탁하였다. 왜냐하면 자기가 말하는 것보다 자기의 적이라고 알려져 있고 동시에 의인義人이라고 누구나 칭송하는 아리스테이데스를 시켜 말하는 편이 더 효과가 있으리라고 생각한 까닭이었다.[7)]

그리하여 군사회의에서 아리스테이데스의 설득에 힘입어 데미스토클레스의 결전 계획이 채택되고 역사상 유명한 살라미스해전海戰이 벌어졌다.[8)] 이 해전에서 페르시아 함대가 격멸되어 그리스가 구원되고 아테네는 전성기를 맞아

---

7) 이상의 이야기는 박시인 역, 『플르타크 영웅전』 제2권, 1960, 을유문화사, 307p.에서 옮김.

8) BC480년의 일이다. 보다 상세한 전투의 설명은 뒤의 제4편 제3장 제4절 '살라미스해전' 참조.

그리스의 패자覇者가 되었다.

훌륭한 인재들에게 권력을 분점시키는 것이 나라를 흥하게 하는 길이다. 물론 분점자들 사이의 견제와 협력의 체제가 만들어져 있다면 더욱 좋다.

나라에 따라서는 견제와 협력의 체제가 만들어져 있기도 하다. 대통령의 의회해산권議會解散權, 의회의 내각불신임권內閣不信任權 등이다. 그러나 그런 장치가 없어도 분점자들의 인품이 뛰어나고 책임의식이 투철하다면 협력은 자연히 이루어진다. 그러나 그런 장치가 아무리 많이 잘 마련되어 있어도 분점자들의 능력과 인품이 따르지 못하면 아무 소용이 없다.

그런 제도가 없는 미국은 그럼에도 불구하고 대통령과 의회 사이의 협조가 이루어지고 있음에 반하여, 드골 대통령 등장 이전의 프랑스는 의회해산과 내각불신임이 수없이 반복되어 나라가 혼란의 극에 이르렀던 사실을 우리는 알고 있다. 문제는 사람임을 다시 한 번 알게 한다.

(마) 국회선진화법國會先進化法

지금 우리나라에도 일종의 비상시국이 전개되고 있다.

국회선진화라는 이름으로 국회가 교섭단체 사이의 합의

를 다수결원리에 우선시키는 법률[9)]을 만든 여파로 많은 법률안이 처리되지 못하여 국회의 입법기능이 마비되었다. 지금 나타나고 있는 국회의 마비 현상은 일시적 현상이 아니라 헌법상의 다수결원리가 배제됨으로 인한 상시적常時的 상태이면서 지엽적 부분의 마비가 아니라 입법을 장해함으로써 법치주의라는 주된 기능을 상실시키는 결정적 마비이다. 이것이 이른바 쇠뿔을 고치려다가 소를 죽이고 만다는 교각살우矯角殺牛이다.[10)]

권력분점자들의 협조가 절실히 요청되는 상황이다.

9) 국회법 제85조 제1항, 동법 제85조의2 제2항, 동법 제106조의2 제6항.

10) 앞에 나온 제1편 제3장 혼란론 제2절 (나) '국회선진화법으로 인한 의회의 마비' 참조. 아울러 제1편 제3장의 각주 3) 참조.

제3장

허군실상虛君實相과 의원내각제議員內閣制

제1절 왕권의 분할分割

(가) 최충헌崔忠獻

왕조시대를 전제로 할 때 권력의 독점을 막는 방법으로 다소 특이한 상황이 하나 있는데 그것은 왕의 권력을 왕의 몫과 재상의 몫 둘로 나누는 방법이다.

고려시대의 무신武臣 최충헌崔忠獻[1]은 권력을 장악한 뒤, 스스로 왕이 되어 왕조王朝를 새로 여는 대신, 기존 고려왕

1) 60여 년간의 최씨 정권을 세운 고려의 장군. 생몰 서기 1149년~1219년.

조를 놓아둔 채 실권實權만을 장악하였다. 그는 교정도감敎定都監에 이어 '흥녕부興寧府'라는 관청을 따로 설치하여 관리를 두고 전권全權을 행사하였으며 권력을 자기 후손에게 물려주어 4대 60여 년간 권력을 이어갔다.

(나) 도쿠가와 이에야스德川家康

일본의 도쿠가와 이에야스도 왕실은 그대로 놓아둔 채 서기 1603년 장군이 되어 에도막부江戶幕府를 설치하고 전권을 행사하였으며, 그 권력과 장군의 지위는 후손에게 세습世襲되어 1867년까지 15대 265년간 존속되었다.

(다) 조조와 사마의

중국의 삼국시대 조조는 황제를 허수아비로 놓아두고 자기가 승상이 되어 승상부丞相府를 조정과 별도로 설치한 뒤 그 승상부에서 나라를 통치하였다. 소위 천자를 옆에 끼고(협천자挾天子) 제후들을 호령한다(이령제후以令諸侯)는 형식이었다. 그리고는 권력과 지위를 아들에게 물려주었다. 왕조를 한漢에서 위魏로 교체한 사람은 그의 아들 조비이었다.

사마의도 조조와 똑같은 일을 하고 그 손자 사마염이 위魏를 대신해 진晉왕조를 새로 열었다.

(라) 제갈량

중국의 삼국시대 촉한의 제갈량도 승상으로서 승상부를 설치하고 모든 국정을 승상부에서 처결하였으나 황제는 그대로 존치시켰다. 다만, 그 지위와 권력을 세습시키지 않은 점이 조조나 사마의와 달랐다

제2절 허군실상虛君實相

'삼국지 강의' 라는 책의 저자 이중텐은 위와 같은 정치체제를 허군실상虛君實相이라고 불렀다.[2] 군주는 명목뿐이고 실권은 재상에게 있는 체제라는 뜻이다. 허군실상의 체제는 고대古代 중국을 빼고 보면 고려의 최충헌이 그 창시자라고 하겠다.

영국英國의 입헌군주제立憲君主制와 동양 삼국의 허군실상이 다른 점은 실권자實權者의 권력이 세습되는지 여부일 뿐이다. 영국에서는 실권자, 즉 수상首相의 세습이 없었으나 동양에서는 제갈량의 경우를 제외하고는 모두 실권자의 세습이 행하여졌다.

2) 이중텐 지음, 홍순도 옮김, 『삼국지 강의』 2, 2012, 김영사, 579p.

동양東洋 삼국三國에서 세습이 행하여진 이유는 첫째로 실권자가 권력을 잃는 순간 삼족三族이나 구족九族을 멸滅하는 등의 소위 멸문지화滅門之禍(가문의 소속원 모두가 죽음을 당하는 재앙)를 당하는 피의 숙청이 대대적으로 행하여졌는데, 그를 피하고 예방하는 최선의 안전보장책이 세습이라고 생각되었기 때문이다. 둘째로는 실권의 쟁취를 둘러싼 유혈투쟁과 혼란을 피하는 방법으로는 세습이 상대적으로 비교적 손쉬운 수단이었기 때문이다.

영국에서는 그와 달리 실권자의 세습이 행하여지지 않은 이유는 실권자의 교체를 둘러싸고 벌어지는 피의 숙청이나 유혈투쟁이 동양 삼국에 비해서는 상대적으로 덜 심했기 때문이었다. 친족의 범위가 그만큼 좁았기 때문이라고 볼 수도 있겠다.

제갈량의 경우는 그의 사심私心없는 고매한 인격이 권력세습의 욕심과는 거리가 멀었을 뿐더러, 본인이 집권시執權時에 워낙 공정하고 청렴하게 법에 따라 권한을 행사하였고(의법치국依法治國), 평소에 양성한 유능한 참모진들로 후계자를 미리 예정해놓고 있었기 때문에 다른 경우와 같은 사후死後의 보복이나 혼란을 걱정할 필요가 없었음도 한 원인이었다.

제3절 영국英國의 의원내각제議員內閣制

영국의 경우에 허군실상의 체제가 세월을 거치면서 오늘의 의원내각제議員內閣制와 같은 체제로 자생적自生的 발전을 한 것은 어찌 보면 기적과도 같은 일이다. 거의 유일한 사례라고 할 수 있다. 다른 나라에서는 그와 같은 자생적自生的 발전이 순조롭게 진행되지 않았기 때문이다. 그런 면에서는 일본도 영국과 유사한 행운을 가졌다. 어찌 보면 막부 체제가 세습을 벗어버리면서 영국의 내각과 비슷한 모습으로 비교적 쉽게 변모하여 정착되었기 때문이다.

오늘날 대통령중심제를 택한 많은 나라가 끊임없이 권력독점에 의한 시련을 겪고 있고 한편, 내각책임제를 시행하는 많은 나라들이 끝없이 정권불안정의 혼란을 겪고 있는 현상을 보면 권력을 분점하면서도 상호 협조에 의한 안정을 이룩하는 현명한 인재들의 양성과 발굴이 얼마나 국가의 발전을 위하여 결정적으로 중요한가를 알게 해준다.

고려가 일찍이 허군실상 체제를 발명했으면서도 이를 순조롭게 발전시켜 혈족 세습이 아닌 지도체제를 발전시키지 못한 것은 매우 안타까운 일이다. 아마도 몽고의 거듭된 침략이 그 한 원인이 되었으리라.

오늘의 우리나라도 대통령중심제를 시행하면서 권력이 종縱으로, 그리고 횡橫으로 효과적으로 분점되는 그런 형태로 발전되어야 하겠다.

국회도 마찬가지다. 의원 개개인의 국민대표성을 강화하여 국회의장과 정당 지도자에게 권력이 집중되지 않도록 하여야 한다. 타협에 훈련되지 않은 의원議員들 상호 간의 이견異見과 여야與野 정당 사이의 싸움을 국회의장이 강제로 조정할 수 있는 의무조정義務調整[3]의 절차를 두면서 그 임기를 6개월 내지 1년으로 단축하여 의장직이 순환되도록 함으로써 권한의 독점을 막아야 한다.

사법부司法府도 마찬가지이다. 대법원장에게 집중되어 있는 인사권과 재정권을 효과적으로 분점시키는 방법을 찾아야 한다.

이론理論을 가지고 논란하는 것보다 실제의 사례와 경험에서 해결책을 찾을 줄 아는 지혜와 실용주의적實用主義的 사고가 필요하다.

영국은 일찍이 입헌군주제를 채택하여 왕과 의회가 권력을 분점하고 다시 집권당과 그 반대당이 의회의 권력을 분

3) 예컨대, 국회의장의 조정 내용에 당사자가 일정 기간 내에 동의하지 않으면 자동적으로 본회의에 상정되어 토론과 표결을 거치게 하는 것 등을 말한다.

점하고 집권당의 권력이 내각의 수상과 각료에 의하여 분점되었다. 또한 사법권력이 보통법 법원과 형평법 법원으로 분점되고 재판권과 사법행정권이 분리되는 등 이론의 체계와 관계없이 판례와 전통의 형식으로 권력의 분점을 점진적으로 이루어낸 일은 참으로 지혜로웠다. 과장한다면 신神의 은총恩寵이었다고 할만하다.

근세에 들어 영국이 수세기 동안 세계를 제패하였음은 우연이 아니고, 순자荀子가 진秦의 부강富强을 두고 한 말, 즉 "비행야 수야非幸也 數也"[4]에 해당한다. 바꾸어 말하면 재수가 좋았던 일이 아니고 필연의 이치에 따른 결과였다.

영국식 의원내각제는 앞에서 설명한 권력분점의 이치를 가장 효과적으로 달성하는 방식이라는 사실이 역사적 경험에 의하여 실증된 셈이다.

4) 머리말의 각주 5) 참조.

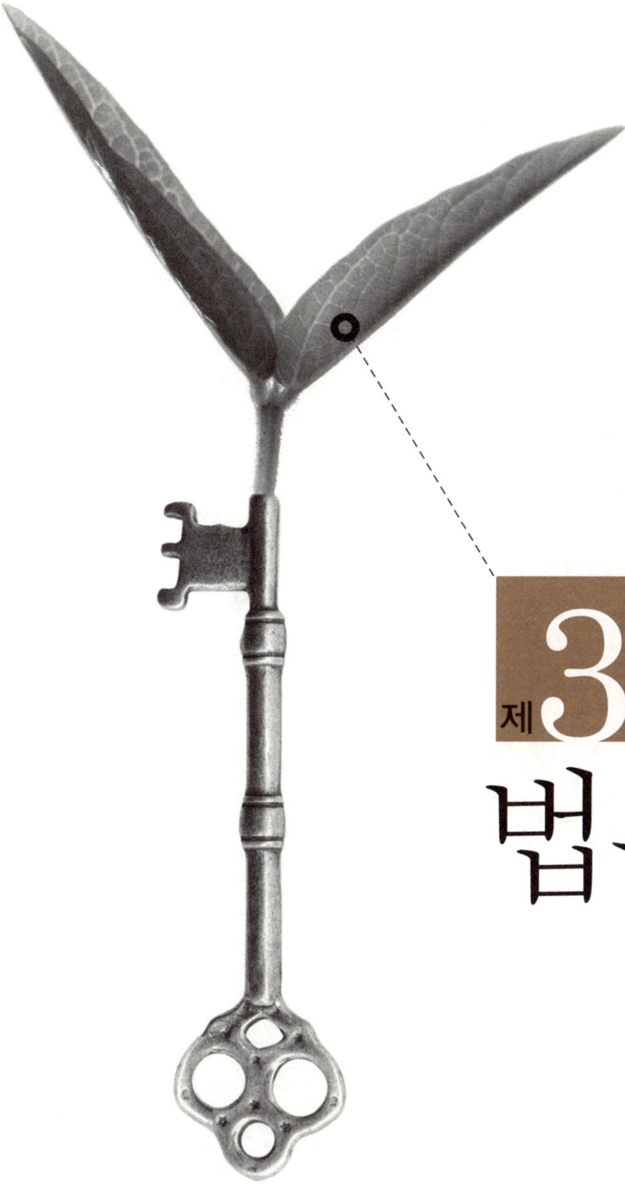

제 3 편

법론 法論

흥 망 유 수
興 亡 有 數

제1장

질서론秩序論

제1절 들어가며

사람은 혼자 살지 않고 모여서 산다. 그것이 생존을 유지하는 데 이로움을 원시시대 때부터 알았기 때문이다. 사정은 지금도 마찬가지이다. 그래서 사회를 이루고 산다. 소위 사회적 동물이 되었다. 모여서 함께 산다 함은 그들이 한 덩어리로 통합되어 있음을 의미한다. 그래야 함께 사는 의미가 있다. 즉, 통합이 유지되어야 생존을 유지하는 데 적합하다. 통합의 유지는 질서의 유지와 같다. 질서가 없으면 통합이 유지되지 않기 때문이다.

흩어져 살아도 되는 경우에는 통합이 필요 없고 따라서 질서도 필요 없다. 신선神仙이나 도사道士는 통합을 말할 필요가 없다. 그러나 신선이나 도사라고 하여도 아직 신선이나 도사가 되기 전의 단계에서는, 즉 수행의 단계에서는 공동생활을 해야만 생명을 유지하고 수행을 계속할 수 있는 경우가 있으므로 이런 때에는 함께 모여 살기도 한다. 이 때에는 통합의 유지를 위한 질서가 필요하다. 부처님도 생전에 승가僧伽 조직을 만들고 비구나 비구니들의 공동생활에 질서를 잡기 위하여 여러 가지 율법을 만들었는데 바로 이런 이유 때문이었다.

사회생활, 국가생활에서는 질서 유지가 생명이다. 모든 사람이 신선이 되고 고승이 되고 군자가 되기 전에는 적어도 그렇다.

그렇다면 질서가 없을 때 또는 질서가 깨졌을 때 무엇으로 질서를 만들고 질서를 회복하는가. 질서가 깨져 사회나 국가가 혼란스러울 때 어떻게 질서를 회복하여야 하는가.

질서 회복의 방법을 알아보기 전에 질서가 깨지는 원인, 즉 혼란의 원인부터 먼저 찾아보고 그 다음으로 치유의 방법을 찾아보아야 한다.

제2절 정치와 혼돈混沌

나는 2005년 4월 30일 한국공법학회에서 그리고 2007년 9월 1일 한국헌법학회에서 이 문제에 대하여 다음 요지와 같은 강연을 한 일이 있었다. 이를 여기에 싣는다.

(가) 정치와 혼돈混沌

다음과 같은 이야기가 있다.

「의사와 건축가, 철학자, 정치가 등 네 사람이 서로 자신의 직업이 가장 오래되었다며 입씨름을 벌이고 있었다. 먼저 의사가 자신의 주장을 폈다.

"저는 제 직업이 다른 어느 직업보다 앞서 시작되었다고 생각합니다. 최초의 인간인 아담의 갈비뼈 하나를 들어내고, 또 그것으로 이브를 만든 일, 그것이 바로 의료행위가 아니겠습니까?"

그러자 건축가가 반박하며 나섰다.

"하지만 아담이 태어나기 전에 우주를 창조하고 유기적으로 조직하기 위한 작업이 있었습니다. 그 작업이 곧 건축행위 아니겠습니까?"

건축가의 말을 듣고 이번에는 철학자가 나섰다.

"뭘 오해하고 계신 듯합니다. 우주를 창조하기에 앞서 하느님께서는 대혼돈大混沌을 앞에 놓고 먼저 구체적이고 치밀한 사유

思惟를 펼치지 않을 수 없었을 것입니다."

세 사람의 주장을 듣고 있던 정치가가 빙긋이 웃으며 반문하였다.

"그렇다면 세 분께서는 도대체 누가 그 대혼돈大混沌을 창조했다고 생각하십니까?"」[1]

정치가가 대혼돈을 창조했다는 농담이다. 나는 여기서 혼돈[2]을 혼란과 같은 의미로 사용하고자 한다.

이것은 정치의 부정적否定的 측면을 농담으로 빗댄 이야기이다.

정치의 부정적 측면만을 조명하여 본다면 정치인이 혼돈混沌을 제조한다고 하는 농담은 부분적으로 사실이라고 할 수 있다. 정치인을 혼돈의 제조자로 비유하는 데서 조금 더 부풀린다면 정치는 바로 혼돈 그 자체라고까지 비유할 수도 있다.

---

1) 이형식, 『농담』, 2004, 궁리출판, 31p.

2) 혼돈의 유래와 관련하여 莊子(應帝王 第七)에는 다음과 같은 寓話가 있다.
「南海의 임금을 숙(儵)이라 하고 北海의 임금을 홀(忽)이라 하며, 중앙의 임금을 混沌이라 한다. 숙과 홀이 때마침 混沌의 땅에서 만났는데 混沌이 매우 융숭하게 그들을 대접했으므로 숙과 홀은 混沌의 은혜에 보답할 의논을 했다. "사람은 누구나 [눈·귀·코·입의] 일곱 구멍이 있어서 그것으로 보고 듣고 먹고 숨쉬는데 이 混沌에게는 그것이 없다. 어디 시험 삼아 구멍을 뚫어 주자." [그래서] 날마다 한 구멍씩 뚫었는데 7일이 지나자 混沌은 [그만] 죽고 말았다.」 金東成 譯, 『莊子』, 1964, 을유문화사, 70p. ; 안동림 역주, 『莊子』, 2000, 현암사, 235p.

혼돈은 오만과 편견에서 비롯된다. 혹은 독선과 아집에서 생긴다고 말할 수도 있다. 오만과 편견 혹은 독선과 아집은 모두 인간의 자만함, 아니면 우매함에서 나온다.

스웨덴국왕 구스타프 아돌프 아래서 재상을 지냈고 구스타프의 딸 크리스티나가 여왕에 즉위한 뒤에는 섭정으로 국정의 실권을 쥐었던 악셀 옥센세르나 백작은 일생동안의 경험을 토대로 이렇게 유언했다고 한다. "내 아들아, 이 세상을 얼마나 하찮은 자들이 다스리는지 똑똑히 알아두거라."[3)]

세습世襲의 군주君主 중에, 그리고 그 측근들 중에 우매한 사람들이 얼마나 많이 있었는지 그리고 그들이 빚어낸 우행愚行과 기행奇行으로 얼마나 많은 사람이 희생되고 얼마나 많은 국가가 쇠망하였는지 하는 점은 역사가 잘 보여주고 있다.

'바보들의 행진'이라는 책을 쓴 바바라 터크먼은 이렇게 말한다.

「독선은 권력의 부산물이다. 우리는 끝없이 되풀이된 액턴경卿(영국의 역사가, 서기 1834~1902년)의 금언 "권력은 부패한다."를 알고 있다.

그러나 권력이 독선을 낳고, 국민에게 명령하는 힘을 가지면

---

3) 바바라 터크먼 지음, 조민 · 조석현 옮김, 『독선과 아집의 역사』(원제 THE MARCH OF FOLLY : FROM TROY TO VIETNAM) 1, 1997, 자작나무, 23p.

안하무인이 되고, 권력을 행사하는 폭과 깊이가 늘어남에 따라 권력에 따르는 책임은 점점 엷어진다는 사실을 자각하지 못하고 있다. 권력의 총체적인 책임이란 국가와 국민에게 이익이 되도록 가능한 한 이성적으로 통치하는 일이다.[4)]

(중략) 이렇게 보면 현명하지 못한 권력이 독선을 낳고 독선이 혼란을 낳게 되므로 결국 현명하지 못한 권력이 바로 혼란의 제조자임을 알게 된다.

"우리는 정치의 민주적 실행이 전쟁과 스포츠의 중간 지점에 놓여 있다는 것을 깨닫는다. 즉, 전쟁보다는 덜 위협적이지만 스포츠보다는 훨씬 공정하지 않다."[5)] 라는 말이 있다.

민주주의적인 정치조차도 스포츠보다는 훨씬 공정하지 않다고 하는 마당에 민주주의적이 아닌 정치에 있어서는, 독선과 아집의 무대에서 일어나는 그 혼란은 말할 필요도 없다.」

(나) 혼란의 치유

❶ 힘에 의한 극복

독일의 법학자 루돌프 폰 예링(Rudolf von Jhering)이 그의 저서 '로마법의 정신' 제1권 제1면의 첫머리에서 로마는 세 번 세계를 통일하였다고 말하면서 그 통일의 맨 처음 수단으로 지적한

4) 바바라 터크먼, 앞의 책, 63-64pp.

5) 장 마리 펠트 지음, 한정석 옮김, 『정글의 법칙』, 2005, 이끌리오, 191p.

방법이 바로 로마의 무력武力이었다. 확실히 힘에 의한 혼란의 극복은 가장 효과적이다. 그러나 그 효과는 법에 의한 뒷받침이 없으면 지속되지 않음이 세상의 이치이다. 한고조漢高祖 유방劉邦이 "마상馬上에서 얻은 천하를 마상에서 다스릴 수 없다."[6] 고 탄식하면서 유학자儒學者 숙손통叔孫通을 시켜 예법禮法을 시행케 한 사실도 이러한 이치를 드러내는 일화라고 하겠다.

2 도덕道德에 의한 치유

유교儒教의 왕도정치사상王道政治思想은 도덕으로 혼돈을 치유하려고 시도한 대표적인 노력의 산물이다.

유교이상儒教理想의 하나는 바로 내성외왕內聖外王(성인과 같은 높은 덕을 갖춘 현실의 왕)에 의한 통치이다.

그러나 덕德으로 군주君主를 교화教化하고 권력을 순화醇化하고자 하는 노력은 거의 모두 실패하였다. 역사는 그러한 실패의 사례로 가득 차 있다.

내성외왕內聖外王이 안 되는 이유는 어디에 있는가. 인간은 상당한 정도의 성악적性惡的 존재이기 때문이고 이 성악性惡의 품성을 설득만으로 교화하기는 매우 어렵기 때문이다.

타고난 성품이 덕德으로 빛나는 그런 위인들, 예컨대 세종대

---

6) 사마천 지음, 정범진 외 옮김, 『사기 열전』 中. 1995, 까치, 594p.에 의하면 이 말은 陸賈가 했다고 한다.

왕이나 주공周公 또는 철인황제哲人皇帝라고 불리는 마르쿠스 아우렐리우스 로마황제 같은 사람들이 권력을 쥔 희귀한 경우에나 도덕에 의한 권력의 통제는 겨우 가능하였을 따름이다. 입으로 말하는 것만큼 그렇게 도덕적이지도 아니한 국민들이 사는 오늘의 이 세상에서 무슨 수로 내성외왕의 권력자를 찾아낼 수 있겠는가.

3 법치法治에 의한 극복

마지막으로 남은 극복 수단이 법이다.

공화정시대共和政時代의 고대古代 로마, 고대 그리스의 아테네, 근대近代 서구西歐의 민주주의 국가들이 집정관과 원로원 사이, 행정관과 민회의 사이, 국왕과 의회 사이, 대통령과 의회 사이의 권력분점을 통하여 달성한 민주주의의 발전은 법에 의할 때에만 혼란이 성공적으로 극복될 수 있음을 웅변으로 증명하고 있다.

한국과 중국이 고대 이래로 덕에 의한 왕권의 순화에 치중한 나머지, 법을 통한 권력의 분점을 시도하지 못하였음은 참으로 애석한 일이 아닐 수 없다.

(중략) 사실 정치권력에 대한 법法의 통제를 가장 극명하게 보여주는 상징적이면서도 실질적인 조치가 바로 헌법의 제정이다. 헌법은 쉽게 말해서 정치권력을 규율하는 법이다. 왕의 권

력을 분할하여 그 일부를 의회에 맡기고 다시 사법司法의 권한을 별도의 독립된 법원에 맡겨서 서로 견제하고 균형을 이루게 하는 권력의 분리(이른바 삼권분립)를 맨 처음 법으로 완성한 나라는 영국이다. 그들은 법에 의한 권력의 분리에 성공하였지만 이를 하나의 단일한 성문의 헌법전憲法典으로 표시하지는 아니하였으므로 세상에서는 이를 불문不文의 헌법이라고 한다. 이러한 권력의 분리를 맨 처음 성문의 헌법전으로 완성한 나라는 미국이다. 결국 영국과 미국은 헌법을 통하여 정치권력의 통제를 일응 달성하였다고 할 터인데 이것은 법치주의法治主義로 혼란을 극복하였음을 의미한다.

먼저 영국이 그리고 뒤이어 미국이 세계를 제패하여 팍스 브리타니카 또는 팍스 아메리카나를 운위할 수 있게 된 이유도 그들 사회의 혼란이 법에 의하여 성공적으로 극복되고 그로부터 폭발적인 국가 에너지가 분출되었기 때문이라고 생각한다.

법에 의한 혼돈의 극복은 이성理性에 의한 극복을 의미한다. 인간에게는 이성으로 상황을 개선해 나갈 힘이 있고 인간이 스스로 이를 확신할 때[7] 이성에 의한 혼란의 극복은 출발하고 성공함을 미국의 헌법을 제정한 그 건국의 아버지들이 보여주고 있다.

7) 바바라 터크먼, 앞의 책, 41p. 참조.

제2장

법치주의法治主義

제1절 들어가며

국가가 흥성하는 길은 민주주의에 있고 민주주의가 실현되는 길은 법치주의에 있다. 결국 법치주의가 국가 융성의 길이다. 이것을 모르는 사람은 없다.

이런 옛 시조가 있다.

"귀거래歸去來 귀거래한들 물러간 이 그 누구며
공명功名이 부운浮雲인 줄 사람마다 알건마는
세상世上에 꿈 깬 이 없으니 그를 슬퍼하노라"[1)]

1) 李鼎輔 지음, 이기문 편주, 『歷代時調選』, 1973, 삼성문화재단, 267p.

사람들은 걸핏하면 마음을 비웠다느니, 백의종군(국가를 위하여 아무런 벼슬 없이 싸움터로 나가다)한다느니, 초야에 묻히겠다느니, 공명이 다 무어냐느니 하는 말들을 자주 한다. 그러나 실제로 그 말에 맞는 행동을 하는 이는 별로 없다. 위의 시조에서 말하는 것처럼 "세상에 깨달은 이 없으니 그를 슬퍼하노라." 라고 탄식할 만하다

법치주의도 마찬가지이다.

국민치고, 정치인치고 법치주의를 모르는 사람은 없다. 정치인치고 법치주의를 외치지 않는 이는 없다. 그럼에도 불구하고 정치인치고 실제로 법치주의를 몸소 실천하는 이는 드므니 그를 슬퍼하지 않을 수 없다. 이런 뜻으로 위 시조를 바꾸어 읽어도 좋으리라.

법치주의와 관련하여 다음과 같은 몇 가지 사항을 유의할 필요가 있다.

제2절 공정公正과 엄격嚴格

(가) 상앙商鞅

법치주의는 법이 공정하고 평등하게 그리고 엄격히 집행

될 것을 요구한다.

재산과 신분상의 차이나 지위의 고하에 관계없이 언제 어디서나 법은 반드시 집행되어야 한다. 그래야 국민은 법을 신뢰하게 된다. 믿을 것은 법밖에 없다 라는 인식이 국민들 사이에서 널리 퍼져야 한다.

법치는 구체적으로 어떻게 하는가. 해답은 중국 전국시대 진나라의 상앙商鞅[2]을 우선 모방하는 데 있다.

상앙의 법치는 어떤 것인가.

첫째, 신상필벌信賞必罰이다. 공을 세우면 그 크기에 따라 반드시 상을 준다. 그리고 법을 어기면 반드시 그 정도에 따라 벌을 준다.

둘째, 이상과 같은 신상필벌은 그 사람의 신분이나 지위의 높고 낮음에 불구하고 반드시 공평하게 집행한다(공정평등公正平等).

셋째, 형벌은 일단 엄격하여야 하고 반드시 집행하여야 한다(중형필벌重刑必罰). 상앙이 중형필벌을 주장한 것은 "형벌로써 형벌을 없애기"(이형거형以刑去刑) 위함이며 이로써 "형벌이 필요 없게 된다"(무형無刑)는 목적을 달성하기 위함이다. 그러므로 그것이 표면상으로는 잔혹하고 매정한 듯하지만 실제로는 상앙의 애민愛民·이민利民하는 법치정신의

2) 앞의 제1편 제2장 제3절 (다) '상앙과 왕안석' 및 그 각주 45) 참조.

구현이다.[3)]

넷째, 국가에 대한 국민의 신뢰를 해치는 행위를 엄금한다.

다섯째, 법치를 부국강병책富國强兵策과 함께 병행竝行한다(강국이민强國利民). 이 점에 관하여는 뒤의 제5절 '법치法治와 부국책富國策'에서 설명하므로 여기서는 더 언급하지 않는다.

물론 지금은 상앙의 시대와는 많은 여건이 다르다. 상앙 시대의 법과 지금 시대의 법도 달라야 한다. 그러나 법으로 다스려야만 나라가 부강해진다는 사실은 틀림이 없다. 법으로 다스리지 않으면 절대로 부강한 나라가 될 수 없다.

상앙이 행한 법치의 면모를 보여주는 몇 가지 사례를 사기史記[4)]에서 인용하여 소개한다.

「…… 이리하여 (부국강병을 위한) 법령은 작성되었으나 아직 포고布告하지는 않았다. 백성들의 불신을 염려하였기 때문이었다. 그래서 3장丈이나 되는 나무를 국도國都의 저잣거리의 남문에 세우고, 모인 백성들에게 "이것을 북문北門으로

3) 상앙 지음, 우재호 옮김, 『商君書』, 2005, 소명출판, 34p.
4) 사마천 지음, 정범진 외 옮김, 『사기 열전』 상, 1995, 까치, 93p.

옮겨놓는 자에게 10金을 준다." 라고 하였다. 백성들은 이것을 이상히 여겨 옮기지 못하였다. 다시 "이것을 옮기는 자에게는 50금을 준다." 라고 하였다. 어떤 한 사람이 이것을 옮기자 즉시 50금을 주어 백성을 속이지 않음을 밝혔다. 그리고 나서 드디어 법령을 공포하였다.

새로운 법이 백성들에게 시행된 지 1년 만에 진나라의 백성들 중 국도까지 올라와 새 법령의 부당함을 호소하는 자가 천 명을 헤아릴 정도였다. 이때 태자가 새 법령의 폐지를 건의하였다. 위앙(상앙의 별칭)은 말하기를 "법이 시행되지 못하는 것은 위에서부터 이것을 위반하기 때문이다." 라고 하였다. 그는 법에 따라 태자를 처벌하려고 하였다. 그러나 태자는 군주의 후사後嗣(대를 이을 아들)로 형벌을 줄 수 없었으므로 그의 태부 공자 건을 처벌하고[5] 그의 태사 공손고를 경형黥刑[6]에 처하였다. 그 다음날부터 진나라의 백성들은 모두 새로운 법령을 준수하게 되었다. 법령이 시행된 지 10년이 되자 진나라의 백성들은 매우 만족해하였고, 길에 떨어진 물건을 줍지 않았고, 산에 도적이 없었으며, 집집마다 풍족하고, 사람들마다 넉넉하였다. 백성들은 국가를 위한 전쟁에는 용감하였고 개인적인 싸움에는 겁을

5) 공자 건은 진효공의 동생인데 그 뒤에 다시 법을 어기자 그를 의형劓刑(코를 베어버리는 형)에 처하였다.

6) 칼로 범인의 이마나 볼 등을 찢어 글자를 새기는 형벌.

먹었다. 그래서 도시나 시골이나 잘 다스려졌다. 예전에 법령의 부당함을 말하였던 진나라의 백성들 중에 지금에 와서 법령의 장점을 말하는 자가 있었다. 위앙이 말하기를 "이런 자들은 모두가 교화敎化를 어지럽히는 백성이다."라고 하였다. 그들을 전부 변방 지역으로 옮겼다. 그 이후로 백성들은 감히 새로운 법에 대하여 논의하지 못하였다.」

상앙의 법을 시행하여 진나라가 어떤 나라가 되었는지 살펴본다. 상앙이 죽은 것은 BC 338년이고 그로부터 3대 뒤의 임금인 진소양왕(재위 BC 306년~251년) 때 대유학자大儒學者 순자荀子[7]가 진나라를 방문하였다. 상앙의 변법이 시행된 지 반세기만이다. 이때 순자가 재상 범수范雎[8]를 만나 진나라를 보고 느낀 소감을 얘기하였는데 그 글을 인용한다.

「순자는 진나라에 '유가儒家 학자와 사상이 없음'을 비판하고 이것이 가장 큰 단점이라고 밝혔다. 동시에 순자는 진나라의 정치에는 장점도 있음을 인정하며 말했다.

"그 견고한 요새는 험준하고 형세는 편리하며 산천과 골

7) 앞의 머리말 각주 4) 참조.
8) 위나라에서 망명해온 진소양왕의 재상. 원교근공책으로 유명하다. 제1편 제1장 각주 7) 참조.

짜기는 아름답고 천연 자원의 이점이 많으니 더할 나위 없는 지세입니다. 국경에 들어와서 그 풍속을 보니 백성은 순박하고 음악은 음란하지 않습니다. 그리고 옷차림은 소박하며 관리들을 매우 두려워하고 복종하는 것이 옛날(태평성대)의 백성과 같습니다. 고을의 관청에 들러보니 관리들이 모두 숙연하여 공손·검소·돈독·공경·충성·신의가 있어 빈틈없는 것이 옛날(태평성대)의 관리들 같습니다. 또 도성에 들어가 그 사대부들을 보니 자기 집 대문을 나오면 곧장 관청 문으로 들어가고 관청 문에서 나오면 곧장 자기 집으로 들어가니 그 사이에 사사로운 일이 생기는 경우가 없었습니다. 쓸데없이 남과 친하는 일도 없으며 당파 짓는 일도 없이 달관한 모습으로 두루 밝게 통하며 공평한 것이 옛날의 사대부와 다름이 없습니다. 조정을 보니 그곳에서 여러 일을 의결하는 데 미루는 것이 없어 굉장히 한가로운 모습이라 마치 정치가 행해지지 않는 듯하여 옛날의 조정을 방불케 했습니다."

순자에게 진나라의 정치는 '그냥 있어도 다스려지고 간략하면서도 상세하며 번거롭지 않은데도 공이 있어서' 기본적으로 '다스림의 극치'라는 기준에 부합하기 때문에 "세대를 통하여 승리로 이끈 것은 요행이 아니라 당연한 것"(四世有勝 非幸也 數也)이었다.

법치를 비판하는 대유학자의 입을 빌려 당시 진나라의

정치제도와 행정효율이 동쪽의 각 제후국보다 훨씬 우세했음을 증명했다.

진나라가 효공, 혜왕, 무왕, 소왕 등 "사대四代에 걸쳐 승리로 이끈(四世有勝)" 것은 결코 우연이 아니었다. 진나라가 강성해질 수 있었던 이유는 보다 효율적인 정치제도 덕분이었다.」 9)

위 글에서 말하는 효율적인 정치제도라는 것은 바로 법치와 부국강병책의 병행竝行을 의미한다. 내 해석이 그렇다는 것이 아니라 위 글의 앞, 뒤를 읽어보면 그렇다.

또한 위 인용문을 읽다보면 그 밑줄 친 대목, 즉 "관리들을 매우 두려워하고 복종하는 것이 옛날의 백성과 같습니다."에 이르러서는 한숨이 나온다. 오늘의 우리 일부 국민들이 공무원과 경찰을 무시하는 태도와 너무나도 비교되기 때문이다.

'일본 식민지 시대 또는 군부독재 시대의 공무원과 경찰'이 아닌데도 그렇게 무시해서 되겠는가. 물론 잘못도 있지만 말이다. 이런 일부 국민들의 태도는 결코 잘 되는 나라의 국민이 가져야 할 자세는 아니다.

또 대통령들이 바뀔 때마다 그간의 정치의 폐단을 모두

9) 장펀텐 지음, 이재훈 옮김, 진시황, 2011, 글항아리, 153p.

공무원과 경찰의 탓으로 돌리는 듯한 정치적인 발언을 하는 것도 이런 경향을 부추기는 한 원인이 되었다. 자기 손발을 아낄 줄 모르고 자기 손발을 부릴 줄 모르는 사람들이라는 비판을 받음직하다. 속담에 "게으른 일꾼, 연장만 탓한다"는 식이다.

상앙의 시대와 지금은 다르다. 그러나 법치의 원칙은 엄격히 지켜야 한다. 그것이 국가를 부강하게 하는 길이다.

(나) 제갈량

소설 삼국지연의의 영향으로 제갈량은 신출귀몰하는 병법兵法의 대가로 알려져 있다. 그러나 그의 진면목은, 소위 융중대隆中對라 하여 일찍이 천하삼분계天下三分計(천하를 셋으로 나누어 갖는다는 계책)를 구상한 탁월한 전략가, 철저하게 법으로 나라를 다스려 국가를 발전시킨 법치주의자, 그리고 청렴하고 성실한 군자君子, 이런 데 있다.

융중대라 함은 융중에서 농사를 짓고 있는 제갈량을 찾아온 유비를 만나 대화를 하면서 제갈량이 제시한 장래의 대책을 말한다. 그 내용은 유비가 장차 형주와 익주를 차지하여야 한다, 그렇게 하여 이미 중원을 차지하고 있는 조조와 벌써 강남을 차지하고 있는 손권과 더불어 천하를 셋으로 나누어 가진다, 다음에는 우선 손권과 동맹하여 조조를 견제하다가 중원에 변고가 생기면 먼저 조조를 공격하여 제거하고 이어 손권을 정벌하여 천하를 통일한다, 이렇게 하여 한나라를 부흥시킨다 라고 하는 전략적 구상이다.

유비의 입장과 천하의 형세를 절묘하게 배합한 탁월한 기획이었다고 후세 사람들이 감탄하는 전략이다.

제갈량의 청렴한 인격은 그가 죽기 전에 후주後主 유선劉禪에게 올린 표문表文을 인용한 진수陳壽[10]의 다음 기록에서 여실히 드러난다. 진수는 원래 촉나라 사람이었지만 사마염司馬炎에 의하여 촉이 멸망한 뒤 사마염의 진晉나라 조정에서 벼슬을 한 사람이었다. 그가 쓴 삼국지의 이 대목이 크게 과장된 것일 리는 없다. 망국亡國의 죽은 정치가에게 아첨할 이유는 없기 때문이다. 그 기록의 내용은 다음과 같다.

「이전에 제갈량이 유선에게 표를 올려 다음과 같이 말했었다.

"성도成都[11]에는 뽕나무 8백 그루, 메마른 땅 15경頃이 있으므로 제 자손의 생활은 이것으로 여유가 있습니다. 신이

10) 정사 삼국지의 저자.
11) 촉한의 수도.

밖에서 임무를 수행할 때에는 몸에 필요한 의식은 모두 관부에서 지급해 주므로 특별히 (집에서) 조달해 줄 필요도 없고, 다른 산업을 경영하여 재산을 만들 필요가 없습니다. 만일 신이 죽었을 때, 저희 집안에 남는 비단이 있게 하거나 여분의 재산이 있게 하여 폐하의 은총을 저버리지 않을 것입니다."

죽은 후에는 그가 말한 것과 같았다.

(중략) 임종할 때, 묘지는 관을 넣을 수 있는 정도만의 크기로 하며 염할 때는 평상시 입던 옷으로 하고 제사용품은 사용하지 말라고 유언했다.」

제갈량의 재주에 대하여 진수는 이렇게 적었다.

「제갈량은 선천적으로 기민하여 연발식 쇠노를 만들었고, 목우木牛 · 유마流馬12)도 모두 그의 생각에서 나온 것이다. 병법을 응용하여 팔진도13)를 만들었는데, 모두 그 요령을 얻었다고 한다. 제갈량은 어려서부터 출중한 재능과 영웅다운 기개를 갖고 있었고 신장은 8척이었으며 용모는 매우

12) 험한 산길에서도 식량과 마초를 빨리 운반할 수 있게 제갈량이 만들었다는 운반용 기계.

13) 제갈량이 고안해 만들었다는 군사 및 시설을 배치하는 陣法. 후세에 그 내용이 많이 부풀려졌다고 한다.

위엄이 있었으므로 그 당시 사람들은 그를 범상치 않은 인물로 평가했다.」

제갈량의 성실한 인격은 앞에 나온 제1편 제4장 제7절 (가) '문文과 무武의 상보' 부분에서 이미 언급했지만 좀 더 부연한다.

진수는 제갈량에 대하여 다음과 같이 기록하고 있다.

「법령은 엄격하고 분명하고, 상주고 벌주는 것은 반드시 타당성이 있어 잘못이 없으면 징벌을 받지 않았고, 착한 일을 하지 않았으면 표창하지 않았고, 관리는 악한 짓을 하지 않았고, 사람들은 스스로 면려勉勵하며, 길에 떨어져 있는 것을 줍지 않고, 강자가 약자를 침해하지 않았으므로 사회 기풍은 숙연해졌다.

또 자신이 죽은 이후에는 중원을 밟을 수 없고 위나라에 대항할 수 있는 (능력이 뛰어난) 자가 없게 될 것이라고 생각하였다. 이 때문에 용병을 멈추지 않고 여러 차례 그의 무력을 과시하였다. 그러나 제갈량의 재능은 군대를 통치하는 데는 뛰어났지만, 기책奇策이라는 점에서는 (사마의를 제압하지 못했으니) 열등했으며, 백성들을 다스리는 재간이 군사를 지휘하는 재능보다 우수했다. 그와 대적한 사람들 가운데, 혹자는 (사마의와 같은) 당대의 걸출한 인물이었으며, 게다가 (인구와 군사의 수가 위魏나라에 비하여 적어서) 병력의 많고 적음이 서로 같지 않았으며 나아가 공격하는 것과 지키는 것 두 가지 일이 있기 때문에 (촉나라의 군사와 그 밖의 행정까지도 모두 담당했으므로) 비록 해마다 출병했을지라도 승리를 얻을 수는 없었다. 이전에 소하[14]는 한신[15]을 추천하였고, 관중은 왕자 성보[16]를 천거했는데, 모두 자신의 장점만을 헤아렸던 것이 (관중과 소하가 모두 자신의 장점이 정치에 있고 전투는 직접 이를 지휘할 재능이 각기 한신이나 왕자 성보만 못하다고 판단하여) 정치와 군사를 겸할 수 없었던 이유이다. 제갈량의 재능과 정치는 대체로 관중·소하와 필적할 수 있지만, 당시의 (그가 거느린) 명장 중에는 왕자 성보나 한신과 같은 자가 없었기 때문에 공업功業으로 하여금 늦어지게 되었고, 대의大義는 실현할 수 없었던 것이다. 아마도 천명天命이 돌아가는 바가 있어 (한漢나라가 그 수명을 다하고 새로운 왕조 진晉이 출현할 운명이므로) 지력智力을 갖고 다투는 것이 불가능했었던 듯하다.

논의하는 자들 중에는 간혹 제갈량의 문장이 아름답지

14) 유방의 승상으로서 한나라가 초를 격파하고 천하를 통일하는 데 기여한 일등공신.
15) 유방의 휘하에서 초나라 항우를 격파한 당대 최고의 名將.
16) 관중의 휘하에서 전쟁을 맡아 제환공의 패업을 성취하는 데 기여한 제나라의 名將.

않고 주도면밀함이 지나치다고 비평한다. 그러나 제갈량이 말로써 상대한 대상은 평범한 사람들과 장사壯士들이었기 때문에 (학자나 문인을 상대하는 것이 아니라 평범한 병사와 관리를 상대하는 입장이었기 때문에) 문장에서 그 심오함을 추구할 수 없었을 따름이다. 그러나 그의 가르침이나 유언은 모두 모든 일에 바르게 대처하고 있으며, 공정하고 진실된 마음은 그의 문장 속에 나타나 있으니, 그 안에서 그의 의도를 알기에 충분하며, 당대에도 유익한 점이 있었다.

제갈량은 승상이 되어 백성들을 어루만지고 예법 규칙을 나타냈으며, 관직을 간략하게 하고 권부權府의 제도를 느슨하게 하였으며 성실한 마음을 열고 공정한 정치를 실행했다. 충의를 다하고 시대에 이익을 준 자에게는 비록 원수라도 반드시 상을 주었고, 법을 범하고 태만한 자에게는 비록 가까운 사람이라도 반드시 벌을 주었다. 죄를 인정하고 반성하는 마음을 갖고 있는 자에게는 무거운 죄를 지었다고 하더라도 반드시 석방했으며, 진실을 말하지 않고 말을 교묘하게 꾸미는 자에게는 비록 가벼운 죄를 지었다고 하더라도 반드시 사형에 처했다. 선행善行을 하면 작은 일이라도 상을 주지 않은 적이 없었으며, 사악한 행동을 하면 사소한 것이라도 처벌하지 않은 적이 없었다. 각종 사무에 정통하였고, 사물은 그 근원을 이해하였으며, 사람의 말에 근거하여 그의 행위를 관찰하고 허위로 가득한 사람과는 함께 있지 않았다. 그 결과, 촉나라 경내의 사람들은 모두 그를 존경하고 아꼈으며, 형벌과 정치는 비록 엄격하였지만 원망하는 자가 없었다. 이것은 마음을 공평하게 쓰고 상주고 벌주는 것을 분명하게 했기 때문이다. 제갈량은 세상을 다스리는 이치를 터득한 걸출한 인재로서, 관중 · 소하와 비교할 만하다고 할 수 있다. 그러나 매년 군대를 움직였으면서 성공할 수 없었던 것은 아마 임기응변의 지략이 그의 장점이 아니었기 때문인 것 같다.」[17)]

이미 멸망했지만 당시로는 중원中原을 위협하던 가장 큰 적국이었던 촉蜀나라의 죽은 정치가에 대하여, 더구나 진晉의 황제에게 바치는 정사正史에서, 이 정도로 기록하였다면 그것은 생각할 수 있는 최고의 찬사가 아닐 수 없다. 불세출의 위업을 이룬 관중과 소하에 비견한 것만 보아도 알 수 있다.

여기서 특히 주목하고자 하는 부분은 법치法治와 관련된 대목(밑줄친 부분)이다. 한 마디로 공정하고 엄격하게 사심私

---

17) 진수의 기록은 '진수 지음, 김원중 옮김, 『정사 삼국지 촉서』 제5권, 2001, 신원문화사, 104p. 이하'에서 인용함. 다만, ( ) 안에 적은 부분은 원문에 없는 것을 이해의 편의를 위하여 내가 보충한 것이다.

心없이 법으로 나라를 다스렸다. 한때 자기의 후계자로 생각할 정도로 아끼던 부하 마속馬謖이 군령을 어겨 전략戰略 요충지要衝地 가정街停을 실함失陷(도시나 진지, 요새 등을 적에게 뺏김)하자 눈물을 뿌리며 법에 따라 그를 참수했다.[18)]

이를 두고 장완[19)]이라는 사람이 제갈량에게 말했다. "옛적에 초나라에서 득신을 죽이고 나자 진문공이 기뻐했다고 합니다. 천하가 평정되지 않았는데 지혜롭고 계책이 있는 선비를 죽였으니 어찌 애석하다 아니 하겠습니까!" 장완이 인용한 고사는 춘추시대 초성왕楚成王이 성복싸움[20)]에서 패한 성득신에게 책임을 물어 그를 죽이자 성복싸움에서 이기긴 했지만 성득신의 능력을 두려워하던 진문공晉文公이 크게 기뻐했다는 사실[21)]을 말한다.

제갈량이 눈물을 흘리며 말했다. "손무孫武[22)]가 천하무적이 된 까닭은 법을 엄하고 분명하게 집행했기 때문이오. 현재 천하는 사분오열돼 있소. 전쟁이 언제 끝날지 모르오. 만약 기율과 법을 준수하지 못하고 명령과 금지 사항마저

18) 자세한 내용은 이중텐 지음, 홍순도 옮김, 『삼국지강의』 2, 2012, 김영사, 317p. 이하 참조.

19) 제갈량이 죽은 뒤 그를 이어 촉의 승상이 된 사람.

20) BC 632년에 성복이라는 곳에서 벌어진 楚와 晉의 싸움. 이 싸움에서 이긴 晉文公이 천하의 霸者가 되었다.

21) 城濮大戰이라는 이 유명한 싸움의 경과에 대한 얘기는 김구용 완역, 『열국지』 제2권, 1981, 어문각, 268p. 이하 참조.

22) 손자병법의 저자인 유명한 장군이자 병법가.

지켜지지 않는다면 우리는 무엇에 의지해 적을 이기겠소?"

제갈량은 자신에게도 엄격한 처분을 내렸다. 마속을 기용한 책임을 지고 '스스로 3등급 강등'의 처분을 자청하고 그 요구가 받아들여져 우장군으로 강등되었다.[23] 진심을 가지고 솔선수범(앞장서서 모범을 보이다)하는 법치주의자의 면모가 잘 드러난다.

제갈량의 이런저런 조치들이 거짓으로 꾸미는 정치가로서의 행동이 아니었나 의심할 수도 있겠지만 그의 성실하고 진실한 인품이라든지 그 사건 전후의 행적으로 미루어 보면 그런 의심이 들지 않는다. 당시나 후세에도 그렇게 의심하는 비평가는 없다.

승리를 목전에 두고도 전·후방 부대 사이의 교대 기한 3개월이 되자 승리를 포기하고 약속대로 부대 교체를 단행하라고 명령하니 군사들이 감동하여 스스로 교대를 연기하고 나가 싸워 승리를 쟁취한 일[24]도 그의 준법을 보여주는 이야기의 하나이다.

법치의 요체는 공정하고 엄격한 법의 집행에 있다. 어떤

23) 이중텐 지음, 홍순도 옮김, 『삼국지강의』 2, 2012, 김영사, 325p. ; 김경한, 『삼국지』 제9권, 2012, 동랑커뮤니케이션즈, 104p.

24) 황석영 옮김, 『삼국지』, 제9권, 2003, 창작과비평사, 101, 112, 113pp.

신하가 제갈량에게 충고했다. 요임금과 순임금은 형벌을 가볍게 하고 덕으로 통치를 했는데 당신은 너무 형을 엄격하게 집행하지 않는가 라는 내용이었다. 제갈량은 "그때는 태평성대였으므로 그렇게 하는 것이 맞지만 지금은 혼란이 극에 달한 시대이고 서촉西蜀은 그동안 통치자가 너무 유약했었으니 이제 엄한 형벌로 엄격하게 법을 세우지 않으면 나라를 다스릴 수 없다." 라고 대답하였다.[25)]

시대에 따라서는 엄격한 법집행이 나라를 살리는 길임에도 불구하고 만연히 고대의 태평성대를 기준으로 현재를 논란하는 것은 실용주의 정신에 맞지 않는다. 이런 말을 하는 사람은 대개 허명지사虛名之士일 때가 많다. 우리나라와 미국의 법집행의 엄격성을 비교해보면 바로 알 수 있는 일이다.

(다) 왕맹王猛

중국의 오호십육국五胡十六國 시대(서기 304년부터 439년까지 135년간) 전진前秦의 왕 부견符堅이 왕맹을 발탁하여 재상을 삼아 부국강병을 이룩한 이야기는 이미 제1편 제2장 제5절

25) 이 대화의 내용은 내가 분명히 책에서 보았는데 어디서 보았는지 아직 전거를 찾지 못하였다.

(다) ❹ 부분에서 말했거니와 왕맹은 철저한 법치주의자였다.

부견이 왕맹을 발탁한 뒤 시험 삼아 그를 말썽 많은 곳의 현령으로 보냈다. 부정을 저지른 그곳의 관리를 왕맹이 사형시키자 호족豪族(큰 세력을 가진 민간인)들이 그를 고발하여 그가 부견 앞에 끌려왔다. 부견이 "정치라는 것은 무엇보다도 덕화를 우선시키지 않으면 안 된다. 부임한 지 얼마 되지 않아서 많은 사람을 죽이다니, 아무리 그렇더라도 좀 심하지 않은가?" 라고 말했다.

왕맹이 대답했다. "신은 평화스러운 나라를 다스리는 데는 예로써 하고, 혼란한 나라를 다스리는 데는 법으로써 한다고 듣고 있습니다. 폐하께서는 신의 비재非才(재주 없음)를 돌보지 않으시고 가장 어려운 현의 장관에 임명하셨습니다. 그렇지만 기강紀綱의 숙정肅正은 이제 막 착수되었을 따름입니다. 신이 하는 방법이 아직 미근하다고 말씀하신다면 달게 꾸지람을 받겠습니다만, 너무 심하다는 지금의 말씀은 받들 수가 없습니다." 부견은 이 대답을 훌륭하게 여겼다. 스스로 "현덕26)이 공명27)을 만난 것과 같다." 고 말

26) 제1편 제2장 각주 77) 참조.
27) 제1편 제2장 각주 78) 참조.

하고 1년에 다섯 번이나 벼슬을 올려주었다.

황후의 동생 장덕이라는 중신이 술을 마시고 난폭한 짓을 하여 백성들로부터 지탄을 받자 왕맹은 그를 주살誅殺(죄를 물어 죽이다)하고 이어 권세를 믿고 무법한 짓을 하는 자들을 계속 처단하여 '몇십 일 사이 귀척강호貴戚强豪(임금의 인척이 되는 대신과 세력이 강한 사람)로서 주살된 자가' 20여 명이라는 단호한 조치를 해치웠다. (중략) 그는 죄 없는 자는 절대로 벌하지 않고 재능이 없는 자는 임용하지 않았다. 그리하여 후진국이던 전진은 급속히 강국으로 변모하였다.[28)]

"평화스러운 나라를 다스리는 데는 예로써 하고, 혼란한 나라를 다스리는 데는 법으로써 한다."는 왕맹의 말은 상앙이나 제갈량의 말과 다를 바 없다.

제3절 보편타당성普遍妥當性

법의 내용이 시대에 맞고 보편타당성이 있어야 한다. 앞

28) 제1편 제2장 각주 79) 참조.

에서 언급한 상앙의 법 자체는 지금의 시각에서 보면 매우 가혹하고 잔인하기까지 하다. 지금 시대에 이를 본받는다면 말이 되지 않는다. 하지만 중국 변방의 미개한 국가의 국민을 통합해서 부강한 나라로 발전시키고자 했던 그 시대의 관점에서 본다면 그 합리성을 나름 이해할 수 있다. 그러나 인권의 존중을 최고의 가치로 삼고 있는 현대에는 이 시대의 보편적 가치기준에 맞는 내용이라야만 법이 국민의 동의와 신뢰를 얻어 국민 통합의 기능을 제대로 해낼 수 있다.

제4절 국민의 자발적 통합

법치주의는 법으로 국민을 통합시키고자 하는 원칙이다.

전 세계 각지에서 몰려 온 이민들로 구성된 나라인 미국인들을 하나로 통합시키는 끈은 미국의 법이다. 그 통합의 끈은 혈연도 아니고, 동일한 전통과 풍속과 종교도 아니다. 그런 요소들도 통합에 기여는 하지만 결정적인 힘은 아니다. 그들을 통합하는 결정적인 힘은 법에서 나온다.

나는 이러한 사실을 미국을 여행하면서 다시 확인할 수 있었다. 잠깐 그때를 돌아본다.

나는 2006년 8월 헌법재판관의 직에서 정년퇴직한 직후 미국 대학에 가 몇 달 있는 동안 미국 남북전쟁의 최대 격전지라고 하는 게티스버그를 구경삼아 다녀 온 일이 있었다. 과연 그곳은 최대의 회전會戰이 벌어질 만한 지형적 조건을 구비하고 있었다. 끝없이 넓은 평원에 많은 구릉과 계곡이 널려 있고 무성한 관목의 숲이 도처에 산재하여 남북 양군, 도합 15만여의 병력이 3일간에 걸쳐 포위와 돌파, 우회와 차단, 포격과 돌격, 기습과 역습을 반복하면서 일진일퇴를 사방에서 거듭할 만한 전쟁터임을 쉽게 알아볼 수 있었다. 두 시간 반에 걸쳐 전쟁터 곳곳을 둘러보는 버스여행이 끝날 무렵 버스 안의 스피커에서는 링컨대통령의 저 유명한 게티스버그 연설이 흘러나오기 시작하였다.

2분여 정도의 아주 짧은 연설이 '국민의, 국민에 의한, 국민을 위한 정부'라는 유명한 대목에 이르렀을 때 내 마음속에 문득 한 가지 의문이 떠올랐다.

그러한 정부는 과연 어디에서 나올 수 있는가? 하는 의문이었다. 조금 생각해 보니 대답은 분명한 것이었다. 그러한 정부는 누가 거저 갖다 주는 것이 아니라, 'from the people', 즉 '국민으로부터' 나오는 것이 아니겠는가? 너무나 당연해서 링컨은 'from the people'이라는 말을 할 필요가 없었다.

나는 계속 생각을 이어갔다. 국민은 어떻게 그러한 정부를 만들 수 있는가? 국민은 하나하나의 개인으로 분리되어 존재하는 한 그러한 정부를 만들어낼 힘이 없지 않은가. 국민이 하나로 단결할 때 비로소 그와 같은 정부를 만들 힘을 가질 수 있는 것이 아닌가.

그렇다면 국민은 무슨 수단에 의하여 스스로를 단결시킬 수 있는가? 그것은 바로 법法이었다. 법은 국민이 스스로를 자발적으로 단결시킬 수 있는 유일한 수단이다.

법치주의는 국민을 하나로 통합시킨다. 앞에서 본 것처럼 국가의 혼란을 극복하는 방법에는 몇 가지 수단이 있지만 그 중에서 가장 효과적이고 지속적인 방법이 법에 의하는 일이라고 하였다. 법에 의하여 혼란이 극복될 때 국민은 하나로 통합되고 그 통합된 힘에 의하여 지속적으로 안정을 유지하면서 발전할 수 있게 된다.

제5절 법치法治와 부국책富國策

관중은 부국강병富國强兵으로 유명하고, 상앙은 법치法治로 유명하고, 제갈량은 병법兵法으로 유명하다. 그러나 사실은 세 사람 모두 법치를 통해서 부국강병을 실현한 사람이었다. 다만, 후세 사람들이 그 강조점을 각기 달리함에 따라 그 유명해진 부분 또한 다르게 되었을 뿐이다.

그들은 모두 법치와 부국강병책을 동시에 추진하였다. 강병强兵의 문제는 이 책에서는 언급이 적당치 않아 그만 두고 여기서는 관중과 상앙의 부국책富國策만 간단히 살펴본다. 제갈량에 대하여는 그의 부국책에 대한 사서史書의 언급을 아직 찾지 못하여 생략한다.

관중은 제齊나라의 산과 바다를 이용하여 제철製鐵과 제염製鹽 산업을 크게 일으키고 이를 국가의 전매사업으로 운영하여 거대한 부富를 축적하였고 농업과 상업, 공업을 균등하게 장려하였다.[29]

그는 사통팔달四通八達로 교통이 편리한 제나라 수도에 천하의 상인商人들이 모여들어 교역을 하도록 장려하였다. 그들의 편의와 위락慰樂을 위하여 숙박시설을 잘 차리고 아름다운 가기歌妓 300명을 두어 공연을 하게 하였다. 놀라운 일이다.[30]

관중은 법가의 시조라고 불린다. 그런데 일부 사람들은 법가는 오로지 군주의 이익만을 도모하고 귀족이나 백성의 이익은 도외시한다고 주장한다. 그런 사례가 없다고는 할

29) 김필수 외 3인 옮김, 『管子』, 2007, 소나무, 제72편 해왕 등 참조.
30) 김구용 완역, 『열국지』 제1권, 1981, 어문각, 262p. 참조.

수 없다. 그러나 관중은 결코 그렇게 하지 아니하였다.

'관자管子'(관중의 사상과 사적이 기록된 책) 목민편牧民篇은 이렇게 말한다

"창고가 가득 차면 예절을 알게 되고, 입고 먹는 것이 족하면 영욕을 알게 된다." 무슨 말인가?

경제문제가 치국의 근본이라는 것이다. 가난한 사람들은 다스릴 수 없다. 먹고 사는 것이 문제일 때 다른 이야기를 들을 겨를이 없다. 위정자의 기본은 최소한 백성을 잘 먹고 잘 살게 하는 것이다. 이 사고는 사순四順으로 이어진다.

"백성이란 근심과 고생을 싫어하니, 나는 그들을 즐겁게 해줘야 한다. 백성들이란 가난과 비천함을 싫어하니, 나는 그들을 뷰유하고 귀하게 해줘야 한다. 백성들이란 위험에 떨어지는 것을 싫어하니, 나는 그들을 안전하게 보존해야 한다. 백성들이란 자신이 죽고 후대가 끊어지는 것을 싫어하니, 나는 그들이 수명을 누리고 후대를 잇도록 화육해야 한다."[31]

관중은 이런 생각을 가지고 정치를 해서 실제로 제나라는 당시 그 군사가 가장 강력하고(그러나 관중이 당시 육성하

31) 공원국 지음, 『춘추전국이야기』 최초의 경제학자 관중, 2015, 역사의아침, 231p. ; 김필수 외 옮김, 『관자』, 2007, 소나무, 30~33pp.

여 보유한 제나라의 병력은 3만 명에 불과했다고 한다), 그 백성이 가장 부유하며, 그 문화가 가장 발달한 나라가 되었다. 어찌 이런 사람을 가리켜 오로지 군주의 이익만을 위해 힘쓰는 법가라고 할 수 있겠는가.

관중의 부국책은 시장市場을 중시하고 시장의 자율을 존중하며 백성의 복지를 중시하는 정책이었다.

「세금은 백분의 일만 거두고, 고아와 어린아이에게는 형을 가하지 않고, 물고기를 잡고 나무를 베는 일은 시기를 맞추어 행했으며, 관문에서는 물건을 보이게만 하고 세금을 물리지 않으며, 시장에서도 등록만 하게 할 뿐 세금을 물리지 않고, 가까운 자에게는 믿음과 충성을 보이고, 멀리 있는 이에게는 예와 의를 보여주었다. 이렇게 몇 년을 하니 백성들이 제나라로 물밀듯이 밀려왔다.」[32)]

관중은 또 국제무역을 중시하고 세금을 내리고 물가의 자율적 조절에 유의하였다.

---

32) 공원국 지음, 『춘추전국이야기』 1, 2015, 역사의아침, 370p. 管子 覇形.

「제후국의 상인들을 위한 객사客舍(나그네가 묵을 수 있는 객지의 숙소)를 만드는데, 수레 한 대를 가진 상인은 식사를 제공하고, 세 대를 가진 상인은 목초도 주고, 다섯 대를 거느린 상인은 역졸 다섯을 붙여주었다.

제나라의 어염(물고기와 소금)을 동래에서 유통시키고 관문을 통과하는 물품은 검사하기만 하고 세금을 걷지 않아서 제후들이 이익을 얻도록 했다. 제후들은 크게 칭찬했다.[33)]

이렇게 하여 천하의 상인들이 물밀 듯이 제나라로 들어왔다.[34)]

제나라는 비옥한 산동평원을 개발하여 부유한 나라가 되었다. 제나라의 곡식, 물고기, 소금은 제나라 패권의 중요한 축이었다. 이는 제나라의 자원들이 움직이는 것을 막지 말라는 것이다. 'made in Che'는 제나라의 힘이다. 곡가를 높이 지불하여 인접국의 곡물이나 자원을 끌어오든지, 인접국이 제나라의 소금을 쓰게 해서 무역 방면에서 제나라에 종속되게 하든지 하는 온갖 방안들이 나온다. 자유무역을 통해 결국 경제적으로 중국이라는 시장을 만드는 데 관중이 결정적 역할을 했다.」[35)]

33) 國語 齊語.
34) 공원국의 앞 책, 300p. 관자 輕重乙.
35) 공원국의 앞 책, 301p.

한편 상앙은 서쪽 변방의 내륙에 위치한 진秦나라의 지리地理를 고려하여 먼저 주周나라 식의 정전제井田制를 없애고 논밭의 구획정리를 하였다. 위수의 강가에 널려있는 황무지를 대대적으로 개간하고 여기에 주민을 이주시켜 농사를 짓게 함으로써 농업을 장려하고 부富를 축적하였다.[36] 성년이 된 남자는 모두 분가分家하도록 하여 노동력을 확대, 증가시키고 조세의 부과 대상을 늘렸다.

두 사람 모두 자기 나라의 지리에 적합한 산업을 장려, 육성하였다. 강병의 기초가 되는 든든한 재력財力의 확보에 노력을 기울여 성공하였다.

짐작컨대 제갈량도 서촉 익주지역의 옥야천리沃野千里(기름진 들판이 천리에 걸쳐 뻗쳐 있다) 라는 평야를 이용하여 대대적인 농업 장려책을 써서 여섯 번이나 위나라에 출격하는데 필요한 재정을 확보했을 것이다.

그들 세 사람은 모두 법치의 기반 위에서 그런 부국책을 시행할 수 있었다.

예를 든다면 상앙이 이룩한 국부와 강병의 이익은 고스란히 진秦나라의 국민들에게 돌아갔다.

36) 상앙은 "이익은 땅에서 나온다."(利出於地) 라고 말했다. 상앙 지음, 우재호 옮김, 『상군서』, 2005, 소명출판, 40p.

상앙의 법치는 강국이민强國利民이 목표였다. 이민利民, 즉 백성의 이익을 위한 것이었다. 〈변경에서 얻는 이익은 모두 병사들에게 돌아가도록 하고, 시장에서 농산물의 높은 가격으로 얻는 이익은 모두 농민들에게 돌아가도록 하며, 무공武功에 근거하여 작위를 주고 관직에 임명하며, 군사의 일을 멈추고 농사를 지을 때는 국가에 바치는 식량에 근거해서 작위를 주고 관직에 임명하며, 전쟁에 나가서는 작위가 있는 적의 머리를 하나 베는 자는 작위 1급을 상으로 주고 1경의 농지를 보태어 주며 9묘의 택지를 보태어 주는 등 전공에 따라 이익을 줌으로써〉 공정 · 평등公正 · 平等하게 국민에게 이익이 돌아가도록 하였다.[37] 법에 따라 부국과 강병을 이룩하면서 다시 그 이룩된 부국과 강병의 이익이 국민에게 고스란히 돌아가게 법으로 보장하였다.[38]

관중과 상앙은 법치를 활용하여 자기 나라가 처한 조건에 적합한 산업정책으로 부국富國을 이룩하는 데 성공하였다.

이에 반하여 박정희 전 대통령은 경공업에 치중하자는 당시의 세론世論을 물리치고 중화학공업重化學工業을 집중적으로 육성하면서 수출산업輸出産業을 일으키고 무역확대정책

37) 앞 주의 책 34~35pp.
38) 앞 주의 책 34~35pp.

貿易擴大政策을 시행하여 부국을 이룩하는 데 성공하였다. 이것은 우리나라의 당시 여건과는 맞지 않는 일이었다. 우리의 여건을 뛰어넘는 대담한 안목과 결단이었으니 관중과 상앙과는 또다른 조치를 하여 성공한 셈이었다.

사람들은 부국과 강병의 중요성은 인식하면서도 그것의 기초가 법치에 있음을 자칫 못보고 넘어가기 쉬운데 앞에 말한 여러 사람은 이미 이 이치를 알고 있었다.

법치와 부국강병책을 함께 추진하기, 이것이 국가를 흥성케 하는 길이다.

법치와 부국과 강병은 삼위일체三位一體로 서로 함께 결합되어 있다. 상앙은 이렇게 말한다. "치자필강治者必强하고 치자필부治者必富하다." 즉, 잘 다스려지는 나라는 반드시 강하고 잘 다스려지는 나라는 반드시 부유하다.[39] 여기서의 치治는 법치法治임은 물론이다. 근세의 영국과 현대의 미국이 그 예이다.

한 가지 주의할 점은 법치를 하지 않는 독재정권 아래에서도 부국富國과 강병强兵이 달성될 수는 있다는 점이다. 멀리 갈 필요도 없이 히틀러의 나치 독일을 보면 된다. 나치

39) 앞 주의 책 32p.

는 부국과 강병을 이루었지만 그것은 국민의 부富나 국민의 병兵이 아니었다. 그 국부國富와 그 강병强兵은 전체 국민을 위한 부富나 병兵이 아니라 나치스 당과 그 지도자들을 위한 부富요, 병兵이었다. 오늘의 북한도 마찬가지이다. 그 국부國富와 그 강병强兵은 북한 주민을 위한 부富나 병兵이 아니라 북한노동당과 그 지배자들을 위한 부富나 병兵이다. 하기는 이들의 부富와 병兵은 법치에 의하여 이룩된 것이 아니라 지배자의 소위 '말씀과 지도'로 이루어졌다는 것이니 그렇게 생각하면 국민과 주민에게 돌아갈 것이 없다고도 생각되겠다.

이에 반하여 상앙이 이룩한 국부와 강병의 이익은 고스란히 진秦나라의 국민들에게 돌아갔다. 이미 앞에서 본 바와 같다. 제나라도 마찬가지이다. 제나라는 당시 중국에서 가장 부유하고 가장 문화가 발달한 나라가 되었다.

부국과 강병의 이익이 국민에게 돌아가도록 보장하는 것이 법치이고 법치가 있어야 국민이 국부와 강병을 위하여 스스로 헌신하게 된다. 이것이 바로 법치·부국·강병이 삼위일체로 함께 나가는 모습이다.

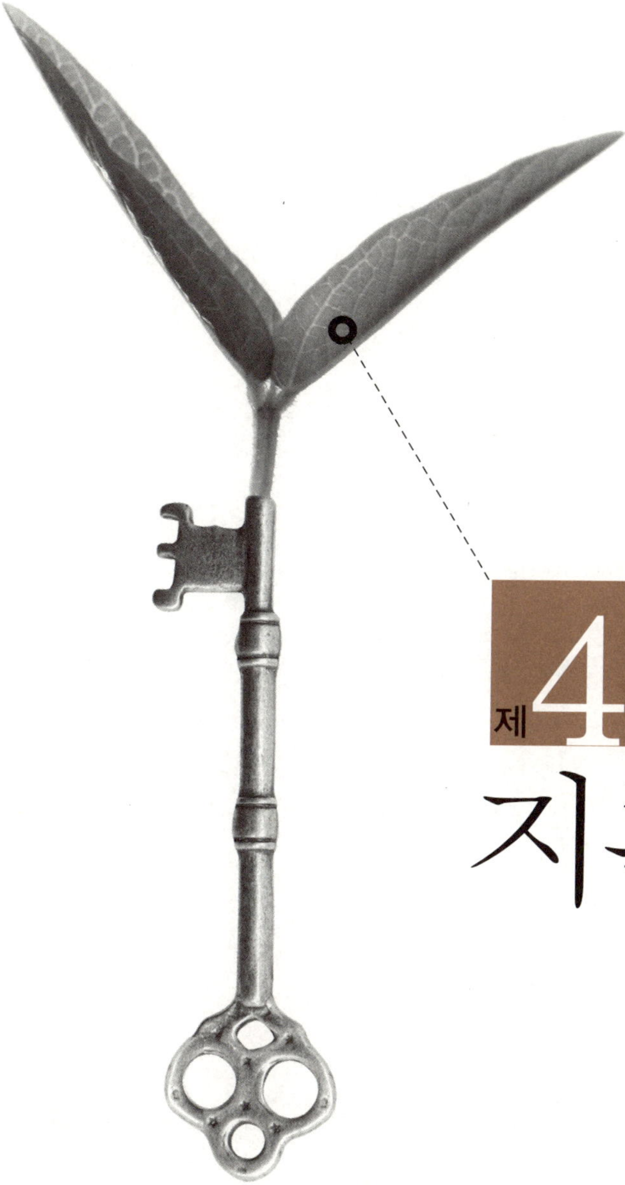

제 4 편

지론 地論

흥망유수 興亡有數

제1장

수도론首都論

제1절 집합集合과 분산分散

국가의 흥망과 관계되는 지리의 문제를 살펴본다. 그렇다고 무슨 풍수지리나 명당론을 얘기할 의도는 아니다. 네 가지, 즉 하나는 수도의 위치와 국가의 흥망, 둘째는 국경과 국가의 방어문제, 셋째는 바다와 국가의 흥망, 넷째는 다른 나라와의 동맹, 이런 문제들을 검토한다.

국가의 중요한 기능이 수도에서 행하여진다. 사람과 물자, 그리고 문화의 이합집산離合集散이 수도를 중심으로 이루어지므로 교통이 편리해야 한다. 근처에 강이 있으면 좋다. 교통과 식수, 용수 문제 해결에 유리하기 때문이다. 바다에 접한 나라라면 바다에서 가까운 곳이 좋다. 해운海運의 이점이 있기 때문이다.

우리나라의 경우 한강을 끼고 있는 서울, 대동강을 끼고 있는 평양, 예성강을 끼고 있는 개성 등이 그렇다. 런던, 파리, 로마, 워싱턴 D.C., 모스크바, 레닌그라드(페트로그라드), 남경도 마찬가지이다. 이것이 첫째 유의사항이다.

수도라고 해서 국가의 중요기능이 이 곳 한군데에 모두 몰려 있을 필요는 없다. 적당한 규모의 여러 도시에 이런 저런 기능이 분산되어 있어도 좋다. 국가의 균형발전 측면에서도 그렇고 국가의 안전보장 측면에서도 그렇다. 이것이 둘째 유의사항이다.

그렇다고 해서 행정부의 여러 부처를 이곳저곳으로 나누어 배치하는 것은 옳지 않다. 정부 각 기관 상호 간의 유기적 연결을 끊기 때문이다. 분산이 필요하다면 정치, 산업, 학문, 예술 등의 분야별로 분산함이 바람직하다. 정치와의 유기적 연결의 정도를 고려하여야 한다.

예컨대 국회와 대법원이 한 도시에 함께 있어야 할 유기적 관계는 없고, 교육이나 연구를 총괄하는 교육부라고 해서 대학이나 연구소와 함께 한 도시에 있어야 할 필요도 없다. 이렇게 본다면 현재 우리나라의 정부 각 부처를 여러 도시에 분산한 조치는 이미 지나간 일이지만 바람직한 일이 아니었다.

제2절 수도首都의 방어

(가) 흥망과의 관계

수도라고 해서 외적의 침입으로부터 방어가 유리한 곳에 꼭 있어야 할 필요는 없다.

수도가 적에게 함락되면 국민의 사기가 떨어지고 많은 경우에 국가의 멸망으로 이어지기도 한다. 수도의 방어에 전력을 기울여 난공불락의 요새처럼 만들어 놓았어도 오히려 그런 수도가 함락되면 그것이 곧바로 국가의 멸망으로 직결되는 예도 허다하다. 함곡관과 동관을 요새로 삼아 난공불락難攻不落(적의 공격이 어려워 적에게 뺏기지 않는다) 이었다는 중국 진秦나라의 수도 함양성咸陽城이 유방劉邦에게 함락되면서 바로 진나라는 멸망하였다. 수도 평양성平壤城이 당唐나라에게 함락되자 고구려는 멸망하였다.

그러나 수도의 함락이 국가의 멸망과 직결되는 경우는 그 멸망의 원인이 사실은 이미 다른 곳에서 형성되어 곪아 터진 것이고 수도의 함락은 단지 그 결말의 상징에 불과한 경우가 많다.

수도가 적에게 떨어져도 국가가 존립을 유지하고 이윽고 다시 적을 물리쳐 광복光復(빼앗긴 나라를 다시 찾다)하는 경우는 너무도 많다. 나폴레옹에게 모스크바를 점령당했지만 러시아는 망하지 않았다. 홍건적紅巾賊[1]에게 수도 개경(지금의 개성)이 함락되었어도 고려는 망하지 아니하였다. 안동安東까지 피난했던 공민왕恭愍王[2]이 다시 수도를 회복하면서 고려는 그 생명을 유지하였다.

임진왜란 때 조선은 수도 한양을 잃고 왕이 의주義州(오늘날의 신의주)까지 피난 갔다가 다시 수도로 돌아왔다.

6.25 사변 때 서울을 북한군과 중공군에게 두 차례나 점령당하였어도 대한민국은 망하지 아니하였다.

그런가 하면 제2차 세계대전 때 소련의 스탈린은 모스크바를 전력으로 사수死守하여 독일군을 물리치고 전쟁의 승기를 잡았다. 수도를 사수하여 성공한 사례라고 하겠다. 그러나 사실 이때의 독일군은 독·소 국경으로부터 이미 수천킬로미터를 돌진하여 온 터라[3] 그야말로 강노지말强弩之

1) 중국 元나라 말에 일어난 반란군. 고려에 두 차례 침입했다. 개경이 함락된 것은 제2차 침입 때로 서기 1361년의 일이다.

2) 고려 제31대 왕. 생몰 서기 1330년~1374년.

3) 오늘날에도 독일의 수도 베를린으로부터 러시아의 수도 모스크바까지 육로상의 거리는 약 1,800킬로미터가 좀 넘는다고 한다. 제2차 세계대전 당시 독일점령하의 폴란드 지역으로부터 돌진을 시작한 독일 탱크부대가 모스크바 근교에 이르기까지 실제로 전장을 누빈 총연장거리는 어마어마한 거리에 달한다.

末[4]에 해당하는 기진맥진의 상태에 있었고 무서운 추위까지 겹쳐 독일군의 패전은 이미 피하기 어려운 상황이었다. 아무리 독일군이 용맹하고 지휘관들이 우수했다 하여도 이런 상황에서는 그 결말은 뻔하다고 보아야 한다.[5] 설사 소련이 모스크바를 상실했다 하여도 당시의 상황을 종합해보면 소련은 결코 멸망하지는 않았으리라 나는 추측한다. 마치 러시아가 나폴레옹에게 모스크바를 점령당하고도 패망하지 않았듯이 말이다. 그러므로 수도의 위치와 시설에 관하여 전술상의 방어 측면을 고려는 해야 하지만 너무 여기에만 매달릴 일은 아니다.

(나) 수도이전首都移轉 문제와 헌법재판憲法裁判

10년 전 노무현 전 대통령 때 우리나라에서는 수도를 이전하는 것과 관련하여 두 차례 헌법재판이 있었다. 첫 번째는 신행정수도의 건설을 위한 특별조치법 위헌확인사

4) 아무리 강한 화살이라도 멀리 날아가면 끝에 가서는 힘이 약해져 노나라의 얇은 비단폭도 뚫지 못한다(强弩之末 力不能入魯縞)는 뜻으로 漢書 韓安國傳에 나온다.

5) 스탈린의 유명한 모스크바 死守 작전 지휘는 어느 정도는 勝者의 입장으로부터 과장되었을 것이다. 모스크바 공방전의 자세한 경과에 대하여는 앤드루 나고르스키 지음, 차병직 옮김, 『세계사 최대의 전투 모스크바 공방전』, 2011, 까치 참조.

건[6]으로 속칭 임시행정수도법 사건이었고 두 번째는 신행정수도 후속대책을 위한 연기·공주지역 행정중심복합도시 건설을 위한 특별법 위헌확인사건[7]으로 속칭 행복도시사건이었다.

임시행정수도법사건에서는 나도 참여한 다수의견에 따라 위헌결정이 나왔고 행복도시사건에서는 다수의견으로 각하결정이 내려졌지만 나는 소수의견으로 위헌의견을 제시했다. 첫 사건은 헌법개정이 필요한지 여부를 둘러싼 법률문제를 가지고 결판이 났고, 둘째 사건은 두 개의 법률, 즉 임시행정수도법과 행복도시법이 사실상 같은 법인지 또는 별개의 법인지에 관한 소송요건적 문제로 결론이 난 셈이었다.

두 사건 모두에서 나는 수도를 이전하려면 헌법개정절차가 있어야 하지 단순히 법률의 제정이나 개정만으로 이를 실행할 수는 없다는 논리로 일관되게 위헌을 주장하였다. 나는 두 사건에서 법률 이외의 측면에서, 즉 경제와 안보 및 사회적 관점에서 이 문제를 거론하는 일은 삼가고 순수하게 법률적 관점에서만 이 문제를 생각하려고 노력하였다. 정치적 논리로 이 재판이 논란되는 것을 원치 않았기

6) 사건번호 2004헌마554·566.
7) 사건번호 2005헌마579·763.

때문이었다.

그렇지만 법률문제를 떠나 정치적인 여러 측면에서 이 문제를 검토한다고 하더라도 그런 방식으로 수도를 이전하거나 분할하는 조치는 바람직하지 않다고 그때나 지금이나 동일하게 생각하고 있다. 도시가 가진 여러 가지 기능을 여러 도시에 분산시키는 조치는 필요에 따라 얼마든지 가능한 일이지만 국가의 정부 각 부처와 기관을 그 유기적 상관관계를 고려하지 않고 산술적으로 나누는 것은 불합리하기 때문이다.

또 하나, 북한의 남침南侵 우려 때문에 우리의 수도 서울을 더 남쪽으로 옮겨야 한다는 의론도 한때 있었고 이런 의론이 정부의 기능을 옮기거나 분산시키려고 시도한 한 원인이 되었는지도 모르지만 앞에서 살펴본 것처럼 이것은 현명한 일이 못 된다. 국가의 흥망의 원인은 다른 데 있지 결코 수도의 위치나 시설 문제에 있지는 않기 때문이다.

길지吉地에 수도를 정했다고 해서 나라가 흥성하는 것도 아니고 위험한 곳에 서울을 두었다고 해서 나라가 망하는 것도 아니다. 국가의 흥망과 수도의 안전은 위기에 대한 국민의 각성覺醒과 그 위기에 대처하는 국민의 의기투합意氣投合(마음과 뜻이 시원스레 하나로 합쳐지다)한 협동[8)]에 달려 있기 때문이다.

(다) 밀우密友와 유유紐由의 이야기

동천왕東川王[9] 때 고구려는 수도 환도성을 중국 삼국시대의 위魏나라의 관구검毌丘儉[10]에게 한때 점령당하였다. 그래도 남옥저南沃沮(오늘날의 함흥 남쪽 일대)로 피난했던 왕이 적군을 물리치고 수도를 회복하면서 고구려는 건재하였다. 그 전쟁의 경과를 살펴보면 열국지列國志에 나오는 것 못지않은 극적이고 비장한 얘기도 나온다.

위魏나라의 유주자사幽州刺史 관구검이 고구려를 침공했을 때 초전初戰에서는 동천왕이 대승하였다. 그러나 이 승리에 자만해진 동천왕은 적을 얕본 나머지 이어진 전투에서 크게 패하고 겨우 목숨을 건져 도주하였다. 적의 추격이 워낙 급하여 죽령竹嶺이라는 곳에 이르러서는 군사가 모두 흩어져 위기에 처하였다. 이때 장군 밀우密友가 결사대를 조직하여 목숨을 걸고 싸워 왕이 겨우 피신할 수 있었다. 그러나 적의 집요한 추격이 계속되어 남옥저에 이르러 더 이상 버틸 수 없게 되었다. 이때 장군 유유紐由가 "형세가 매

8) 의기투합의 협동을 아사비야라고 부르는 점에 대하여는 뒤의 제7편 제1장 '아사비야' 부분 참조.
9) 고구려 제11대 왕(재위 서기 227년~248년).
10) 소설 삼국지에도 등장하는 위나라 장군.

우 위급하나 이대로 죽을 수는 없습니다. 신臣이 어리석으나마 계책이 있습니다. 청컨대 거짓 항복하러 가서 예물로 음식을 바치며 위나라 군사들을 위로하는 척 하다가 틈을 엿봐 적의 장수를 찔러 죽이겠습니다. 만일 신의 계책이 성공한다면 이때 왕께서 공격하여 승부를 결정하십시오." 라고 건의했다. 왕이 허락하자 유유가 위나라 군대에 들어가 거짓 항복하며 말하였다. "우리 임금이 대국에 죄를 짓고 도망하여 바닷가에 이르렀으나 몸 둘 곳이 없습니다. 장차 진지陣地 앞에 나와 항복을 청하고 장군의 처벌을 받으려 합니다. 먼저 소신小臣을 보내 변변치 않은 음식을 드려 따르는 자에게 먹이려 합니다." 위나라 장수 왕기王頎가 이 말을 듣고 항복을 받으려 하였다. 이때 유유는 앞으로 달려들어 음식 그릇에 숨겼던 칼을 뽑아 위나라 장수의 가슴을 찌르고 그와 함께 죽었다. 이 순간 위나라 군대가 놀라 크게 혼란스러워졌다. 이 틈을 타 동천왕은 군사를 세 길로 나누어 갑자기 공격하였다. 위나라 군이 혼란해져 진陣을 정비하지 못하고 패하여 마침내 낙랑 일대로부터 물러갔다. 왕이 수도로 돌아와 밀우와 유유의 공로를 첫째로 삼아 밀우에게 거곡과 청목곡을 식읍으로 하사하고 유유에게는 벼슬을 추증하여 구사자九使者로 삼았다.[11]

11) 김부식 지음, 정구복 외 4인 번역, 『역주 삼국사기』 2, 2012, 한국

왕과 그 부하들의 의기투합한 헌신이 나라를 구한 것이다.

유유의 활약은 중국 전국시대 오吳나라 자객 전제專諸가 생선요리의 뱃속에 숨겨 가져간 비수로 오왕 왕료王僚를 척살刺殺한 사건만큼이나 극적이고, 연燕나라의 자객 형가荊軻가 진시황秦始皇에게 항복 문서로 바치는 지도 속에 감추어 둔 비수로 그를 살해하려다 미수에 그친 비장한 사건과도 유사하다.[12)]

학중앙연구원, 765p. ; 상고사학회 편저, 正譯本 三國史記 列傳編, 2010, 고대사, 140p.

12) 김구용 완역, 『열국지』 제4권, 1982, 어문각, 123p. 및 제5권, 1981, 436p. 이하 참조.

제2장

국경론國境論

제1절 국경의 기능

(가) 강江

국경선이라고 하면 흔히 우리가 볼 수 있는 것은 강江이다. 또 산맥, 바다, 사막도 국경선의 역할을 하는 경우도 많다.

그 중 어느 것이 국경선으로 가장 탁월한가. 결론부터 말한다면 바다가 가장 탁월한 국경선이다.

옛날 로마는 라인강과 도나우강을 국경선으로 삼았다. 우리도 압록강과 두만강을 국경선으로 삼고 있다. 그래서 강이 대단한 국경선의 역할을 하고 있는 듯하지만, 사실 알고 보면 강은 국경선의 의미가 거의 없다. 그저 땅에다 선線 하나 그어 놓은 형국이다.

(나) 바다

가장 의미가 있는 국경은 바다나 사막이다. 그러나 사막 역시 마음만 먹으면 쉽게 넘나들 수 있기 때문에 바다보다는 역할이 다소 떨어진다. 그래서 가장 의미가 있는 국경선은 바다이다.

바다는 우선 국가와 국가를 서로 나눠주는 분리기능이 탁월하다. 또 외국의 침략을 분쇄하는 전장戰場으로서도 대단히 큰 역할을 한다. 또 무역로, 약탈로, 병참선 이런 면으로도 바다는 아주 탁월한 역할을 한다.

15세기까지만 하더라도 세계 최고의 강국은 스페인이었다. 스페인은 남미南美에서 수많은 금金과 은銀을 실어왔다. 스페인이 실어가는 금, 은을 영국의 해적들이 제일 많이 약탈하였다. 말로는 해적이지만 실상은 영국의 해군이라고 할 만하다. 영국은 이런 해적들의 보물선 약탈로 엄청난 부富를 모았다. 반면에 스페인은 보물선이 약탈당하면서 재정이 굉장히 어려운 상황에 빠지게 되었다.

이처럼 바다는 무역로의 기능을 하는 한편, 약탈시장掠奪

市場으로서 해적들의 무대가 되기도 한다.

평원은 거의 분리 기능을 못한다. 유럽의 여러 나라는 대부분 평원으로 연결되어 있다. 그래서 국경은 그어져 있지만 실제로 여행을 하다 보면 여기가 국경인지 아닌지 알아보기 어려운 경우가 많다. 이처럼 평원은 분리 기능을 제대로 하지 못한다. 분리 기능의 역할을 제대로 하는 국경은 바다-사막-산맥, 이 순서라고 하겠다.

또 하나 국경의 중요한 역할 중 하나가 전장戰場으로서의 기능이다. 고전적인 전쟁의 개념으로 보면 전장은 양쪽 군대가 서로 모여서 회전會戰을 할 수 있는 곳이어야 한다. 또 보급이 잘 이루어져야 한다. 그런데 회전과 보급 측면을 고려할 때 가장 전장으로서 유리한 곳은 평원이다. 그러나 평원에서의 회전은 민간인 희생이 엄청나게 많다. 반면에 바다라는 전장은 어떤가. 양쪽 군대가 서로 모여서 회전을 하기에는 더없이 좋다. 선박을 이용한 보급에도 특별한 문제가 없다. 민간인 희생도 원칙으로는 없다고 보아야 한다. 그래서 전장의 기능을 생각한다면 가장 뛰어난 곳은 단연코 바다이다. 그래서 바다야말로 아까 말했듯이 가장 훌륭한 국경이 될 수 있다.

(다) 사막

또 하나, 전장의 기능으로서는 바다에 못지않은 곳이 사막이다. 사막도 양쪽 군대가 서로 모여서 회전하기에 적합하다. 기동성 있게 회전을 할 수 있는 곳이 사막이다. 보급은 바다에 비하여 곤란하다. 무엇보다 민간인 희생이 엄청나다. 부족部族이나 민족 전체가 끊겨져 없어지는, 절멸絕滅되는 경우도 허다하다. 삶의 터전에서 축출되어 먼 타향으로 이주하기도 한다. 흉노족이나 돌궐족이 한나라 그리고 당나라와의 전쟁에 저서 유럽 쪽으로 민족 자체가 대이동까지 한 사례를 보라. 민간인 희생이 엄청나게 크다는 측면에서 볼 때 사막은 전장으로서는 바다보다 적당하지가 않다. 결정적으로 취약한 것은 분리 기능이다. 사막에 설정되는 국경선은 항상 가변적이다. 수시로 무시되고 유린된다. 국경선으로서는 분리 기능이 너무 떨어진다.

(라) 산맥

산맥은 분리 기능은 탁월하지만 다른 면, 즉 전장이나 무역로 등으로는 적당치가 않다. 산맥은 오르고 내리기가 너무 어렵기 때문에 공격하는 쪽도 어렵고 지키는 쪽도 힘이 든다. 그래서 산맥이 국경으로 설정되어 있다고 하더라도 그 산맥을 우회해서 전투나 교통, 무역 등이 이루어진다. 숲은 어떤가. 숲은 국경선으로서의 기능이 거의 없다. 강도 마찬가지이다.

(마) 바다의 장점

결론적으로 말해서 바다가 가장 탁월한 국경이다. 단적인 실례實例로 바다로 둘러싸인 두 나라, 즉 영국과 일본을 보라. 섬나라여서 무역을 하기도 좋고 다른 나라의 침략을 방어하기도 좋고 다른 나라를 쳐들어가기도 좋다. 유럽대륙을 석권한 나폴레옹, 히틀러 모두 영국 침공에 실패했고, 아시아와 유럽을 거의 다 정복한 징기스칸의 원제국元帝國도 일본을 침공하지 못했다. 영국은 아프리카, 중동, 인도, 북미대륙을 식민지로 삼거나 예속시켰고, 일본은 조선과 중국, 동남아시아를 침략했다. 영국은 전 세계의 바다를 안방처럼 드나들면서 무역과 약탈로 부富를 축적했다. 그러면서도 자기네 나라는 오랜 세월 외국의 침략에 정복됨이 없이 독립과 부강을 유지해 왔는데 이는 과장해서 말하면 바로 바다의 덕택이다.

네덜란드는 어떤가. 비록 섬나라는 아니지만 막강한 해양세력으로서 바다를 누비면서 부강을 자랑하여 왔다. 중근세시대의 도시국가 베네치아 공화국도 마찬가지였다. 중국 북방에 있는 여러 민족 중에 우리 민족만이 중국에 흡수되지 않고 그래도 독립을 유지할 수 있었던 데에는 삼면이 바다로 둘러쌓인 덕분도 있었다고 말한다면 지나친 말일까.

바다를 지배하는 자가 세계를 지배한다는 말이 있다. 오늘의 미국을 보라.

삼면이 바다에 접한 우리나라의 경우에는 국민과 지도자 모두가 이 점을 깊이 생각하는 것이 사는 길이요, 흥성하는 길이며 그렇지 않으면 쇠퇴하고 망하게 된다.

제2절 국경國境과 방어선防禦線

(가) 국경의 요새화要塞化

외적의 침략을 막지 못하면 나라는 망한다. 쳐들어오는 외적을 맞아 처음 교전하는 곳은 국경선 일대이다. 그래서 국경에 군사를 배치하고 국경을 요새화한다.

국경의 요새가 과연 외적의 침략을 막아 줄 수 있는가. 방어에 도움은 줄 수 있긴 하지만 큰 도움은 되지 않는다. 적의 진격속도를 늦추는 데 기여하는 정도라고나 할까. 큰 도움이 안 된다면 이것에 전적으로 의지할 수는 없다.

고구려의 천리장성千里長城과 중국의 만리장성萬里長城, 프랑스의 마지노선線을 생각하면 알 수 있다.

고구려의 천리장성은 연개소문 때 당나라의 침략을 막기 위해 동북쪽의 부여성으로부터 서남쪽의 발해만의 비사성(지금의 대련)까지 1,000리에 걸쳐 16년 동안에 쌓은 성이다.[1)]

만리장성은 인류 최대의 토목공사라고 불리며 중국 역대 왕조들이 북방민족의 침입을 막기 위해서 세운 방어용 성벽이다. 총연장이 2,700킬로미터이며 동쪽 산해관에서부터 서쪽 가곡관까지 뻗어 있다. 진시황 때 북쪽의 흉노를 견제하기 위해 기존의 성벽을 연결하고 증축하였으며 이후 여러 차례 수축되었다.

고구려의 천리장성은 당나라의 침략을 막지 못했다.

만리장성이 중국을 지켜주었는가. 기습이나 우회로 장성을 돌파하는 것이 가능하므로 북방의 흉노, 돌궐, 몽고, 여진 등의 유목민족으로부터 중국을 보호하지 못했다. 오늘날에는 화약의 발달에 의한 대규모 폭격이나 비행기를 사용한 후방으로의 대규모 공중침투가 가능하므로 엄청난 국력을 기울여 만든 이런 요새나 장벽이 무용지물(아무 소용이

---

1) 네이버 지식백과 참조.

없는 물건)이 되고 말았다.

마지노선은 제2차 세계대전 때 독일군의 침략을 막지 못했다. 이 점은 뒤에서 더 설명한다.

라인강과 도나우강으로 이루어진 로마제국의 국경선은 게르만족의 침입을 막지 못했고, 알프스산맥도 골(Gaul)족의 로마 침입을 막지 못했다.

압록강과 두만강도 한족漢族, 몽고족, 거란족, 여진족 등의 침입을 제대로 막지 못했다.

압록강, 두만강은 충분한 방어선이 되지 못한다. 우선 갈수기渴水期에는 이 두 개의 강은, 특히 두만강은 수량이 많지 않아 조금 과장한다면 동네 시냇물과 비슷하다. 그러니까 조선시대는 물론 그 이전에도 여진족과 조선족이 빈번하게 왕래, 교역을 하였고 또 수없이 충돌하여 많은 전투를 치를 수밖에 없었다. 이것은 그 자체로는 충분한 방어선이 될 수 없다.

남북한 사이의 현재의 휴전선은 방어선이 될 수 있는가. 제1차 세계대전이 끝나고 난 뒤 프랑스가 독일을 경계해서 마지노선이라는 엄청난 시설물을 만들었지만 이 마지노선은 방어선 역할을 해주지 못하였다.

휴전선도 마찬가지다. 소규모 충돌 시에는 방어선으로

기능하지만 미리 계획한 대규모의 본격적 전쟁 시에는 아마도 방어선 기능을 못하지 않을까 생각한다. 지상의 요새는 단지 시간을 지연시키는 효과밖에 없다.

믿을 수 있는 것은 무엇인가. 첫째, 우리 스스로의 힘, 즉 법치로 이루어진 자강自强과 둘째, 신뢰와 호혜로 연결된 동맹, 이 둘만이 우리를 지켜줄 수 있다. 이 점에 대하여는 뒤에 다시 설명한다.

(나) 마지노(Maginot)선線

프랑스는 제1차 세계대전의 경험을 통하여 독일군의 전차공격을 효율적으로 방어하기 위해서는 국경을 따라서 긴 요새선을 만들 필요가 있다고 생각하였다. 이에 북서부 벨기에 국경에서 남동부 스위스 국경에 이르는 총연장 약 750킬로미터의 요새를 만들었다. 이것이 유명한 마지노(Maginot)선이다. 1927년에 착수하여 10년 뒤인 1936년에 완성하였는데 총공사비는 160억 프랑이나 들었다. 당대 최고의 축성기술이 총동원되었으며 주거지역-보급품 창고-방어선을 연결하는 지하철과 도로망까지 갖출 정도로 매우 발전된 형태였다. 하지만 1940년 5월 독일 전차군단이 마지노선의 서쪽 끝과 벨기에 사이의 아르텐느 삼림고원森林高原을 돌파하여 프랑스 전방부대의 뒤를 돌아 대서양 해안

쪽으로 돌진해서 영불연합군을 포위하자 프랑스 최고의 요새는 무용지물로 전락하고 말았다.[2)]

마지노선이 완공되었을 때 프랑스인들은 마지노선을 방패로 삼아 필승을 자신했다. 총사령관 가믈랭 장군조차도 1940년 2월에 다음과 같이 큰소리칠 정도였다. "만일 독일이 우리를 공략하는 호의好意를 보인다면 프랑스는 독일에 10억 프랑을 주겠다."

그러나 1940년 5월, '너무나 어이없는, 현대 전쟁사에서 결코 일어날 수 없는' 사건이 벌어지고 말았다. 제1차 세계대전에서 독일군은 4년 동안이나 프랑스 방어선을 돌파하기 위해서 갖은 수단을 동원했지만 결국 실패했다. 하지만 이번에는 단 4일 만에 스당[3)] 돌파에 성공했다. 독일군 전차들은 거의 아무런 저지 없이 프랑스군의 후방을 통과해 대서양 해안까지 일사천리一瀉千里(거침없이 빨리 진행되다)로 진격했고 연합군의 북익北翼을 거대한 포위망에 가두어버렸다. 총 6주 만에 전역戰役이 종결된 것이다.

강력한 군사력을 가진 패권국가覇權國家가 이토록 빠르고 무자비하게 붕괴된 예는 없었다. 세계를 좌지우지하던 패권국가 중 하나인 프랑스가 단 6주를 못 넘기고 그대로 국

2) 칼 하인츠 지음, 진중근 옮김, 『전격전의 전설』, 2007, 일조각 및 네이버 지식백과 참조.

3) 프랑스 동북부의 뫼즈강 연안에 있는 독일과의 국경 근처 도시.

제무대에서 사라지고 말았다.[4)]

원래가 국경 자체는 적을 격파하는 전장이 대부분 되지 못한다. 오히려 국경을 벗어난 지역으로 적을 유도하여 섬멸하는 경우가 허다하다. 왜냐? 국경 자체는 아군이나 적에게 너무 잘 알려진 지역이고 그곳에 설치된 요새나 장벽 역시 서로가 너무도 잘 알고 있기 때문에 우발적인 전투가 아닌, 계획된 침략전쟁의 경우에는 우회迂廻든 기습奇襲이든 교묘한 책략으로 이를 돌파하거나 고립시켜 버리기 때문이다.

강이나 산, 사막 등에 설치된 국경은 충분한 안전보장책이 되지 못한다. 아무리 크고 깊은 강이라 하더라도 마찬가지이고 제아무리 천하의 험요처에 설치된 장성長城이나 요새라도 마찬가지이다.

월등히 우세한 외적이 쳐들어올 경우에는 초기에 국경 인근에서 직접 맞받아치면서 결전을 벌이는 것은 망하는 길이다.

천천히 적을 내지內地 깊숙이 끌어들여 아군에게 유리한 전장까지 유인하여야 한다. 그러면서 길게 늘어진 적의 보

4) 앞의 각주 2)의 책, 『전격전의 전설』, 30p.

급로를 수시로 계속하여 끊어야 한다. 그리하여 적을 지치고 굶주리게 하여야 한다. 그리고 결정적 시기를 택하여 적을 섬멸해야 한다.

이것은 적진아퇴敵進我退, 적퇴아박敵退我迫, 적주아요敵駐我搖, 적피아타敵疲我打 하는 소위 모택동毛澤東의 16자字 전술戰術과 같다.

(다) 을지문덕乙支文德

수양제隋煬帝가 서기 612년 110만의 대군을 이끌고 고구려를 침공하자 을지문덕乙支文德 장군은 수나라 군대를 멀리 평양성 근처까지 유인한 뒤 식량이 떨어져 후퇴하는 수군隋軍을 살수薩水(지금의 청천강)에서 전멸시켰다. 당시에 수隋나라 수군水軍 역시 내호아來護兒 장군의 인솔로 바다를 건너와 대동강으로 진입해서 평양성에 육박함으로써 요동을 건너온 육군과 수륙水陸 양면 공격을 시도했다. 당연히 시도할 법한 작전이었다. 그러나 내호아가 평양성 밑의 나성까지 쳐들어왔다가 영양왕의 동생 고건무가 이끄는 결사대의 매복에 걸려 겨우 목숨을 건지고 패퇴하여 철수해버렸다.

을지문덕은 수나라가 멀리서 원정을 왔기 때문에 보급에 문제가 있고 따라서 속전속결速戰速決(신속히 싸워 빨리 결판을 내는 것)을 원한다는 것을 잘 알고 있었다. 그는 압록강까지 쳐들어온 수군 진영을 찾아가 거짓 항복을 하면서 적정을 살피고 돌아오기도 하고 곳곳의 험요처에서 기회가 있을 때마다 수군을 공격했다가 물러나기를 반복하여 그들의 진군 속도를 늦추고 피로하게 만들었다. 한편 그들의 진로상에 있는 모든 식량과 양초(말이나 소의 먹이가 되는 풀)를 치워버리는 소위 청야전술淸野戰術(들판을 깨끗이 치워버리는 전술)로 수군隋軍이 현지에서 식량을 징발할 수 없도록 하였다. 그렇게 해서 수나라로 하여금 30만의 별동대를 편성하여 100일분의 식량만을 가지고(그나마 그 식량마저 병사들이 진군進軍 도중에 힘들고 지친 나머지 많은 양을 땅에 묻거나 버렸다고 한다) 압록강을 건너 밤낮으로 말을 달려 평양성을 직접 급습하는 무리한 작전을 택하게 하였다. 을지문덕은 그들을 더욱 지치게 하기 위해서 자주 싸움을 걸고는 그 때마다 거짓으로 패배한 척 달아나곤 하였다. 한 번은 하루 동안에 일곱 번을 싸워 일곱 번을 져주기도 하였다. 그렇게 해서 평양성 30리 밖까지 추격해온 수나라군대의 사령관 우중문于仲文에게 을지문덕 장군이 시詩를 보내기도 했다. 소위 여수장우중문시與隋將于仲文詩라는 것인데 이 시를 보면 을지문덕 장군이 적의 대장을 손바닥 위에 올려놓고 시종始終 데리고 놀았음을 알 수 있다.

신책구천문 神策究天文(신과 같은 계책, 천문을 꿰뚫었고)
묘산궁지리 妙算窮地理(기묘한 작전, 땅의 이치 다 알았네)
전승공기고 戰勝功旣高(전투에 이겨 공이 이미 높으니)
지족원운지 知足願云止(만족함을 알아서 그만 그치고 돌아가기를 바라노라)

을지문덕이 다시 사자를 보내 거짓 항복을 하자 우중문은 이를 받아들인다고 명분을 세운 뒤 철군을 시작했다. 수군이 살수薩水에 이르러 강을 반쯤 건넜을 때 을지문덕이 이를 공격해 적장 우둔위장군 신세웅辛世雄을 죽였다. 이에 수군이 한꺼번에 허물어져 걷잡을 수 없이 달아나 하루 낮 하루 밤 사이에 450리를 달려 압록강에 이르렀다. 처음에 요하를 건너 요동성을 지나 출발할 때 수군이 30만 5,000명이었는데 요동성에 돌아갔을 때는 겨우 2,700명뿐이었다.

"고구려는 중원의 대국으로서 스스로를 보전하였을 뿐만 아니라 적군을 거의 섬멸하였으니 이는 을지문덕 한 사람의 힘이었다. 전하는 말에 따르면 '군자가 있지 않으면 어찌 나라가 있으리오.' 라고 하였는데 참으로 믿음이 가는 말이다." 라고 김부식[5]은 찬탄하였다.[6]

5) 고려 문종 때 정치가 겸 학자(1075~1151). 三國史記의 저자.
6) 정구복 외 4인 번역, 『역주 삼국사기』 2, 2012, 한국학중앙연구원, 743p. ; 상고사학회 편저, 정역본 삼국사기 열전편, 2010, 고대사,

담략과 지혜가 초인超人의 경지에 이른, 동서고금에 드문 위대한 영웅이었다.

(라) 고구려의 평양성 함락

이러한 을지문덕 장군의 작전과 당나라의 침략으로 멸망할 당시의 고구려의 대응작전을 비교하면 참으로 유감스러운 점이 많다.

우선 첫째로 당나라의 보급선補給線을 차단하기 위한 작전이 눈에 띄지 않는다. 이것은 결정적인 실수다.

둘째로 당나라의 수군水軍을 격파하고 요동遼東이나 중국의 산해관山海關 쪽으로 병력을 침투시켜 적의 후방을 교란하는 작전이 필요했는데 이것 역시 눈에 띄지 않는다. 아마도 수군水軍 병력이 미약했기 때문인 듯한데 그렇다면 평시에 강력한 수군을 양성하지 못한 전략의 잘못이 결정적인 패인이라고 하겠다.

셋째는 평양성에서의 농성을 피하고 옛 부여夫餘의 땅이나 옥저沃沮의 땅으로 후퇴하였다가 다시 회복할 기회를 노렸어야 한다. 적진아퇴敵進我退했어야 한다. 세불리勢不利하면 주위상책走爲上策[7]이고 후일을 기약해야 한다. 일찍이 위魏

91p. 이하 참조.

나라의 관구검毌丘儉이 대군을 이끌고 고구려에 침입했을 때(서기 244년)도 고구려의 동천왕東川王은 세불리勢不利하자 수도 환도성丸都城을 포기하고 남옥저南沃沮로 피신했다가 후에 그들을 물리치고 국토를 회복한 일이 있었지 않은가. 대조영大祚榮[8]이 고구려 멸망 후 30년 만에 발해渤海를 건국하여 고구려의 옛 땅 대부분을 회복한 것을 보면 충분히 가능한 일이었다.

넷째는 평양성의 포위를 풀어 구원해줄 외부의 병력이나 동맹국이 전혀 없었다는 점이다.

물론 고구려로서는 수나라 및 당나라와의 연이은 장기간의 전쟁으로 국력이 피폐해져 있었고 내분까지 겹쳐 있었다. 한편 당나라는 오호십육국五胡十六國과 남북조시대南北朝時代에 걸친 350여 년간의 대혼란을 극복하고 새로이 중국을 통일한 뒤라 뛰어난 인재들이 즐비하고 욱일승천旭日昇天(아침 해가 하늘로 떠오르다)의 기세로 발전하는 당시 세계 최강의 나라였다. 이런 점이 전쟁 승패에 한 원인이 되었겠지

7) 三十六計中 走爲上策, 즉 여러 가지 계책 중 필요하다면 우선 달아났다가 뒤에 다시 기회를 보아 승리를 도모하는 것이 좋다 라는 뜻이다.

8) 고구려 유민으로 발해의 시조(재위 서기 699~719). 서기 668년 고구려 멸망 후 고구려 유민과 말갈인들을 모아 699년 발해를 건국했다.

만 앞에서 말한 전략상의 과오도 참으로 가슴 아픈 일이다. 약한 나라가 강한 나라를 물리친 예는 역사에 너무도 많지 않던가. 인구 100만 명 정도의 만주 여진족이 인구 1억 명이 넘는 명나라를 정복하고 중국에 청나라를 세운 역사를 보라. 을지문덕과 같은 지혜로운 지도자가 전쟁을 지휘했다면 어떻게 됐을까.

한 가지 교훈은 국경선이나 수도의 방어에 목을 매면 전쟁에서 패하고 나라는 망하기 쉽다는 사실이다.

제3장

바다의 효용

제1절 해양력이 역사에 미치는 영향

미국의 알프레드 세이어 마한(Alfred Thayer Mahan)이 쓴 '해양력이 역사에 미치는 영향'이라는 책이 있다. 미서전쟁美西戰爭(미국과 스페인 사이의 전쟁)[1]이 일어나기 전 미국의 해군성 차관을 지냈고 그 뒤에 제26대 대통령까지 역임한 시어도어 루스벨트는 1890년 5월 21일에 저자 마한에게 이렇게 편지를 써 보냈다. "지난 2일간 저는 정말 바쁜 와중에도 귀하의 책을 읽는 데 시간의 반을 소비했습니다. …… 저는 쉬지 않고 읽었습니다. …… 아주 훌륭하고 경탄할 만

1) 1898년 쿠바 문제로 미국과 스페인 사이에 벌어진 전쟁. 미국의 승리로 쿠바와 필리핀이 미국의 지배에 들어갔다.

한 책입니다. 만일 이 책이 해군의 고전古典이 되지 않는다면 큰 실수라고 생각합니다."[2)]

이 책에 의하면 제해권制海權을 쥔 나라가 세계를 지배한다. 필리핀이 미국 식민지가 된 것이 1898년인데 미국과 스페인 간 전쟁에서 미국이 이겨 스페인이 그 식민지인 필리핀을 미국에게 할양했다. 아마도 미국이 필리핀을 식민지로 삼은 데에는 이 책의 영향도 작용하지 않았을까. 필리핀을 미국이 차지한 조치는 이후 미국이 태평양의 제해권을 차지하는 데 결정적인 기여를 했다.

제2절 칼레해전과 트라팔가해전

국경선이 효과적인 방어전장防禦戰場 노릇을 하는 곳이 바다이다. 바다를 건너 침략해오는 외적外敵 또는 바다로 나온 외적은 지키는 쪽에 유능한 해군과 훌륭한 지도자만 있으면 해군에 의해 격멸되거나 아니면 그 보급로가 차단되어 철수할 수밖에 없다. 스페인의 무적함대(Armada)를 격파하여 영국이 점령당하는 사태를 막고 영국으로 하여금 세계의 제해권을 장악케 한 칼레해전(서기 1588년), 나폴레옹

2) 알프레드 세이어 마한 지음, 김주식 옮김, 『海洋力이 역사에 미치는 영향』 2, 2010, 책세상, 892p.

의 영국침공을 막아 그를 좌절시킨 넬슨 제독의 트라팔가 해전(서기 1805년) 등이 이에 속한다.

제3절 한산도해전과 명량해전

임진왜란 때 두 달 만에 조선을 거의 점령하여[3] 선조가 피난해 있던 압록강 옆의 의주義州 가까이까지 육박했던 일본군이 더 이상 진군을 주저했던 것은 육로를 통한 병력과 식량의 운송이 불안정하고 위태로웠던 것도 그 한 원인이었다. 그들은 원래 수륙병진水陸竝進(수군과 육군이 함께 전진한다)으로 보급문제를 해결한다는 전략을 가지고 있었다.

일본은 조선을 침략하면서 육군은 부산으로 상륙해서 서울을 향해 진군하고, 수군은 남쪽바다를 돌아서 서해로 올라가는 계획을 가지고 있었다. 그런데 이와 같은 일본의 수륙병진 계획이 한산도해전閑山島海戰에서 그 수군이 이순신 장군에게 패함으로써 깨져버렸다.

이 전투로 이순신 장군이 제해권을 쥐면서 일본은 모든 보급을 부산을 통해서 밖에 할 수가 없었다. 그러나 부산

3) 서기 1592년 음력 4월 13일(양력 5월 23일) 왜군이 부산에 상륙했고 한양을 떠난 선조는 같은 해 음력 6월 22일(양력 7월 30일) 압록강 옆의 의주까지 피난하였다.

으로부터 평양까지 육상의 보급로가 길어지면서 수시로 보급로가 끊기게 되었다. 의병들의 공격 때문이었다.

또 우리나라는 일본과 달리 평야가 많지 않고, 대부분 산지山地이므로 식량의 현지 조달이 대단히 어렵다. 결국 일본에서 식량을 실어 와야 한다. 보급이 서해를 통해서 평양으로 올라가야 하는데 그것이 한산도에서 끊어진 것이다.

서애西厓 류성룡柳成龍은 '징비록懲毖錄'에서 한산도해전에 관하여 이렇게 썼다. "적군은 본디 수군과 육군이 합세하여 서쪽으로 내려오고자 하였던 것인데, 순신舜臣의 이 한 번 싸움에 드디어 적군의 한쪽 세력이 꺾였다. 우리나라에서도 전라, 충청, 황해도와 평안도 연해 일대를 보전함으로써 군량을 보급시키고 조정의 호령이 전달되어서 나라의 중흥을 이룰 수 있게 되었다. 이 모두 이순신李舜臣의 한 번 싸움에 이긴 공이었으니, 아아, 이것이 어찌 하늘의 도움이 아니겠는가(오호嗚呼 기비천재豈非天哉)."[4)]

오호 기비천재嗚呼 豈非天哉라는 환호가 가슴에 절절하게 울려온다.

이어서 명량해전도 마찬가지이다. 정유재란에 즈음하여

4) 송복 지음, 『위대한 만남』, 2008, 지식마당, 262p.

이순신 장군이 모략을 받아 물러나 있음을 기화로 일본은 원균의 수군을 칠천량에서 대파한 뒤 명량으로 몰려왔다. 서해바다로의 북상을 시도한 작전이다. 그런데 이 곳에서 다시 이순신 장군에게 패하였다.

울돌목의 좁은 해협에서 빠른 조류의 힘을 이용하여 이순신 장군이 13척의 배로 130여 척의 일본 함대를 대파한 기적 같은 승리였다. 이것이 일본의 수륙병진 계획을 파탄시킨 아주 결정적인 두 번째의 해전이었다. 이로 인하여 해로海路에 의한 병력과 물자의 수송이 불가능해지고 육로를 통한 보급선補給線마저 의병義兵 등에게 위협을 받자 일본은 침략을 단념하고 철군할 수밖에 없었다.

이처럼 바다가 국가안보에 미치는 영향은 결정적인 것이다.

제4절 살라미스해전

고대 그리스와 페르시아 사이의 전쟁에서도 해전이 결정적인 승패의 분기점이 되었다.

아테네까지를 크세르크세스 황제의 페르시아 지상군에 점령당하여 멸망 직전에 처했던 그리스의 도시국가들은 데미스토클레스 지휘하의 그리스 연합함대가 페르시아 해군을 살라미스해전(BC 480년)에서 섬멸함으로써 살아났다. 이것도 바다가 나라를 구해낸 한 사례이다.

페르시아 함대는 약 800척의 대형 갤리선으로 이루어져 있었고, 그리스 연합함대는 약 370척의 소형 갤리선으로 구성되어 있었다. 병력 면에서는 페르시아 측이 압도적으로 우세했으나 페르시아의 함선은 덩치가 큰 반면에 속도가 느렸고 좁은 해협에 밀집되어 있어서 기동이 쉽지 않았지만 그리스 함선은 소형이고 속도가 빨라 기동 면에서 훨씬 우세했다.

그리스 해군은 함선의 빠른 돌격으로 적의 배를 충격하여 침몰시키거나 상대의 배 위로 올라타 육탄전을 벌였다. 페르시아 함선 300여 척이 침몰되었고, 반면 그리스는 불과 40여 척의 함선을 잃었다. 세계 4대 해전의 하나로 꼽히는 대규모 해전이었고 그리스의 완벽한 승리였다.

이 해전에서 페르시아함대가 당연히 승리할 것으로 예상하고 살라미스만이 저 아래로 훤히 내려다보이는 산 위에서 황금의자에 앉아 해상전투를 지켜보던 크세르크세스는 자기 함대의 파멸을 목격하고는 서둘러 본국으로 철수해 버렸다.[5)]

5) 전투 시작의 경위에 대하여는 앞의 제2편 제2장 제2절 (라) '데미스토클레스와 아리스테이데스' 참조.

제5절 미드웨이해전

제2차 세계대전 때 태평양의 제해권을 미국에 안긴 것이 1942년에 벌어진 미드웨이해전이다. 그 당시까지는 태평양 서부지역과 인도양까지 일본 해군이 휩쓸고 다녔다. 영국 해군은 일찍이 태평양과 인도양에서 축출되었다. 미국 해군은 진주만을 기습당한 후유증에서 아직 벗어나지 못한 상태여서 태평양 서쪽 반 정도를 완전히 일본 해군이 지배하고 있었다.

그러나 엄청난 산업 잠재력을 가진 미국이 조만간 일본에 위협이 될 것을 염려한 일본은 미국의 태평양 해군 세력을 완전히 무력화無力化하려는 목적으로 미드웨이해전을 계획했다. 미 해군이 지배하는 미드웨이라는 조그만 산호섬을 일본이 공격하여 점령하면 틀림없이 하와이에 남아있는 미국 해군의 항공모함들이 미드웨이를 되찾기 위해서 달려올 터인데, 이를 숨어 기다리다가 요격하여 격파한다는 계획이 일본의 야마모토 이소로쿠 해군대장[6]의 생각이었다.

그런데 그 당시 미국 해군 정보본부에서는 그들이 개발한 통신암호 해독기술로 일본 해군의 무선통신을 감청하여

---

6) 일본 연합함대 사령관이자 진주만 공습계획의 기초자이고 미드웨이 작전의 입안자.

일본의 작전계획을 미리 알아내고 이를 태평양함대 사령관 니미츠 대장에게 보고하였다.

그래서 니미츠 대장은 하와이에 남아있던 미국 항공모함 3척을 미리 미드웨이로 보냈다. 그들은 일본함대의 진군 예상항로 근처에서 몰래 대기하고 있다가 접근해오는 일본 항공모함 4척을 기습하여 전부 격침시켰다. 미군은 항공모함 1척만 손상을 입었다.

이렇게 해서 그 막강했던 일본의 태평양 함대가 결정적인 타격을 받았고 이후 태평양의 제해권은 미국으로 넘어가기 시작했다. 이것이 미드웨이해전이다.[7)]

미드웨이해전에서 일본이 진 이유 중 하나는 미군의 기습 때문이었는데 미국이 그런 기습을 할 수 있었던 힘은 정보기술의 우월에서 나왔다.

당시 일본 제1항공함대사령장관 나구모 주이치 중장은 미국 항공모함들이 근처에 와 있다는 사실을 모르고는 미드웨이 섬을 일차 공습한 뒤 자기네 항모에 돌아온 폭격기와 전투기에 미드웨이의 나머지 비행장과 항공기들을 재차 폭파하기 위한 지상地上 투하용投下用 폭탄을 신도록 명령하

7) 미드웨이해전의 상세한 경과에 대하여는 마크 힐리 지음, 김홍래 옮김, 『미드웨이 1942』, 2008, 플래닛미디어 참조.

였다. 그런데 뒤늦게 미국 항공모함이 근처에 있다는 사실을 알고는 부랴부랴 폭격기에 실었던 지상 투하용 폭탄을 항공모함 공격용 어뢰로 바꾸라고 명령했다. 폭탄을 바꾸기 위해서는 갑판에 있는 항공기들을 격납고로 옮겨서 폭탄을 교체해야 하는데 여기에는 상당한 시간이 필요하다. 폭탄 교체를 마친 최초의 폭격기가 막 뜨려는 순간 미군 폭격기들이 일본 함대의 상공에 도착해서 폭격을 시작했다.

일본 항공모함 갑판에 있던 폭격기, 전투기들은 하나도 뜨지 못하고 전부 폭파되었고, 일본은 함재기와 우수한 조종사들을 모두 잃고 말았다. 전투 한 번 제대로 못하고 일본은 함재기뿐 아니라 항공모함 4척 모두를 잃고 말았다.

이 해전의 승리는 제2차 세계대전에서 중요한 분수령이 되었다. 암호를 미리 해독하지 못해 미국의 항공모함들이 미드웨이에서 격침되었다면 아시아에서 제2차 세계대전은 더욱 장기화되고 복잡한 양상으로 흘러갔을 것이다.

유럽에서도 대륙을 파죽지세破竹之勢(대나무를 내리 쪼개듯 힘차고 빠른 기세)로 석권하던 나치스 독일이 대서양과 북해 그리고 지중해에서 영국과 미국에 의하여 제해권을 완전히 상실하면서 전세가 기울기 시작하여 결국 패망하고 말았다.

이처럼 바다라는 전장은 국가안보를 위해서는 결정적인 중요성을 가진다.

제6절 우리나라

바다를 국경으로 하고 있는 나라는 바다로 적을 유인하여 격파함으로써 위기를 극복하고 결국 승리한 일이 허다하다. 바다가 안전을 보장한 것이다. 다만, 유능한 지휘관과 해군을 보유하고 있을 때에만 그렇다.

그렇다면 삼면이 바다로 둘러싸인 우리나라로서는 유능한 해군과 탁월한 지휘관을 가져야 나라를 지켜 흥성할 수 있고, 해군이 무력하고 지휘관이 무능하면 나라는 적에게 짓밟히고 만다.

제4장

동맹론同盟論 Ⅰ

제1절 동맹의 중요성

(가) 합종책合縱策과 연형책連衡策

국가의 흥망은 누구와 어떻게 동맹을 맺느냐에 크게 좌우된다. 특히 전쟁이 벌어지는 경우에는 더욱 그렇다. 이것은 약소국만 그런 것이 아니고 강대국도 마찬가지다. 강대국도 동맹을 잘못 맺으면 원하지 않는 때, 원하지 않는 곳에서, 원하지 않는 전쟁에 말려들어 큰 피해를 보거나, 나라가 기울어지거나, 심하면 멸망하는 화를 입는다. 명明나라는 임진왜란에 조선을 원조하여 참전하면서 막대한 군비를 지출하고[1] 기울어지기 시작했다. 약소국은 말할 것도 없다.

동맹의 유명한 사례들을 우선 살펴본다.

중국 역사를 보면 중국을 최초로 통일한 황제가 진시황秦始皇이다. 원래 진秦나라는 중국의 서쪽 변방에 위치한 작은 미개 국가였다. 진秦이 상앙[2]의 부국강병책을 써서 힘을 기르고 강력해지는 것에 위협을 느낀 다른 여러 제후국들은 어떻게 해야 진나라의 위협에서 벗어날 수 있는지 항상 걱정했다. 그때 소진蘇秦[3]이 진나라에 대항하기 위해서는 합종책合縱策[4]을 써야 한다고 주장했다. 서쪽에 있는 진나라에 맞서기 위해서는 그 동쪽에 있는 제齊, 연燕, 한韓, 위魏, 조趙, 초楚, 이 6국이 종縱(세로 방향)으로 동맹을 맺어 진나라에 공동으로 대항해야 살아남을 수 있다고 합종책을 제시한 것이다. 이러한 논리가 6개국 제후들의 공감을 얻어 합종의 동맹이 결성되자 소진은 6국의 재상이 되고 진나라는

1) 明의 1년 일반예산이 400만 냥 정도인데 임진왜란 때 쓴 돈이 1천만 냥이 넘었고 그 바람에 국고가 바닥이 났다고 한다. 장한식 지음, 『오랑캐 홍타이지 천하를 얻다』, 2015, 산수야, 38p.

2) 진효공의 재상이 되어 부국강병책을 시행하여 진나라의 천하통일 기초를 닦은 유명한 法家이다. 그의 법치에 대하여는 제1편 제2장 제3절 (다) 및 제3편 제2장 제2절 (가) 참조.

3) 생몰 ?~BC 317. 중국 전국시대 최초의 遊說家.

4) 세로 방향으로 서로 연합하는 방책이라는 뜻이다.

6국을 병탄倂呑(남의 땅을 자기 것으로 차지하다)할 수 없었다.

그러자 진나라의 장의張儀[5]는 합종책을 깨뜨리기 위해서 연횡책連橫策(또는 연형책連衡策이라고 불린다)[6]을 소양왕에게 제시했다. 장의는 가까운 나라들에게 진나라와 협력해야 안전하다고 하나씩 꾀어서 합종의 동맹으로부터 이탈시키고 그들과 개별적으로 평화동맹을 맺었다. 그런 다음 다시 범수范睢[7]가 원교근공책遠交近攻策을 써서 진나라로부터 멀리 떨어져 있는 제나라, 초나라 등과는 동맹을 맺고(이것이 원교遠交다) 그 뒤에는 가까운 한, 위, 조 등을 하나씩 침공하기 시작한다(이것이 근공近功이다). 이리하여 마침내 진나라는 6국을 차례로 병탄하여 천하를 통일하는 데 성공하였다.

6국은 합종의 동맹으로 생존을 유지하다가 연형의 동맹으로 결국 망하고 말았다. 진나라의 입장에서 보면 합종 때문에 6국의 병탄이 저지되었다가 연횡 때문에 다시 정복을 추진할 수 있었다. 생生과 사死, 흥興과 망亡이 동맹으로 결판이 난 것이다.

5) 진혜문왕의 재상으로 連衡策을 써서 소진의 합종책을 깨뜨리고 진나라가 동쪽으로 진출하는 길을 열었다.

6) 횡으로, 즉 가로 방향으로 동쪽에 있는 진나라와 연대하는 동맹을 한다는 뜻이다.

7) 진소양왕의 재상. 遠交近攻策으로 유명하다.

(나) 로마의 동맹시同盟市 연합

공화국 로마는 어떠했는가. 로마는 세계 역사에서 가장 큰 제국 중 하나라고 한다. 넓이로만 보면 원나라가 더 크다는 말도 있지만 문화면과 정치면에서의 유산遺産이라는 측면에서 보면 로마는 세계 최대의 제국이었다고 볼 수 있다. 그 지속기간만 봐도 엄청나다. 기원전 8세기 무렵부터 시작하여 동로마 제국이 멸망한 1453년까지 2000년 이상 생명을 유지한 제국이다.

로마가 이렇게 커진 데는 동맹을 잘 맺었던 것도 한 원인이 된다. 로마는 정복을 하면 피정복자들을 동맹국으로 삼을지, 아니면 완전히 착취하거나 아예 없애버릴 것인지를 먼저 결정하였다. 대부분의 경우 피정복자들을 동맹으로 끌어들였다. 그야말로 열린 세계정복이었다.

제2차 포에니 전쟁(BC 218년~BC 202년)[8] 때 한니발[9]은 로마군을 크게 격파하면 로마와 동맹을 맺은 이태리 반도 안의 여러 도시국가들이 로마와 맺은 동맹에서 이탈하여 로마가 고립되고 그러면 결국 로마를 굴복시킬 수 있으리

8) 로마와 카르타고 사이의 지중해 제해권을 둘러싼 전후 세 차례의 전쟁.

9) 카르타고의 장군(BC 247~BC 183). 제2차 포에니 전쟁의 영웅, 자마(Zama)전투에서 스키피오에게 패한 뒤 망명 중 자결하였다. 세계사 최고의 명장 중의 1인.

라고 생각했다. 그래서 칸나에 회전會戰(BC 216년)에서 로마군 7만을 거의 전멸시키고도 바로 로마를 공격하지 않고 방향을 돌려 다른 지방을 공략했다.

사실 당시 한니발의 막료들은 로마로 바로 진격할 것을 주장했다. 도주하는 적을 쫓아 승승장구하여 로마로 입성하기를 권고하며 그렇게 해서 닷새 후에는 의사당에서 축배를 들자고 말하였다. 그러나 로마의 붕괴는 로마 연합의 붕괴로만 실현될 수 있다고 애초부터 믿고 있던 한니발은 그러기에는 아직은 너무 이르다고 하면서 로마시市 공격 주장을 받아들이지 아니하였다. 이때 바르카라는 카르타고 사람이 한니발에게 이렇게 말했다. "승리를 거두기는 잘 하시지만, 그것을 이용은 통 못하시는군요."[10]

한니발이 이후 로마군을 다시 여러 차례 대파하여 연속하여 큰 승리를 거두었음에도 불구하고 그의 예상과 달리 로마의 동맹시同盟市 대부분이 로마와의 동맹을 계속 굳게 유지하면서 한니발군에게 대항하였다. 한니발의 전략이 완전히 빗나간 것이고 이런 전략의 착오가 종국적으로 한니발의 패전을 가져왔다.

로마와 같이 강력한 나라도 동맹에 의하여 살아남은 것

10) 박시인 역, 『플루타크 영웅전』 I, 1961, 을유문화사, 430p. ; 시오노 나나미 지음, 김석희 옮김, 『로마인 이야기』 2권 한니발 전쟁, 2011, 한길사, 202p.

이다. 로마는 그 후에도 여러 민족이나 여러 나라와의 동맹정책을 적절히 계속 유지하였고 그로 인하여 그 발전과 팽창이 계속되었다.

로마는 자기에게 충성을 하고 자기를 받아들이는 민족이나 국가에 대해서는 로마 시민권을 부여하여 로마시민과 똑같이 대우했다.

반대로 기회만 생기면 이탈할 가능성이 높다거나 장기적으로 위협이 된다거나 하는 생각이 들면 철저히 파괴하였다.

제3차 포에니전쟁이 끝난 뒤에 로마는 카르타고라고 하는 도시를 철저히 파괴하여 아예 그 흔적을 지상에서 없애버렸다고 한다(BC 146년). 건물의 기둥 하나 남기지 않고 모조리 파괴했다. 그리고 식물도 자라지 못하게 소금을 뿌렸다.

(다) 세력균형勢力均衡

여러 나라가 서로 국경을 맞대고 있는 경우에는 그들 사이에 세력균형이 이루어져야만 평화가 유지된다. 19세기까지 유럽의 여러 나라들을 보면 서로 동맹을 통해 상호견제를 하는 방법으로 세력균형을 유지하였다. A국과 C국이 손을 잡아서 세력이 강해지면 그와 균형을 맞추기 위해 B국과 D국이 손을 잡는다. 그렇게 동맹을 통해서 세력균형이 유지되면 평화가 유지된다.

그러나 동맹이 깨지고 세력균형이 무너지는 순간 유럽에서는 전쟁이 터졌다. 30년 전쟁(서기 1618년~1648년), 나폴레옹 전쟁(1797~1815), 제1차 세계대전(1914~1918), 제2차 세계대전(1939~1945) 등이 모두 세력균형이 깨지면서 일어났다. 그래서 세력균형을 위한 동맹을 맺으려고 유럽 여러 나라는 끊임없이 고심하였다.

(라) 순망치한脣亡齒寒

또 순망치한脣亡齒寒이라는 말이 있다. 입술이 없어지면 이빨이 시리다는 뜻이다. 우리나라 6.25 사변 때 중공군이 개입했는데 그때 개입 논리가 순망치한이었다. 한반도가 남한에 의하여 통일되면 그 다음에는 중국이 위협받게 되므로 그렇게 되지 않게 북한과 동맹하여 북한을 원조하고 미국에 대항하는 소위 항미원조抗美援朝의 전쟁을 해야 한다고 생각했다.

임진왜란 때도 마찬가지였다. 조선이 일본에 의하여 무너지면 다음에는 중국 자기 나라 땅에서 일본과 전쟁을 하여야 하니 그렇게 되기 전에 조선을 원조하여 조선 땅에서 일본과 전쟁을 벌이는 것이 낫다는 논리였다.

병자호란은 조선이 명明나라와 동맹을 맺었기 때문에 일어난 전쟁이었다. 청淸나라는 명나라를 치기 전에 자기 나라 배후를 안전하게 하기 위하여 조선에 여러 차례 형제지맹兄弟之盟(형제 사이와 같은 대등한 관계에서의 동맹)의 동맹을 요구해왔지만, 조선에서는 임진왜란 때 도와준 명나라의 은혜를 갚아야 한다고 생각하였고, 또 청나라를 오랑캐라고 폄하하는 생각들이 많아 청나라의 요청을 거절하였다. 이로 인하여 정묘호란이 발생했고 그 뒤에도 청나라를 계속 무시하다가 병자호란을 불러왔다. 참으로 어리석은 선택이었다. 형제지맹의 동맹에서 신하로서 충성을 다해야 하는 신하지맹臣下之盟으로 떨어졌다.

병자호란 때 수많은 사람이 굶어 죽거나 얼어 죽었다. 그리고 당시의 재상 최명길에 따르면 한강 이남에서 잡힌 포로만도 50만 명 이상이 청나라에 끌려갔다. 청나라는 부족한 노동력을 보충하고 속환금贖還金에 의한 수입 증대를 목적으로 계획적으로 포로를 잡아갔다. 전쟁 도중에는 포로를 잡지 않고 승리가 확정된 뒤에 각 부대별로 작전을 하여 잡아갔다. 포로의 속환금으로 엄청난 돈이 청나라로 넘어갔고, 조선 땅은 엉망이 되었다. 포로로 붙잡혀간 부녀자들 가운데에는 일반 서민들이나 천민들 이외에도 사대부士大夫 집안의 여자들도 많았다. 그들이 강화도로 피난을 가던 길에 갑곶 나루터에서 배를 기다리던 중 청군淸軍의 습격을 받아 그곳에서만도 부녀자를 포함한 백성 1만여 명이 포로가 되었다. 그 뒤 강화도가 함락되면서 또 많은 고관과 부녀자들이 포로가 되었다. 재상가의 부인과 며느리, 딸을 포함해서 많은 권문세가權門勢家(벼슬이 높고 권세가 있는 집안)와 양반집의 부녀자가 포로로 끌려갔다.

양반들 가운데는 속환이 되어온 부인이나 며느리를 받아들일 수 없다며 이혼을 하는 사례가 많았는데 이것이 조정에서 큰 문제가 되었다. 그래서 청나라에서 석방되어 돌아온 부녀자들은 홍제천에서 목욕을 하면 더러워졌던 몸이 깨끗해지니 이혼할 수 없다고 나라에서 조치를 했다는 웃지 못할 얘기까지 나왔다. 행실이 바르지 못한 여자를 화냥년이라고 부르는데 그 어원語源이 속환금을 내고 고향으로 돌아온 여자, 즉 환향녀還鄕女라는 데 있다고 한다.[11] 국가가 백성을 제대로 보호하지 못해서 일어난 비극인데 애꿎은 여자들이 피해를 입은 것이다. 그 당시 인구가 별로 많지도 않았는데(아마 1천만 명 내외였으리라고 한다) 50만 명 이상[12]이 청나라의 노예가 되었다는 것은 엄청난 피해가 아닐 수 없다.[13]

---

11) 주돈식 지음, 『조선인 60만 노예가 되다』, 2007, 학고재, 48, 76, 130pp. 참조.

12) 포로의 거래를 큰 돈벌이로 생각하여 계획적으로 잡아간 청나라 군대의 태도를 보건대 아마도 한 70만 정도가 끌려가지 않았을까 싶다.

13) 被虜人들의 고통과 슬픔에 대하여는 한명기 지음, 『병자호란』 제2권, 2013, 푸른역사, 282p. 이하 참조.

임진왜란의 경우는 어떠했는가. 임진왜란은 7년간 계속되었으니 얼마나 피해가 컸겠는가. 임진왜란이 일어난 초기에 청나라의 건국자 누르하치가 조선에 원군을 보내주겠다고 제의를 했지만, 여진이나 청나라를 조선은 야만족으로 우습게 보고 있었기 때문에 그 제의를 거부했다. 누르하치는 임진왜란 기간 중 2차례나 조선에 원병을 보내 일본군을 쓸어버리겠노라고 호언장담을 했다. 당시는 명과 후금의 관계가 우호적이던 때였으므로 이로써 그는 명나라 조정의 점수를 톡톡히 얻었다. 다만, 명과 조선의 반대로 누르하치 군대의 참전은 이루어지지 않았다.[14)]

임진왜란 당시 인구가 약 900만 명 정도로 추정이 되는데, 전체 인구의 20퍼센트에 해당하는 180만 명이 죽었다고 한다. 전쟁 중 겁탈을 당한 부녀자들은 또 얼마나 많았겠는가. 또 원군援軍이라고 해서 들어온 명나라 군대가 민간인들에게 입힌 피해 역시 말도 못한다. 소설가 김성한이 쓴 '임진왜란'이라는 소설에 보면 명나라군의 행패가 일본군들의 행패에 결코 못지않았다고 되어 있다. 이런 것이 전부 동맹이 무엇인지도 제대로 모르는 무능한 조정, 무능한 정치가들에 의해서 발생한 피해이다. 일본을 원망하기에 앞서 그런 사태를 일으킨 무능한 조정, 무능한 정치가들

14) 장한식 지음, 『오랑캐 홍타이지 천하를 얻다』, 2015, 산수야, 74p.

을 먼저 질타해야 하리라.

(마) 6.25 사변事變

한국전쟁이 일어난 가장 가까운 원인 중 하나는 북한, 중국, 소련이 동맹을 맺은 반면, 남한은 동맹이 없었기 때문이다. 북한이 중국과 소련의 비호를 받지 않았고, 남한이 미국과 확실한 동맹관계에 있었고 이것이 대외적으로 공표되었다면 한국전쟁은 적어도 그 시점에서는 일어나지 않았을 것이다. 미국 국무장관 애치슨이 소위 애치슨 라인을 발표하면서 한반도는 미국의 아시아 방위선 안에 들어있지 않다는 식으로 세상에 알려졌다.

딘 애치슨 국무장관(1949~1953)은 1950년 전全미국신문기자협회에서 연설하면서 소련의 스탈린과 중공의 모택동이 벌이는 공산주의 팽창정책을 저지하기 위한 태평양에서의 미국 방위선이 알류산 열도, 일본, 오키나와, 필리핀을 연결하는 선이라고 발표하였다.[15]

이것이 소위 애치슨 라인이다. 소련과 중국은 한반도에서 전쟁이 날 경우 미국이 참전하지 않을까 하는 점을 당시 제일 걱정하고 있었다. 따라서 김일성이 소련의 스탈린

15) 네이버 지식백과 참조.

과 중공의 모택동으로부터 6.25 사변, 즉 남침에 대한 승인을 받는 데 있어, 한반도가 애치슨 라인의 밖에 있다고 하는 이 점이, 상당한 영향을 주었으리라 믿어도 틀림이 없다.[16)]

북한, 중국, 소련이 동맹을 맺고 한국은 고립된 상태에서 전쟁이 날 수밖에 없었다. 전쟁의 피해가 얼마나 컸는가 하면 사상자死傷者의 숫자가 국군이 98만 7,000명, 유엔군이 15만 100명, 북한군이 92만 6,000명, 중공군이 90여 만 명이었다. 민간인 피해는 남한이 86만 명, 북한이 200만 명으로 총 인명피해가 550만 명이라고 한다.[17)] 6.25 사변은 한반도라는 좁은 지역에서 발생한 전쟁이지만 세계에서 세 번째로 큰 규모의 전쟁이었다.

나폴레옹 전쟁이 끝난 1816년부터 1965년까지 있었던 전 세계의 전쟁 50개 중에서 전쟁의 규모와 격렬도, 사망자 수에 있어서 6.25 사변은 제2차 세계대전과 제1차 세계대전

16) 소련 해체 후 1992년 옐친 러시아 대통령이 전한 스탈린과 김일성의 비밀 대화록 등 소련의 관련 공문서에 의하면 김일성이 먼저 남침을 계획하여 스탈린의 승인을 받아 전쟁을 시작한 사실이 객관적으로 확인되고 있다. 박태균 지음, 『한국전쟁』, 2012, 책과함께, 155p. 이하 참조.

17) 『한국전쟁사』 제1권 478면. 이 책은 내가 어느 강연 때 인용한 책인데 저자와 출판사 및 출판연도를 기록해 놓지 않아 지금 밝히지 못한다. 대신 보다 상세한 통계는 국가기록원의 자료인 국방군사연구소, 『한국전쟁피해통계집』 1996년판, 33, 34, 144, 145pp. 참조.

다음으로 3위를 차지한다.

좁은 땅덩어리에서 발생한 전쟁치고는 너무나 격렬했고 피해가 컸다. 이것이 한때 동맹에서 제외됐다고 알려짐으로 말미암아 벌어진 결과였으니 참으로 어처구니없는 일이 아닐 수 없다.

(바) 신뢰와 호혜의 동맹

강한 자와 약한 자가 구별되는 세계에서 약자가 살아남는 방법은 동맹을 통한 보호책밖에 없다. 이미 말한 것처럼 진나라가 중국을 통일하기 전에 진시황과 나머지 여섯 나라 제후들 간의 강약은 확실하게 나뉘어져 있었다. 진나라를 제외한 나머지 한, 위, 조, 연, 제, 초, 이런 나라들이 생명을 유지하는 길은 상호동맹밖에 없었다. 동맹이 유지되는 동안에는 여섯 나라가 안전했지만 동맹이 깨지는 순간 결국 진시황에게 병탄되었다.

청나라를 배척하고 명나라를 동맹으로 선택한 우리 조선, 얼마나 어리석은 선택이었는가. 무능하고 부패한 명의 실체를 조선이 모르고 일방적으로 맹목으로 충성하면서 만주국은 배척하는 현실에 대해서는 누르하치가 알찍이 조롱한 바 있다.[18)] "…… 요동은 본래 조선의 국토이다. 지금 명나라 사람들이 그 땅을 빼앗았는데 너희는 명나라가 원수인 것도 모르고 도리어 신하가 되어 복종하고 있구나. 진실로 기자箕子의 자손(조선을 말함)은 노예근성이 남아있나 보구나. 나는 명나라를 전혀 두려워하지 않는다. 너희가 우리와 수교하지 않겠다면 마음대로 하라."

결국 그것은 대세와 흐름을 읽을 수 있는 정보나 지식이 없었던 탓이다. 누르하치와 그의 후계자 홍타이지가 얼마나 뛰어난 인물인지에 대한 정보를 전혀 갖지 못하였다. 대세와 흐름을 읽을 줄 아는 통찰력과 인물에 대한 정보를 가지고 있어야만 나라가 피해를 입지 않는다. 정치가들은 동맹이 어떤 것인지 확고한 인식이 있어야만 되겠다.

동맹이 단순히 지배와 피지배, 수탈과 피수탈의 관계가 돼서는 오랜 기간 제대로 유지될 수 없다. 이것은 신뢰와 호혜의 관계가 되어야 한다. 약탈과 지배의 관계에서는 기회만 생기면 그 동맹으로부터 이탈하려고 하기 때문에 이것은 결코 완전한 동맹이 아니다. 지배와 피지배 관계, 수탈과 피수탈의 관계가 아닌 신뢰와 호혜의 관계가 되어야만 지속 가능한 동맹이 될 수 있다.

앞서 이야기 한 바와 같이 로마의 동맹이 바로 그렇다. 로마는 자기에게 충성을 하고 자기를 받아들이는 민족이나 국가에 대해서는 로마 시민권을 부여했다. 반대로 기회만

---

18) 장한식 지음, 『오랑캐 홍타이지 천하를 얻다』, 2015, 산수유, 410p.

생기면 이탈할 가능성이 높다거나 장기적으로 위협이 된다거나 하는 생각이 들면 철저히 파괴하였다.

제3차 포에니전쟁이 끝난 뒤에 로마는 카르타고를 완전히 파괴하여버렸다. 앞에서 말한 바 있지만 건물의 기둥하나 남기지 않고 모조리 파괴했다. 그리고 식물도 자라지 못하게 소금을 뿌렸다. 이것이 로마였다.

그러나 로마를 받아들인 피정복민들에게는 시민권을 부여해서 로마시민과 똑같이 대우를 했다. 나중에 피정복민들 중에서 로마 황제가 나오기도 했다. 게르만족 중에서도 로마 황제가 나왔다. 스페인 사람도 로마의 시민이었다. 로마의 유명한 황제 트라야누스, 하드리아누스 등 로마 전성기의 황제 둘 다 스페인 사람이었다. 이태리 사람이 아니었다. 이렇게 열린 관계가 돼야만 동맹은 유지될 수 있다.

(사) 조공朝貢의 실상實狀

조선이 중국에게 과거에 조공朝貢(종속국이 종주국에게 때를 맞추어 예물을 바치는 일)을 많이 했다. 조공을 하면 그에 못지않은 상당한 양의 물자가 하사품이란 명목으로 왔다. 이것은 일종의 무역이었다고 볼 수 있다. 명明나라는 조공 무역 외에는 모든 대외 교역을 금지하고 있었다. 대명회전大明會典(중국 명나라의 여러 법령을 집대성한 종합적인 행정 법전. 총

180권이다. 네이버 참조)에 따르면 지금의 오키나와인 류쿠 왕국王國과는 2년에 한 번, 베트남 그리고 태국과는 각기 3년에 한 번, 일본과는 10년에 한 번 조공 교역을 했다고 한다.

조선의 경우는 어떠했는가. 1397년 조선의 사신단이 명나라를 방문했을 때 1년에 세 번 조공을 할 수 있게 해달라고 요청했다(일년삼공一年三貢). 당시의 명나라 황제인 홍무제는 3년에 한 번만 조공을 오라고 만류했다(삼년일공三年一貢). 조공이 있으면 사여賜與라고 하여 조공을 받은 나라가 조공을 한 나라에게 답례로 금품을 내려주는 관례가 있는데 큰 나라가 작은 나라에게 비싼 답례품을 많이 내려주는 것이 큰 나라의 위엄을 세우는 일이라고 생각하였기 때문에 조공을 받는 나라가 오히려 손해를 보고, 조공을 바치는 작은 나라가 이익을 얻는 경우가 많았다.

결국 조선 태종 때인 1400년 무렵부터 1년에 세 번 조공품과 사신단을 보내기로 결정되었다. 더불어 사신단의 체재비와 물품 운반비도 명나라에서 부담하기로 했다고 한다. 조선이 당시의 국제질서 속에서 일종의 실리 외교를 편 셈이다.[19)]

보기에 따라서는 이것도 일종의 무역 동맹이라 할 수 있는데 그나마 그런 정도의 동맹이 유지될 수 있었던 것은

---

19) 지호진, '조선시대 국제무역', 조선일보, 2016년 1월 18일자 A26면.

조공이 일방적인 수탈만은 아니라는 데에 그 이유가 있었다.

조선과 중국이 조공관계로 오랜 기간 동맹 유사의 관계를 유지할 수 있었던 이유 중 하나는 그것이 단순히 수탈과 피수탈의 관계가 아니고 조공이라고 하는 형식을 통해 실질적인 무역이 이루어지고 있었기 때문이라고 볼 수 있다.

오늘날의 중국과 북한과의 관계도 이런 조공 사례의 연장선상에 있다고 볼 측면도 있다. 중국은 받는 것보다 훨씬 많은 양을 북한에 주고 있는데 그 의미를 잘 분석하여 볼 필요가 있다. 단순한 경제적 이해관계나 수지타산을 넘는 의미가 있다. 다음 제2절의 (아) '북한의 핵무장'에서 조금 더 언급한다.

(아) 실용주의와 동맹

그리고 동맹을 선택할 때는 명분만 기준으로 할 것이 아니라 실용주의적 입장도 반드시 고려하여야 한다. 임진왜란 때 명나라가 우리를 구해줬으니 그 은혜를 갚아야 한다는 것도 중요하지만 망亡해가는 명나라보다 무서운 기세로 일어나는 신흥 국가인 청나라와 좋은 관계를 맺어서 자기네 백성이 침략을 당하지 않고 살상을 당하지 않게 하는 것은 더 중요한 일이다. 이런 것도 냉정하게 비교 교량하여 실용적 입장에서 판단할 수 있어야 했다.

명나라가 우리를 도와줬다고는 하지만, 실제로 명나라는 우리가 예뻐서 도와주었겠는가. 그렇지 않다. 일본은 조선을 정벌하면 다음에는 만주를 노리고 다음에는 중국으로 가겠다고 호언장담을 했다. 소위 정명가도征明假道(길을 빌려 명나라를 정벌하다)를 공식으로 내걸었다.

그러니 명나라는 자기 땅에서 전쟁이 벌어지기 전에 조선 땅에서 전쟁을 함이 유리하다고 생각해 우리를 도운 셈이었다. 조선이 예뻐서만 도와준 게 아니었다.

그리고 명나라가 조선 땅에 들어와서 얼마나 많은 피해를 조선 백성에게 입혔는가. 그런 것을 생각하면 명나라가 우리를 구해줬으니 은혜를 갚아야 한다는 이야기가 가볍게 나올 수 없다.

동맹관계를 선택할 때는 실용주의적 관점이 아주 중요하다. 이념이 같다, 문화적인 전통이 같다, 이런 사항도 중요하다. 하지만 냉정하게 국가의 안보, 국민의 안전, 이런 요소도 함께 고려하여야 한다.

북한이 이념을 가지고 동맹을 선택하는 것처럼 보이지만 실속은 그렇지 않다. 그들은 전술 변화의 전문가이다. 그들은 이익을 위해서는 이념이나 신의 등은 눈 하나 깜빡이지 않고 제쳐두고 하루 아침에 태도를 바꿀 수 있는 사람들이다. 스탈린이 히틀러와 독소불가침조약을 맺어 세계를 놀라게 한 일처럼. 자기네의 존립 또는 한반도의 적화통일赤化統一을 위하여서는 하루아침에 동맹을 바꿀 수도 있는 정권이다.

우리는 국가와 국민의 안전, 국가의 독립을 대의大義와 함께 고려하여야 한다. 실용주의와의 조화가 필요하다.

부부관계도 일종의 동맹이다. 친구관계도 동맹이다. 상하관계도 일종의 동맹이다. 신뢰와 호혜, 이것이 있어야만 진정한 동맹이 된다. 동맹관계가 되려면 호혜가 돼야 한다.

우리나라는 6.25 사변 뒤에 일방적으로 미국과 서방 여러 나라로부터 원조를 받는 나라였다. 그러나 지금은 대등한 관계에서 무역을 하고 있다. 이것은 서로의 관계가 호혜관계로 발전되었음을 나타낸다. 이런 친밀관계, 호혜관계에 있을 때 진정한 동맹이 성립하고 안전이 보장된다.

제2절 환상環狀동맹

(가) 일본

오늘의 한반도 상황은 어떠한가.

아시아 최초의 패권覇權(막강한 군사력이나 경제력으로 다른 나라를 지배하거나 압박하는 힘)국가는 일본이었다. 일본이 아시아에서 먼저 서구화西歐化를 달성해서 엄청난 강국이 되었다. 우리는 일본을 왜국倭國이라고 부르는 등 이를 의도적으로 얕보는 듯한 이야기를 많이 한다. 그러나 2차 세계대전 개전 초기에, 당시 세계 최대의 전함, 세계 최고의 전투기 그리고 다수의 항공모함을 보유하는 등 엄청난 군사력을 가진 나라가 일본이었다. 우리가 욕하고 얕보기만 할 수 있는 그런 나라가 아니었다. 그것이 일본이 우리보다 50년 이상 빨리 개항하여 산업화되고, 서구화가 되면서 이룩한 성과였다.

일본은 그런 힘을 바탕으로 한국을 합병하고 만주 침략을 통해 중국대륙까지 진출했으며, 나아가 말레이시아, 싱가포르, 타이까지 점령했다. 또 하와이의 진주만을 기습하여 미국과 전쟁을 시작하였다. 그러다 결국 패망하고 말았다. 이렇게 일본은 아시아 최초의 패권覇權국가가 되어 세계의 평화를 짓밟았다. 지금은 미국의 핵우산核雨傘 속에 들어가 있어 독자적인 패권국가의 행세를 하지 않지만 그러나 일본 자위대가 얼마나 막강한 군사력인지 아는 사람은 다 알고 있다. 일본은 지금 항공모함을 가지고 있지 않지만 일단 건조를 시작하면 불과 몇 년 안에 그런 배 여러 척을 가질 수 있는 잠재력이 있다.

(나) 중국

문제는 새롭게 등장한 중국이다. 세계의 패권국가가 되려면 바다를 지배해야 한다. 일본이 세계의 패권국가로 나갈 수 있었던 힘은 일본 해군력에서 나왔다. 그러면 중국은 지금 바다를 제패할만한 능력이 있는가.

중국의 잠재력을 생각한다면 머지않아 항공모함을 여러 척 건조하여 대양大洋을 누비며 미국과 맞설 수 있을 정도의 강력한 해군 국가가 될 수 있을 터이다. 중국이 우주에 진출하여 유인有人 우주선을 발사하고 우주정거장을 만드는 실력을 보면 대양해군을 건설할 저력이 있음을 알 수 있다. 명나라 때 정화鄭和가 62척의 대함대를 이끌고 서기 1405년부터 대항해를 시작하여 한때는 멀리 아프리카 동해안까지 진출한 것을 포함하여 25년간 전후 7차례나 인도양 쪽으로 왕복 항해한 일도 있지 않았던가.

그러나 해군력은 단순히 함정의 숫자만으로 헤아릴 수는 없다. 항공모함을 운영하기 위해서는 엄청난 기술이 필요하다. 정보기술, 조종기술, 전투기 조종사들의 기량 등은 하루아침에 성숙되지 않는다. 이러한 점까지 고려한다면 중국의 잠재력이 현실의 실력으로 등장하는 데는 시간이 걸린다.

아무튼 시간은 걸리겠지만 중국이 새롭게 패권국가로 등

장함은 이미 눈앞에 닥친 현실이다. 이제 일본과 겨루면서 아시아의 패권을 노릴 수 있는 역량을 가진 나라는 새롭게 떠오르고 있는 중국이다.

중국은 지금 태평양으로 진출하려 한다. 최근 중국은 러시아에서 사들여온 항공모함을 개조, 수리하여 랴오닝이라는 이름의 항공모함을 진수進水했다. 연안해군만 생각한다면 굳이 항공모함까지 필요하지 않다. 지금 중국은 항공모함을 가지고 대양으로의 진출을 계획하고 있다. 그리고 중국은 태평양 서부에 있는 여러 섬들에 관한 영유권을 주장하여 일본, 필리핀, 말레이시아, 인도네시아 등과 다투고 있다.

또한 얼마 전 뉴스에 의하면 중국이 함경북도 청진 등지에 항구를 만들려고 한다. 이제는 태평양으로만 진출하는데 그치지 않고 일본과 한반도 사이에 있는 동해 쪽으로도 중국이 진출을 노리고 있다.

왜 중국이 동해로 나오려고 하는가. 중국은 태평양에 닿아있는 긴 해안선을 가지고 있다. 그 해안선에는 아주 좋은 항구가 많이 있어 이곳만으로도 미국, 서방세계, 또 동남아시아와 무역을 할 수 있는데 왜 동해로 나오려고 하는가.

(다) 러시아

원래 동해 쪽으로 진출하려 한 나라는 러시아였다. 러시아는 얼지 않는 항구, 즉 부동항不凍港을 갖기 원했다. 블라디보스토크와 같은 시베리아 연해주沿海州의 항구들은 가을, 겨울이 되면 얼어서 함선을 운행할 수가 없다. 그래서 얼지 않는 항구, 부동항에 대한 절실한 소원을 가지고 있다. 최근 러시아 푸틴 대통령이 블라디보스토크를 방문해서 이곳을 중점 개발하겠다고 밝혔다. 블라디보스토크가 새롭게 역사무대에 등장하고 있다. 그것은 전통적인 러시아의 부동항 야심을 드러낸다. 태평양으로의 진출을 노린다.

러시아는 흑해黑海에 좋은 항구를 가지고 있다. 그런데 흑해는 지형적으로 유럽과 서아시아 사이의 보스포러스 해협을 통과해야만 지중해로 나올 수 있다. 그런데 그동안 서방세계와 터키가 이 해협을 틀어막고 있었기 때문에 지중해 세력으로 등장할 수 없었다. 흑해에서 아무리 막강한 해군력을 가지고 있다 하더라도 지중해로 나와 영국이나 미국과 대결할 수 없었다. 또 발틱 함대가 있지만 그 발틱해海도 겨울이면 바다가 얼어서 제대로 사용할 수 있는 항구가 없다. 그래서 러시아가 아프가니스탄과 이란을 통해 인도양으로 진출하려는 전략도 가지고 있었지만 영국이 러시아의 이런 야심을 알고는 일찍이 아프가니스탄을 속국으로 삼아 이를 저지했다. 또 인도, 이란도 영국이 자신의 속국이나 식민지로 삼아 러시아의 남진을 봉쇄하였다. 그렇게 해서 러시아의 홍해紅海나 인도양으로의 진입을 막았다. 동해를 통해서 태평양으로 나오려는 러시아의 기도를 막기 위해서 영국이 한때 우리 남해안의 거문도를 점령한 일도 있었다.

그 상황은 지금도 비슷하다. 러시아는 달리 어떻게 나갈 길이 없다. 지금 남아있는 길은 유일하게 이쪽 한반도의 북쪽, 동해 쪽으로 나가는 방법이다. 러시아가 베트남에 해군기지를 얻었다는 보도가 있었다. 그곳에 해군기지를 건설한다 한들 무슨 수로 그곳에 접근하겠는가. 유일한 방법이 함경북도의 부동항들을 이용하는 것이다. 이것이 그들의 새로운 접근로가 되지 않겠는가. 아마도 푸틴은 그런 생각을 하지 않았을까. 러시아가 해군을 동원해서 동해로 진출하면 누구한테 불리해지는가. 첫째는 일본이고, 두 번째는 중국이다.

(라) 중국의 속셈

중국은 러시아의 남진을 막기 위해서 우리 함경도에 있는 항구들을 선점先占하려 할 것이다. 함경도의 항구들을 차지해서 러시아의 남진을 견제하는 준비를 하는 데 그 첫째 의도가 있을 터이다.

두 번째로는 일본에 대한 직접적인 견제이다. 중국이 만주를 개발해서 산업기지나 군사기지로 만들고 이를 거점으로 일본과의 무역로를 열거나 해군으로 일본을 위협하려 든다면 함경도의 항구들을 이용하는 것은 더 없이 좋은 방법이 된다. 원元나라가 고려의 남해안을 출발해 일본 정벌에 나선 것보다 오히려 유리할 수 있다. 이것은 경우에 따라서는 일본에게 직접적인 중대한 위협이 될 수 있다.

또 세 번째는 함경도 항구를 이용하여 중국이 해군을 동해로 진출시킨다면 한반도는 완전히 중국에게 포위된다. 서해도 중국 해군이 지배를 하고, 동해까지 중국 해군이 지배한다면 한반도는 완전히 중국에 의하여 포위된다. 인무원려人無遠慮면 필유근우必有近憂(멀리 앞을 내다보고 잘 생각하지 않으면 갑자기 근심거리가 생긴다) 라고 했다. 우리로서는 중국의 동해 진출을 예의 주시하지 않을 수 없다.

어제 신문을 보니 중국 군용기 두 대가 대한해협을 거쳐 동해로 북상했다가 돌아갔다는 보도가 있었다.[20] 우연한 일이 아니라고 생각한다. 진즉에 일어났어도 일어났을 일이고 어차피 계속 벌어질 일이다.

또 하나, 중국은 통일이 되면 항상 이웃나라를 침공했다.

---

20) 조선일보 2016. 2. 2. A1면.

한무제漢武帝가 베트남을 정벌하여 식민지로 만들었고 이때 식민지가 된 베트남은 송나라 때 겨우 독립을 했으니 근 천 년 동안 식민지 상태였던 셈이다. 또 흉노족을 대규모로 정벌하여 그들을 아예 유럽 쪽으로 내쫓았다. 고조선을 침공해서 한사군漢四郡을 설치했다. 이 모두 한무제가 막강한 군사력을 갖게 되면서 벌인 일이다.

중국이 거대한 나라로 다시 통일된 시기는 당나라 때이다. 당나라 때 당태종이 중국을 통일하고는 돌궐족을 토벌해서 중앙아시아의 현재 터키 영토로 쫓아내버렸다. 그 다음에는 신라와 동맹을 맺어 고구려를 정벌했다. 그래서 만주 등 고구려 영토가 우리 영토로부터 이탈되었다.

청제국이 건설되고 난 후에는 어떠했는가. 청나라 강희제가 다시 몽고를 정벌했다. 또 지금의 신강과 청해를 정복해서 그곳을 중국의 영토로 만들었고 건륭제는 미얀마, 네팔, 베트남과 티베트를 정벌해서 속국으로 삼았다.

그러므로 중국에 강력한 통일국가가 형성되면 주변 국가들은 크게 경계하지 않을 수 없다. 이런 역사적 교훈을 감안할 때 중국이 지금 항공모함을 진수시키고, 서부 태평양 해역에서 여러 섬의 영유권 문제로 다른 나라와 맞서고, 동해로 진출하려 하는 일련의 사태를 우리는 주의 깊게 관찰하여야 한다.

(마) 환상동맹環狀同盟

그렇다면 해결책은 어디에 있는가.

중국이 훌륭한 문화국가로서 세계와 교류하면서 평화로운 관계를 유지하는 그런 공자孔子의 나라가 된다면 별론이지만 만일 중국이 패권주의를 지향한다면 그때는 어떻게 해야 하는가.

환상동맹環狀同盟을 통해 해결하는 길 밖에는 없다. 환상동맹이라 함은, 지도를 보면 알 수 있듯이 중국을 둘러싸고 있는 여러 나라들이 서로 손을 잡아 둥근 고리 형태環狀의 동맹을 맺는 일이다. 중국을 둘러싸고 있는 나라들이 동맹을 맺어서 중국의 팽창주의를 자제시킬 수밖에 없다. 중국의 팽창주의를 자제시키지 않으면 이 지역의 평화가 위협을 받는다.

각국의 지도자들은 깊은 통찰을 통해 원대한 안목을 가지고 대처해 상호 간의 이해와 협력을 높여 환상동맹을 체결하거나 동맹까지지는 아니더라도 그것이 체결된 것과 동일한 긴밀한 유대관계를 가져야 한다.

아시아의 여러 나라가 중국을 둘러싸고 환상동맹을 시도한다면 중국이 가만히 있겠는가. 아마 약한 나라부터 접촉을 시도할 것이다. 약한 나라부터 "당신네 나라가 살 수 있는 길은 우리와 손잡는 길" 이라고 설득하여 환상동맹을 저지하려 나서지 않을까.

아무튼 환상동맹이 이루어져 중국의 팽창주의를 실제로 저지할 수 있게 되면, 그때는 어떻게 되겠는가. 동부 아시아에 일단은 평화가 오게 된다.

(바) 화약火藥의 길

그러나 그것으로 끝나지는 않는다. 중국의 팽창주의가 바다에서 막히면 중국은 어디로 가겠는가. 중국이 갈 수 있는 길은 아마도 서쪽으로 중앙아시아를 향하는 길이 될 공산이 크다. 그쪽에는 비록 사막이 있지만 사막은 조금만 준비하면 얼마든지 돌파가 가능하다.

중앙아시아에는 여러 나라가 있다. 이란, 아프가니스탄, 파키스탄, 이런 나라들 말고도 옛날 소련의 연방이었던 카자흐스탄, 우즈베키스탄, 키르기스스탄, 타지키스탄, 투르크메니스탄 등 많은 나라들이 있다. 이런 나라들이 소련으로부터 해방되어 독립했지만, 아직은 독자적인 세력을 구축하지는 못하고 있다.

이곳은 힘의 진공眞空 상태라 할 수 있는데, 이 힘의 진공을 중국이 노리고 진출할 수 있다. 평화적으로 진출한다면 아무 문제가 없다. 그러나 행여라도 무력진출이 시도된다면 큰 문제가 발생할 수 있다. 우선 러시아가 연고권을 내세워 좌시坐視하지 않을 것이고 중동지방의 원유原油에 이권利權을 가진 서방세계도 무관심할 수 없기 때문이다.

태평양에서 봉쇄당한 중국이 서쪽으로 돌아설 수밖에 없다면 이것은 결국 실크로드로의 새로운 진출이 되지 않겠는가. 중국이 말하는 소위 일대일로一帶一路에서 일대가 막히면 일로로 갈 수밖에 없다.

미국이 독립 후에 서쪽으로, 서쪽으로 물밀 듯이 이동해서 지금의 큰 나라가 되었듯이 중국은 서진西進을 생각할 수밖에 없다. 그러면 그때는 중앙아시아가 세계의 화약고火藥庫가 되지 않을까 우려된다.

실크로드(silk road)가 화약의 길로, 아니 파이어 로드(fire road)로 바뀌지 않을까 우려된다.[21] 원래 화약은 중국에서 발명되어 송宋나라 때부터 무기로 쓰이기 시작하다가 원元나라 때 몽고군의 서방원정 때 서방세계에 전해졌다고 한다. 말하자면 실크로드를 타고 중국에서 서방으로 전해진 셈인데 이제 이 실크로드를 타고 중국으로부터 서방으로 화약의 불길이 번지게 되지 않을까 걱정된다. 역사의 반복일까? 아니면 우연일까?

문제의 해소는 중국 사람들이 팽창주의에서 벗어나는 방

---

21) 나는 이런 전망을 2009년 11월 11일 아시아 위즈덤 포럼이 주최한 PICA 과정 11차 강의에서 '環狀동맹을 통한 아시아의 평화'라는 제목으로 강연하면서 밝힌 바 있다.

법 밖에 없다. 중국이 팽창주의를 버리지 않는 한 세계는 결코 편히 잠들 수 없다.

(사) 자위自衛의 길

중국이 해양에서 패권覇權을 추구追求하는 것을 자제시키기 위해서 우리는 바다를 철저히 지켜야만 한다. 혼자 힘으로 지키지 못한다면 다른 나라와의 동맹을 통해서라도 바다를 지켜야 한다. 그것이 지금 한반도가 당면한 긴급상황이다. 연평도의 조기잡이 어로구역을 지키는 정도의 문제가 아니다.

중국의 팽창을 자제시키기 위해서는 우리가 동맹을 잘 형성해야 하고 그와 더불어 평화적인 군비축소軍備縮小 운동이 동시에 필요하다.

한반도를 그 중심으로 해서 중국, 일본, 대만, 동남아시아 여러 나라, 몽골, 중앙아시아 여러 나라가 서로 협조해서 군비를 축소하는 그런 평화적 움직임이 있어야 한다. 패권에 대항하고 북한의 침략의도를 저지하기 위한 군비강화가 절실하지만 이 군비강화와 동시에 군비축소를 위한 외교적 이니셔티브를 쥐고 평화운동을 함께 벌여야 한다.

관계국들이 모여서 군비축소를 논의하고, 상호 간의 침략이 일어나지 않도록 팽창주의를 저지시키고 세력의 균형을 이루어야만 한다.

그렇지 않으면 역사에서 볼 수 있는 것처럼 대륙과 해양 사이의 대결이 벌어질 가능성이 높다. 군비 축소와 동맹을 통한 세력의 균형이 달성되어야만 우리 한반도에서 평화로운 삶이 계속 될 수 있다. 어떤 나라든지 패권을 행사하려고 하면 그 패권을 억제하고 패권을 포기하도록 주변 국가들이 유도할 필요가 있다.

그렇게 하기 위해서는 우리 스스로가 강해져야 한다. 우리가 강하지 않다면 항상 남한테 끌려 다니고 손해를 보게 된다. 작은 나라라도 강해야 한다. 그렇지 않으면 늘 이리 휘둘리고 저리 휘둘리게 된다.

스위스가 영세중립국의 지위를 유지할 수 있는 힘은 어디에 있는가. 히틀러는 얼마든지 스위스를 정복할 수 있었지만 그 대가代價가 너무 크기 때문에 그렇게 하지 않았을 것이다. 쉽게 말해서 배보다 배꼽이 크기 때문에 안 했으리라. 스위스는 국민들이 집집마다 무기를 소지하고 있다고 하고 엄청난 군비를 축적하고 있어서 스위스와 전쟁을 하는 나라는 엄청난 피해를 각오해야만 한다. 우리도 마찬가지이다. 우리가 비록 작은 나라지만, 우리를 얕보고 침략했다가는 엄청난 대가를 치르게 된다는 인식을 주위에 주어야 한다. 그래야만 이 나라의 존속과 독립을 유지할 수 있다.

(아) 북한의 핵무장

새로운 변수가 북한의 핵무장核武裝이다. 중국이 자기는 배후에 있으면서 북한을 앞세워 그 핵무기로 주변국들을 은근히 위협한다면 중국은 엄청난 파괴력을 추가하여 갖게 된다. 북동 태평양 지역의 세력균형이 흔들린다. 이 게임의 귀추가 주목된다. 우리의 생사가 걸린 문제가 되었다.

우리나라와 미국, 일본은 중국에게 북한을 설득하여 핵 포기를 하도록 하고 불응하면 강력한 경제제재를 하라고 요청하고 있다. 그러나 중국은 이를 거절한다.

중국은 왜 불응할까. 사실 북한에 대한 중국의 영향력은 막강하다. 중국이 북한과의 교역을 중단하고 원조를 중단하는 등의 경제제제를 가한다면 북한은 생존을 유지하기 어렵다.

역사에도 실례가 있다. 아침 해가 중천에 떠오르듯 기세 좋게 발전하던 후금(뒤의 청나라)의 건설자 누르하치는 그 말년에 만주滿洲 지역의 경제가 무너짐으로써 기와가 깨져 내리듯 나라가 무너질 위기를 맞이하였다. 명나라가 누르하치의 급격한 부상에 불안을 느낀 나머지 만주와의 일체의 교역을 중단하였기 때문이다. 심각한 물자부족의 사태를 해결하는 돌파구로 청태종은 병자호란 등 두 차례의 조선 정벌을 벌였다고 한다.[22] 물론 명나라 정복에 앞서 후방을 안전하게 정리하는 의미도 있었지만 말이다.

지금 북한의 상황도 누르하치 때와 다를 것이 없다. 중국이 원조를 끊으면 북한은 망하게 되므로 중국이 정말 원조를 중단하려고 하면 북한은 핵무기를 포기할 수밖에 없다. 그런데 왜 중국은 북한과의 교역과 그에 대한 원조를 중지하지 않는가.

북한과의 교역과 그에 대한 원조는 중국에게는 경제적으로는 전혀 수지가 안맞는 장사이고 부담이 큰 일인데 왜 중지하지 않는가? 신의信義 때문인가?

첫째는 앞에서 말한 바대로 중국이 자기는 배후에 있으면서 북한을 앞세워 그 핵무기로 그 주변국들을 위협할 수 있기 때문이다. 이런 카드를 버리기 어렵다. 이것은 일정한 선만 넘지 않으면 전략적으로 중국에 해로울 게 없는 장사이다.

둘째는 북한이 없어지면 한반도에 있는 주한 미군과 육지陸地에서 직접 마주하게 될 위험이 있는데 중국은 이를 원치 않기 때문이다. 중국은 순망치한脣亡齒寒(입술이 없어지면 이빨이 시리게 된다)을 염려한다. 북한을 일종의 완충지대緩衝地帶(적대세력들 사이의 충돌을 방지하고 긴장을 완화하기 위하여 설치한 지역)로 여기는 셈이다.

22) 장한식 지음, 『오랑캐 홍타이지 천하를 얻다』, 2015, 산수야, 123p.

셋째는 중국의 경제제재로 북한이 참기 어려운 상황에 빠지면 북한은 총부리를 돌려 중국에 대한 적대관계敵對關係로 돌연 태도를 바꿀 수 있고, 아니면 이판사판으로 남한을 공격하여 중국이 원치 않는 전쟁을 일으킬 수 있기 때문이다. 핵무장한 북한의 미사일이 바로 코 밑에서 자기를 겨냥하는 사태를 중국은 원치 않는다. 동시에 남한을 공격하여 전쟁을 벌이는 것도 원치 않는다.

후금後金의 누르하치는 처음에는 만주국의 독립을 명나라가 인정해주기를 요구하는 선에 머물러 있었다. 그러나 후금이 강력한 국가로 부상하는 것을 두려워한 명나라가 후금에 대한 일체의 교역을 중단하여 후금의 경제를 파탄시키고 이를 멸망시키려 하자 누르하치는 그 정책을 바꿔 명나라의 정벌을 시도하기 시작하였다. 중국이 이런 역사를 모를 리 없다.

나는 이 장의 제1절 (아) '실용주의와 동맹' 부분에서 이렇게 지적한 바 있었다. "북한이 이념을 가지고 동맹을 선택하는 것처럼 보이지만 실속은 그렇지 않다. 그들은 전술변화의 전문가이다.

그들은 이익을 위해서는 이념이나 신의 같은 것은 눈 하나 깜빡하지 않고 차버리고 하루아침에 태도를 바꿀 수 있는 정권이다. 스탈린이 히틀러와 독소불가침조약을 맺어 세계를 놀라게 한 것처럼.

자기네의 존립이나 한반도의 적화통일을 위하여서는 하루아침一朝에 동맹을 바꿀 수도 있는 정권이다."

또 하나, 중국의 원조 중단으로 북한이 정말 절망적인 궁지에 몰렸을 때, 미국이 만일 북한에 손을 내밀거나 북한이 미국에 손을 내밀어 양자 사이에 평화협정이 체결되고 북한이 남한처럼 잘 사는 나라가 되도록 미국이 보장하는 일이 벌어진다면 어떻게 될까? 중국은 이런 사태도 염려할지 모른다.

뒤의 부록에 나오는 소서素書를 보면 다허소여자 원多許少與者 怨(많이 주겠다고 허락해 놓고 적게 주면 원망한다), 기영이거자 괴旣迎而拒者 乖(이미 환영해 놓고 뒤에 거부하면 틀어지게 된다)라고 하였다.[23] 중국은 이를 의식하고 있다.

이런 상황에서 중국을 보고 아무리 북한을 제재해달라고 해봐야 소용이 있겠는가.

소서素書에 보면 설변치권 소이해결設變致權 所以解結(계획대로 변화를 만들어 권세의 고삐를 틀어쥐는 것은 그렇게 해야 맺힌 것을 풀 수 있기 때문이다)[24] 이라는 말이 있다.

중국과 북한의 틈 사이로 비집고 들어갈 수 있는 해결의 열쇠는 어디에서 나올까? 해양세력은 러시아를 주목해야 할 것이다. 중국과 러시아는 국경을 맞대고 있는 같은 대

23) 이 책 부록 1 소서 제5장 (24) 및 (25) 참조.
24) 이 책 부록 1 소서 제3장 (14) 참조.

륙 세력이다. 만주의 지배를 둘러싸고 두 나라가 흑룡강에서 전쟁을 한 일이 과거에도 있었다. 그것이 변화의 Key가 될 수 있다.

제3절 자강自强의 길과 법치法治

그러면 어떻게 해야 스스로 강해질 수 있는가. 자강自强의 길은 법치法治에 있다.

법치에 대하여는 앞의 제3편 제2장 제2절 '공정과 엄격' 부분 및 제5절 '법치와 부국책'에서 설명했으므로 다시 언급하지 않는다.

법치를 통하여 국가가 부강해지면 다른 나라가 얕볼 수 없다. 우리가 요청하지 않아도 우리와 손을 잡고자 하는 동맹요청이 들어온다. 그때는 지도자들이 현명하게 국가의 이익을 위해 그것이 과연 필요한 지 여부를 잘 판단해서, 지역의 안보와 평화를 유지하고 민생을 안정시켜 평화로운 삶을 누릴 수 있도록 동맹 문제를 처리해야만 하리라.

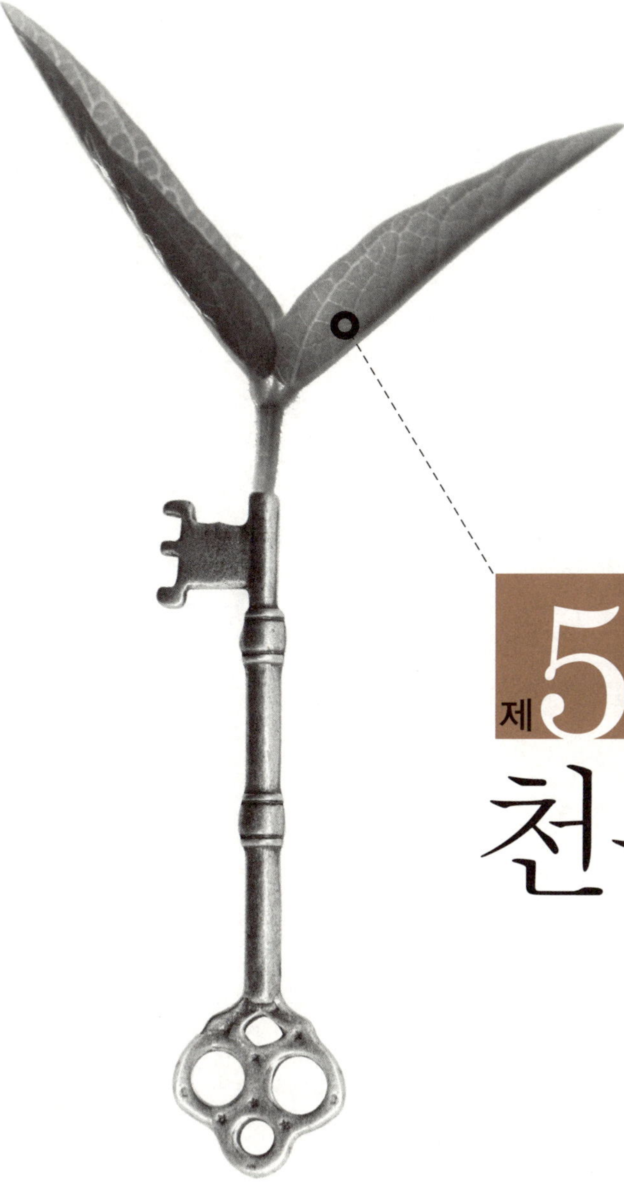

제5편

천론 天論

흥 망 유 수
興 亡 有 數

제1장

때를 앎(지기智機)

제1절 시時와 세勢

천론은 시론時論과 같다. 때에 관한 논의이기 때문이다. 옛 사람은 말했다. "나를 알고 상대를 알고 때를 알면 승리는 그 안에 있다."

때를 안다 함은 다가오는 형세의 변화를 안다는 의미이다. 세상에 고정된 것은 없다. 시간이 흐름에 따라 계속 변한다. 그 변화의 방향과 형세와 시간의 마디(절節)를 미리 알아야 변화를 안다고 할 수 있다.

보통 사람으로서는 엄두를 못 낼 일이다. 오로지 성인聖人이나 천재天才만이 가능하다.

시時와 세勢에 관한 설명을 보자.

범려는 시時를 이렇게 말했다. "성인은 시기에 맞게 일을 하였으니 이를 수시守時라 한다. 천시天時가 이르지 않으면 전쟁을 일으켜서는 안 되고 인사人事가 준비되지 않으면 전쟁을 시작해서는 안 된다."

상앙商鞅도 말했다. "치국治國의 도는 시기에 맞게 변하는 일이다."

전국시대의 유명한 종횡가縱橫家 소진蘇秦도 이에 대한 정의를 내렸다. "성인聖人은 일을 행할 때 반드시 권위를 빌리고 시기에 맞춰 행한다. 무릇 권위를 빌린 자는 만물을 통솔하고 시세를 깨달은 자는 만사의 우두머리가 된다. 그러므로 권위를 빌리지 않고 시세를 등지고서도 일을 이루기는 매우 어렵다."[1)]

요컨대 시時를 안다 함은 사물의 변화 추세가 자기에게 가장 유리하고 적합하게 변화할 수 있는 때를 안다는 의미이다.

세勢는 기세氣勢이고 힘이다. 이것은 항상 시時와 함께 한다. 왜냐하면 세는 항상 변화하고 시에 따라 변화하기 때

1) 왕우 지음, 남영택·이현미 옮김, 『사마의』, 2012, 한일미디어, 111p.

문이다. 시세時勢라고 하지 않는가.

「세는 특정한 조건하에서 사물이 발전하는 필연성을 나타낸다. 일단 세가 형성되면 강력한 관성을 통해 커다란 힘이 만들어지기 때문에 정면으로 맞서다가는 손해를 면치 못한다. 그래서 불리한 국면을 맞으면 의미 없는 희생이나 대가를 치르지 말고 피하는 것이 최선이다. 또한 세를 피할 때는 말소리나 얼굴빛의 흔적을 남기지 말고 낮은 자세로 행해야 한다.

노자老子가 말했다. "군자가 시기를 만나면 떨쳐 일어설 수 있으나 이를 만나지 못하면 천방백계千方百計(천 가지 방책과 백 가지 묘책)가 있어도 이를 세상에 쓰기 어렵다."

전략을 운용하는 입장에서 보면 힘을 활용해 전략목표를 이루려면 시기를 잘 만나고 세를 예측할 수 있어야 한다. 만약 힘은 있으나 시時가 없다면 공功을 이룰 수 없고 시時를 만나지 못하면 힘을 발휘할 수 없다. 따라서 시時를 잘 파악해 세勢를 예측할 수 있어야만 최대의 힘을 낼 수 있다.」[2)]

---

2) 앞 주의 책, 112p.

성인이나 천재가 아니면 참으로 앞일을 알 수 없다. 그러나 범인의 눈으로 보아도 분명한 일은 있다.

앞으로의 시대는 과학의 시대요, 대중의 시대요, 여성의 시대이며, 전문가의 시대이다.

제2절 과학의 시대

인류가 현재, 그리고 가까운 미래에 부딪칠 모든 난제의 해결은 결국 과학의 손에 그 해결이 달려 있다. 식량 부족, 에너지 자원의 고갈, 인구의 폭발 또는 감소, 질병 유행, 환경오염, 기후 온난화, 교통난, 신무기의 범람 등등 이런 모든 문제는 과학이 아니면 대부분 해결할 수 없다. 한 가지만 예를 들어 보자. 내가 젊었을 때만 해도 우리나라는 심각한 식량난을 겪고 있었다. 해마다 오월이 되면 보릿고개라고 하여 전국에 식량 부족 사태가 벌어지고는 했다. 내가 대학에 다닐 때인데 보릿고개 때가 되면 대학가의 하숙집들이 하숙생들을 먹일 쌀이 없어 부득이 대학 당국이 임시 휴교를 하는 일도 벌어졌다. 이래서 정부 당국이 대대적인 식량 증산운동을 벌여야 했다. 쌀로 술을 빚거나 떡을 만들어 먹는 일을 정부가 단속했고 국민들에게 보리쌀 먹기를 권장하면서 학교에서는 학생들의 점심 도시락에 보리쌀이 규정대로 섞여 있는지를 검사하기까지 했다. 결국 문제는 과학이 해결하였다. 벼의 종자를 개량하여 다수확 품종을 만드는 데 성공하면서부터 해결의 길이 열리기 시작했다. 지금은 보릿고개라는 말까지 사람들이 거의 잊어버린 정도 아닌가. 임진왜란 때 이순신 장군이 일본 수군을 격파함에 있어서 화포火砲, 즉 오늘날의 함포艦砲의 위력에 크게 힘입었는데 그것 또한 사실은 과학과 기술의 힘이었다.

문제의 성격에 따라서는 문제가 악화惡化되는 속도와 과학의 발전 속도 사이의 싸움이라고 할 만한 사안도 있다. 과학이 문제를 해결할 만큼 충분히 발전하기 전에 문제가 걷잡을 수 없이 크게 터져버리면 인류가 멸망할지도 모르는 그런 사태가 올 수도 있다.

시간이 갈수록 과학에 의존하는 정도는 점점 더 커진다.

국가 사이의 경쟁도 과학의 발달 정도에 좌우된다. 한마디로 과학의 중요도는 점점 커지고 인류의 생사와 국가의 흥망을 결정짓는 중요한 요소가 돼 간다.

과학이 물론 만능은 아니다. 그 부작용도 있다. 앞으로 과학이 발전함에 따라 무슨 또 무서운 부작용이 생길지도 알 수 없다.

그러나 우리가 현재 손에 쥘 수 있는 유일한 문제 해결의 도구는 과학밖에 없다는 것은 분명하다.

그러므로 국가로서는 과학 발전에 전력을 집중 투자해야 하고 훌륭한 과학자의 발견과 양성 그리고 수입輸入에 전력을 기울여야 한다. 나라가 살고 못 사는 길이 여기서 갈라진다. 일의 선후先後와 경중輕重을 잘 따져야 한다고 하는데 과학의 발전에 대한 투자보다 먼저 해야 하고 중요하게 다룰 일은 없다. 그로 인한 부작용과 불만이 당연히 생긴다. 그러나 먼저 집중하고 다음에 조절하면 된다. 즉, 선집중先集中 후조절後調節이 성공의 요체要諦이다.

오늘(2016. 1. 7.) 아침 신문을 보니 어제 있었던 북한의 수소폭탄 실험 성공에 대하여 우리 정부가 그 대응방침으로 대북對北 확성기방송擴聲器放送 재개再開를 검토한다는 보도가 있다. 매우 허탈하다. 수소폭탄을 만든 것이 과학인 만큼 대응방침으로서도 과학에 대한 언급이, 특히 기초과학에 대한 언급이 먼저 나와야 되지 않겠는가. 공개되지 않은 대응방침 논의에서는 당연히 그런 언급이 있었으리라 믿는다. 언론매체에서라도 그런 논의를 취급했으면 좋았겠다.

제3절 대중大衆의 시대

(가) 대중운동의 폭력화

앞으로는 인구가 많은데다가 정보는 빠른 속도로 널리 퍼지고 평등의 바람은 엄청 강해진 탓으로 대중운동이 폭력운동으로 번질 위험이 점점 커진다. 정부와 같은 쪽으로 움직이는 대중운동이라면 정부와 의견 교환이 가능하고 타협이 가능할 터이므로 폭력운동으로 번질 위험은 적다. 그러나 정부와 반대로 움직이는 대중운동은 폭력운동으로 번질 위험이 있다. 이해관계가 다변적인 사회가 되면서 이익을 보지 못하는 쪽에 있다고 생각하는 사람들은 그 관계의 역전을 노리면서 대중운동에 호소하고 급기야 폭력에 호소하여 세勢의 결집과 성공을 도모하려는 유혹에 빠진다.

대책은 이렇다.

첫째로 폭력은 절대 용납하지 않는다는 공권력의 단호한 의지가 있어야 하고 국민들이 이를 신뢰하도록 하여야 한다.

둘째로 문제를 정부가 선제적으로 해결해야 한다. 비스마르크를 본받을 것이다. 문제가 터진 뒤에 뒷수습을 하지 말고 문제를 먼저 찾아서 앞장서서 불씨를 꺼버려야 한다.

셋째로 피해를 가져온 폭력운동의 단체와 지도자들에게 철저하게 손해배상을 받아내야 한다.

넷째로 다른 목적으로 대중운동을 이용하거나 여기에 편승하려는 반국가적反國家的 적대세력敵對勢力의 기도를 사전과 사후에 엄밀하게 차단해야 한다.

앞으로의 시대에는 대중운동의 폭력화를 어떻게 성공적으로 막느냐 하는 데 국가의 흥망이 걸려 있다. 사회가 발달하면 할수록 불만세력도 그에 비례하여 늘어나는 것이고 그 불만세력은 자신들을 조직화할 만한 자금과 능력을 갖게 되므로 그들의 대중운동은 그 전술이 갈수록 지능화하고 교묘해진다. 앞에 말한 대책을 제대로 수행하여 현명하게 대응하지 않으면 무능한 정부는 백전백패百戰百敗한다고 해도 과언이 아니다. 그 결과는 나라의 쇠망이다.

다만, 앞의 제1편 제3장 제2절 (가) '폭력시위' 부분에서 말한 바와 같이, 4.19 혁명이나 프랑스 대혁명과 같이 전체 국민이 대체로 공감하는 분노가 폭발하여 일어나는 대규모 대중운동의 경우에는 위에서 말한 대책들은 해당이 안 된다. 비리가 곪아 터져 일어나는 경우와 그렇지 않은 경우를 구별하여야 한다.

(나) 집회 평화의 원칙

집회의 폭력성은 반드시 그리고 철저히 막아야 한다. 집회의 평화와 관련하여 나는 헌법재판관 시절 한 결정[3]에서 다수의견에 대한 다음과 같은 보충의견을 내놓아 집회의 평화가 중요함을 강조한 바 있었기에 여기에 이를 소개한다.

「나는 중요한 공공기관에 근접한 장소에서는 집회를 금지하는 이 사건법률조항이 헌법에 위반되지 않는다는 결론에는 동의하지만, 그에 이르는 이유에 있어 견해를 달리하므로 다음과 같이 그 의견을 밝힌다.

가. 집회의 3원칙

나는 이미 헌재 2003. 10. 30. 2000헌바67등 결정에서 아래와 같이 집회의 3원칙을 밝힌 바 있다(판례집 15-2하, 41, 64-65 참조).

(1) 집회 평화의 원칙

헌법의 보호를 받는 집회(이하에서는 집회 중 옥외의 집회만

3) 2005. 11. 24. 2004헌가17 집회및시위에관한법률 제11조 제1호 위헌제청 사건.

을 대상으로 하여 검토한다. 또한 집회라는 용어는 시위를 포함하는 의미로 사용한다)는 평화적이고 비폭력적인 집회에 한정된다. 이를 집회 평화의 원칙 또는 집회 비폭력의 원칙이라고 부를 수 있다.

(2) 집회장소 이격의 원칙

집회는 상대가 있는 행위이고 집회는 행위자와 그 상대자(집회가 의사전달의 상대방으로 지목하는 자, 집회에 대항하려고 하는 자, 집회를 규제하려고 하는 자들을 모두 포함한다) 사이의 긴장관계를 불가피하게 초래한다. 그런데 평화는 긴장관계에 있는 두 당사자나 당사자 집단(이하 '집단'이라고만 표시한다)을 공간적으로 떼어놓아야 유지된다. 즉, 평화는 장소적 이격離隔(둘 사이의 거리를 띄어놓는 것)을 필요로 한다. 그러므로 모든 집회는 장소이격의 원칙을 준수할 때에만 평화적 집회가 될 가능성이 높아진다. 옥내집회가 옥외집회에 비하여 더 두터운 보호를 받는 이유도 바로 여기에 있다. 즉, 옥내집회는 그 개념 자체가 장소이격의 원칙을 준수하는 내용의 집회이기 때문이다.

집회에서 볼 수 있는 다수인의 결집, 위력과 기세의 과시, 의견의 전술적 과장, 군중심리의 폭발적 변화, 불특정 다수의 목표물에 대한 우발적이고 연속적인 위력행사의 가능성 등은 그 자체로서 평화에 대한 불안요소일 뿐만 아니라 상대자에게 방어와 대항의 심리기전을 작동시킴으로써 또 하나의 불안요소를 형성한다. 이러한 불안요소는 장소이격에 의하여 완화 내지 제거된다.

그러므로 집회의 비폭력원칙은 당연히 집회장소 이격의 원칙을 요청하게 된다.

(3) 상대존중의 원칙

민주주의는 다원주의를 그 요소로 하고 다원주의는 서로 다른 의견이나 이해관계를 가진 복수의 집단이 서로 상대를 존중할 때에만 유지된다. 길항拮抗(서로 버티어 대항하는 것)하는 다원적 집단의 평화공존은 상대존중의 원칙이 지켜질 때에만 가능하다.

집회도 마찬가지이다. 긴장관계에 있는 두 집단이 서로 상대를 존중하는 원칙을 끝까지 지킬 때에만 평화적인 집회, 비폭력적인 집회가 가능하여진다.

상대존중의 원칙도 장소이격을 요청한다. 서로 존중하여야 할, 그러나 서로 길항관계에 있는 두 집단이, 공간적으로 접촉하거나 밀접하여 있으면 긴장이 고조되어 불안이 증대되고 상대존중은 자칫 격렬한 적대감으로 표변될 수 있기 때문이다.

그러므로 상대존중의 원칙이 준수되는 정도는 장소이격의 정도에 영향을 주고 장소이격의 정도는 상대존중의 원칙에 영향을 준다. 바꾸어 말하면 상대존중의 원칙이 잘 준수되는 곳에서는 그만큼 장소이격의 필요는 줄어들고 반대로 상대존중의 원칙이 제대로 작동하지 않는 곳에서는 그만큼 더 장소이격의 필요가 커진다.

나. 의회의 입법재량

비폭력집회를 담보하기 위하여 어느 정도의 장소이격이 필요한가 하는 문제는 법과 질서에 대한 존중의 정도, 체제경쟁에 집회가 이용되는 빈도, 군중심리의 속성, 사회의 분위기 등을 종합적으로 고려하여 궁극적으로 의회가 입법재량으로 결정할 문제이다. 이러한 재량에 있어서는 집회를 보호, 규제하는 실제의 업무를 제1선에서 담당하는 행정부가 위에서 본 여러 상황적 요소에 대하여 그동안 축적하여 온 경험과 판단 등이 당연히 하나의 참고가 될 것이다. 물론, 의회의 입법재량이 기본권의 본질을 침해할 정도로 현저히 잘못된 것이라면 이는 헌법재판소의 위헌판단대상이 되겠지만 '끓는 물'의 현장에서 떨어져 있게 마련인 헌법재판소의 판단은 가일층 신중을 요한다.

다. 이 사건의 경우

이 사건 법률조항이 정하고 있는 100미터의 장소이격은 이 시대가 보여주는 법과 질서에 대한 존중의 정도, 군중심리의 급격한 변화 정도, 체제경쟁에 집회가 이용되는 정도 등에 비추어 볼 때, 집회 평화의 원칙 및 장소이격의 원칙 그리고 상대존중의 원칙을 준수하기 위하여 필요한 정도를 현저히 벗어난다고는 볼 수 없다. 그러므로 이 사건 법률조항이 100미터의 거리를 두고 집회금지장소를 설정한 조치는 헌법에 위반된다고 할 수 없다.

한편, 이 사건 법률조항이 각급법원 인근에서의 옥외집회 및 시위를 전면적으로 금지한다고 해석한다면, ① 소규모집회마저도 허용하지 않는 경직성이 있고, ② 우연히 금지장소 내에 있는 다른 항의대상에 대한 집회까지도 덩달아 금지되며, ③ 법원의 업무가 없는 휴일에 행해지는 집회도 예외 없이 금지될 수 있는 불합리가 발생한다는 지적이 있을 수 있다.

살피건대, 작은 불씨가 요원燎遠(불타고 있는 벌판)의 불로 번질 수 있는 것에 비유할 만한 집회의 가변성이나 의외성에 비추어 볼 때, 시작단계에서의 집회규모의 소규모성이라든지, 집회금지대상에 인접한 다른 시설이 집회의 대상이라든지 하는 사정은 계쟁조항의 합헌 여부를 좌우할 만한 요소가 될 수 없고, 또 휴일이라고 하더라도 법원의 업무는 일정 부분 계속되므로 집회를 금지할 필요가 있을 수 있다.

그러나 한편 이러한 경우 예외 없이 집회를 금지한다면 법원의 기능과 안녕을 보호한다는 입법목적에 전혀 위해가 되지 아니하는 경우에까지 불필요하게 집회를 금지하는 결과가 생길 수 있다.

이 사건 법률조항은 각급법원 인근에서의 집회가 언제나 예외 없이 금지된다는 취지라기보다는 이 사건 법률조항이 추구하고자 하는 입법목적, 즉 '법원의 기능 보호'와 전혀 무관한 집회는 예외적으로 허용될 수 있다는 취지로 해석하여야 한다.

입법목적은 입법자가 당해 법률을 수단으로 하여 추구하고자 하는 목적으로서, 입법목적과 무관한 경우는 입법자가 그 법률을 통하여 보호하려는 범위 밖에 존재하므로, 표면적으로는 법문에 포섭되는 듯이 보이는 경우라도 입법목적과 무관한 경우는 그 법문에서 제외시킴이 입법자의 진정한 본래의도를 구현하는 길이기 때문이다.

이에 따라 법원은 이 사건 법률조항에 의하여 금지되는 집회의 구체적 범위를 합리적인 해석에 의하여 적정하게 결정할 수 있고, 또 그렇게 결정하여야 하며, 이때 집회의 3원칙이 지켜지기 위하여 필요한 최소한의 요청의 내용이 그 구체적 결정기준으로 작용할 수 있다.

그러므로 이 사건 법률조항의 적용범위를 고정, 불변의 것으로 가정하여 이를 바로 위헌이라고 판단하여서는 아니 되며, 이 사건 법률조항은 입법목적과 집회의 3원칙에 비추어 본 합리적 해석에 의하여 충분히 그 합헌성을 유지할 수 있다.

물론, 법원은 그 기능의 특수성으로 인하여 보다 강한 보호를 할 필요가 있기는 하다. 그러나 이는 이 사건 법률조항의 해석을 통하여 금지되는 집회의 범위를 구체적으로 확정함에 있어 고려하여야 할 요소로서 의미를 갖는 것이지, 이로써 예외 없는 절대적 집회금지장소의 설정을 정당화할 수는 없다.

라. 결 론

나는 이상의 이유로 이 사건 법률조항이 헌법에 위반되지 않는다고 생각한다.

제4절 여성女性의 시대

(가) 여성의 경쟁 참여

지금까지는 인구의 절반이라 할 남성들만이 주로 활동하는 시대였지만 앞으로는 남과 여 모두가 참여하여 활동하는 시대가 된다. 국가 사이의 경쟁에서도 과거에는 남자들만으로 경쟁이 이루어졌다면 앞으로는 여자들까지 그 경쟁에 참여하게 된다. 비유하자면 올림픽 경기에 남자들만 참가해서 국가의 순위를 다투었는데 이제는 여자들까지 올림픽에 참가해서 국가의 순위를 다투게 되었음과 같다. 아직 많은 나라들에서 여자의 활동은 그렇게 크게 두드러지게 나타나지 않는다. 그렇다면 어느 나라가 먼저 여성의 능력을 계발하여 활용하는가에 국가의 장래가 좌우된다고 보아 틀림이 없다. 선발제인先發制人(남보다 앞서 움직여 상대를 제압하다)이다. 우리나라도 이 경쟁에서 뒤질 수는 없다. 충분히 승산이 있는 경쟁이다. 여성의 잠재능력을 폭발적으로 발휘할 계기를 정부가 선제적으로 만들어 나가야 한다.

(나) 남녀동수할당제男女同數割當制

공정한 공개경쟁시험으로 치러지는 사법시험에서는 남녀 사이에 아무런 차별이 없는데, 이 사법시험을 통해서 선발되는 판사와 검사의 수는 근래에 들어 어느덧 남녀男女 동수同數에 육박해 가고 있다. 무엇을 의미하는가.

국회의원과 내각의 각료를 남녀 동수로 구성하는 방안(일종의 남녀동수할당제男女同數割當制, 강제quota제)를 연구해서 다른 나라에 앞서 경과조치經過措置를 두어 시행하는 정책도 여성 능력을 폭발적으로 발휘케 하는 계기가 될 수 있다. 군軍인력人力의 상당 범위를 여성女性 모병募兵으로 충원하는 시책도 한 방법이다.

(다) 여성의 법률상 지위

여성의 역할이 커져야 한다는 것과는 별개로 그동안 우

리나라에서는 여성의 법률상 지위 자체가 부당하게 차별을 받고 있는 것이 아니냐 하는 여러 논란이 있었다. 예를 들면, 왜 여자는 호주戶主가 되지 못하는가, 왜 자녀의 성姓은 어머니의 성을 따르지 못하는가 등에 관한 논란들이었다.

이 두 가지 문제에 관하여 헌법재판소는 그런 차별은 모두 헌법에 위반된다는 취지의 결정을 하였다. 그러나 나는 달리 생각한다. 그런 차별은 헌법과는 관계가 없으므로 헌법위반이 아니라는 생각이 나의 의견이다.

그런 차이점은 법률상의 신분에 위헌적인 차별을 가져오지 않으며, 그런 차이 때문에 여성의 활동이 불공정하게 제약되지도 않는다는 생각이 그 요지이다. 그 사건들의 결정에 참여했던 나는 위헌이라는 다수의견에 대한 반대의견을 결정문에 표시하였는데 이를 여기에 소개한다. 전문적인 법률용어가 많이 나와 법률에 익숙하지 않은 사람들에게는 이해하기 어려운 점이 있고 읽기에 지루할 수도 있다.

그러나 여성의 활동을 논하는 마당에는 반드시 한 번쯤 거쳐보아야 하는 논점이어서 관심 있는 사람에게는 참고가 될 수 있으므로 이 위헌결정에 대한 나의 반대의견을 이 책의 말미에 부록 4.와 5.로 실어 참고로 제공한다.

(라) 부성제父姓制의 문제

부성제라 함은 자녀子女의 성姓은 원칙으로 아버지의 성을 따르도록 하는 제도인데 민법民法에 규정되어 있다(몇 가지 예외도 있다).

다수의견은 이것이 헌법위반이라고 함에 대하여 나는 반대하였다. 이 책의 부록 4.를 참조하기 바란다.

(마) 여호주女戶主의 문제

민법民法은 남자가 원칙으로 호주戶主가 된다고 규정하고 있는데(예외도 있다) 이런 호주제도는 남녀평등에 위배되어 위헌이라는 것이 다수의견이었고 나는 이에 반대하였다. 이 책의 부록 5.를 참조하기 바란다.

제5절 전문가專門家 시대

앞으로는 대중의 시대라고 했지만 동시에 전문가 시대가 되리라 본다. 앞의 제2절에서 말한 것처럼 이 시대가 과학의 시대이기 때문에 더욱 그렇다.

대중의 시대에는 모든 지식과 기술에 대한 접근로接近路가

컴퓨터와 언론매체에 의하여 대중에게 열려져 있으므로 대중의 지식과 기술은 놀라운 수준으로 높아지게 된다. 그렇다고 하여 전문가가 필요 없는 때가 오지는 않는다. 대중의 지식 수준이 높아지면 높아질수록 지식의 세계는 더욱 넓어지고 더욱 깊어지기 때문이다. 어차피 대중이 접근할 수 없는, 또는 접근을 포기할 그런 지식과 기술의 세계가 계속 새롭게 열린다. 따라서 전문가들이 활약할 수밖에 없는 그런 영역이 끊임없이 생기고 또 그래야만 한다. 사실 이 점은 예나 이제나 마찬가지였다. 다만 옛날에는 이런 현상을 일반인들이 제대로 깨닫지 못했을 따름이다.

앞으로는 전문가의 역할이 점점 더 커진다. 또한 전문가들의 국제 간의 이동이 전에 없이 매우 빈번히 일어나게 된다. 결국 어느 나라가 더 우수한 전문 인력을 많이 확보하느냐가 주요한 경쟁거리가 된다. 그렇다면 더 많은 보수를 제공하고 더 많은 사회적 존경을 제공하는 나라가 더 우수한 전문가를 많이 가지게 되고 그런 나라가 더 흥성하고 그렇지 못한 나라는 기울어지게 된다.

제 2 장

막실기莫失機(때를 놓치지 아니함)와 대기待機(때를 기다림)

자신이 만만하고 성미가 급한 사람은 자기에게 유리한 때와 불리한 때를 가리지 못하고 성급하게 일을 벌인다. 현명한 사람은 반대로 때를 잘 가려서 유리한 때가 아니면 움직이지 않고, 유리한 때가 오기까지 기다리고 참는다. 개인만 그런 것이 아니다. 나라도 마찬가지이다.

중국의 전국시대에 오왕吳王 부차夫差[1]와 월왕越王 구천句踐[2] 사이에서 있었던 와신상담臥薪嘗膽의 얘기는 유명하다. 오왕 부차는 아버지 합려闔閭의 원수인 월나라에 복수하기

1) 재위 BC 496~BC 473.
2) 재위 BC ?~BC 465.

위하여 밤에 편안한 침대에서 자는 대신 불편한 장작더미 위에서 잠으로써 복수할 일을 잊지 않으려 애썼는데 이것이 와신臥薪이다. 그렇게 해서 부차는 3년 만에 월나라를 공격해서 회계會稽에서 구천을 포로로 잡아 아버지의 원수를 갚았다. 한편 포로생활에서 풀려난 구천은 귀국한 뒤 앉거나 잠자는 자리 위에 동물의 쓸개를 걸어두고 항상 쓸개를 핥으면서 회계의 치욕을 복수하기를 별렀다. 이것이 상담嘗膽이다. 그리하여 20여 년 뒤 구천은 부차를 붙잡아 자결하게 만들었다.[3)]

이 얘기에 나오는 두 사람 모두, 그 중에서도 특히 구천은 엄청난 인내심을 가지고 결정적인 때를 기다렸다. 이 정도의 인내심을 가진 사람이라면 아마도 성공하지 못할 일이 없으리라.

한편 앞에서 얘기한 송宋 나라 양공襄公의 일을 보면[4)] 그는 초楚나라 성공成公과 홍수에서 전투를 할 때 두 번이나 때를 놓쳐서 결국 전투에 지고 몸은 부상을 입었다. 첫 번째는 초나라 군대가 강을 건널 때 이를 공격하여야 하는데 그렇게 하지 않았고, 두 번째는 초나라 군대가 강을 다 건

3) 장기근 강술, 『十八史略』 上, 2006, 명문당, 177~ 179pp. ; 장기근 감수, 『이야기 故事成語』, 2005, 명문당, 572p. ; 사마천 지음, 정범진 외 옮김, 『史記 世家』 上, 1994, 까치, 267p. 이하.

4) 제1편 제4장 제1절 (다) 및 제5장 제2절 (4) 참조.

넜으나 아직 진을 채 치지 못하였을 때 이를 공격하여야 하는데 역시 이때를 놓치고 진을 다 친 뒤에 공격함으로써 패전하였다.

지도자가 때를 놓치지 않을 줄 알며, 또 때를 기다릴 줄 알면 그 나라는 성공하고 그렇지 못하면 그 나라는 쇠망한다.

제3장

비전(사명使命)의 제시

국민을 단결시켜 앞으로 나가게 만드는 데에는 국민 앞에 어떤 목표를 제시하고 이를 성취할 수 있는 길을 보여주는 조치가 필요하다. 보통은 사명감을 심어준다고 말하든가 또는 비전을 제시한다고 말한다.

모세[1]가 젖과 꿀이 흐르는 땅을 찾아 이스라엘 사람들을 가나안으로 인도한 일, 중세시대에 교황이 성지탈환聖地奪還을 주장하여 십자군十字軍 전쟁을 일으킨 일[2], 이슬람의 칼리프들이 코란을 내세워 이웃 나라들을 정복한 일들이 여기에 속한다.

히틀러가 아리안족의 세계 지배를 외치면서 독일을 재무

1) 구약성경에 나오는 이스라엘 민족의 지도자. 출애굽기의 주인공.
2) 서기 1095년 교황 우르바누스 2세가 성지탈환을 호소하였다.

장하고 유럽의 정복을 시도하여 제2차 세계대전을 일으킨 것, 명치유신明治維新 때의 일본 엘리트들이 탈아입구脫亞入歐(아시아를 벗어나 서구세계의 일원이 되는 것)를 외친 것, 일본의 군국주의자들이 대동아공영권大東亞共榮圈(동쪽 아시아가 커다란 하나가 되어 공동으로 번영을 누리는 그런 지역세계)의 건설을 소리치면서 이시아의 이웃 나라를 침략한 것, 간디가 인도의 독립을 주장하면서 인도인들을 비폭력운동으로 이끌고 나간 일, 레닌과 스탈린이 "만국萬國의 노동자여! 단결하라." 고 외치면서 공산주의의 세계팽창을 획책한 일도 그렇다.

박정희 대통령이 조국 근대화를 내걸고 5.16 혁명을 시작한 일, 우리가 남북의 통일을 외치는 일 등 역사에는 그런 사례가 너무도 많다.

성공한 사례도 있고 실패한 예도 있다. 해피 엔딩으로 끝나기도 하고 비극으로 끝나기도 했다.

문제는 그런 비전의 제시가 정치인들의 사기극詐欺劇인 경우도 있는데 그때는 국민을 오도하여 비극으로 몰고 가는 수도 있다.

올바른 비전의 제시라면 비록 많은 어려움이 있고 한때 고난의 세월이 있어도 잘 참고 끝까지 함께 나가야 한다. 그러나 잘못된 경우라면 경거망동하거나 부화뇌동할 일이 아니다.

그러면 어떻게 그 제시된 비전이 올바른지 아니면 잘못인지를 알 수 있는가. 참으로 어려운 일이다. 그야말로 국민의 현명한 판단과 지도자의 진정성眞正性에 의지할 수밖에 없다.

하나의 기준은 말과 행동이 일치一致하는 사람이 들고 나왔는지 여부를 가지고 따져보는 방법이지만 그것만으로 다 알 수는 없다.

결국은 국민의 깨어남과 훌륭한 지도자의 선출이라는 원점原點으로 다시 되돌아가고 만다. 한발짝만 더 나가면 결국 시운時運이요, 천운天運이라는 자탄自歎이 나오고 자조自嘲가 나온다. 그러나 그럴 수만은 없지 않은가.

하늘은 스스로 돕는 자를 돕는다고 하였다. 천도건이天道健而 군자이자강불식君子以自强不息이라고 하였다. 하늘의 도는 굳세어 변함이 없으니 군자는 이를 본받아 스스로를 꿋꿋이 하여 쉬지 않아야 한다. 오직 묵묵히 노력할 뿐이다. 오늘만 있지는 않다. 내일도 있다.

제4장

우공이산愚公移山

우공이산愚公移山이라는 우화가 있다.[1)]

「태항산太行山과 왕옥산王屋山은 그 차지하고 있는 넓이가 칠백 리에다 높이는 만 길이나 된다. 원래 기주冀州의 남쪽과 하양河陽의 북쪽 사이에 있다.

그곳 북산北山에 우공愚公[2)]이라는 나이 아흔이 다 된 늙은이가 이 산을 마주 보고 살고 있었다. 그는 산이 북쪽을 가로막고 있어 출입에 고통을 당하는 것을 몹시 괴로워하였다. 이에 그 늙은이는 집안사람들을 모아놓고 이렇게 상의

1) 열어구 찬, 임동석 역주, 『列子』, 2009, 동서문화사, 247p.
2) 가설로 내세워 어리석은 사람이라 하였으나 도리어 현명하고 우직함을 강조하기 위하여 붙인 이름.

하였다. "너희들은 나와 힘을 합해 이 산을 깎아 평지로 만들어 예주豫州의 남쪽으로, 그리고 한수漢水의 남쪽까지 곧바로 갈 수 있도록 하자. 어떻겠느냐?"

집안 식구들은 모두가 그의 뜻을 따르기로 하였지만 그의 아내만은 펄쩍 뛰었다. "당신 같은 늙은이의 힘으로는 조그만 괴보산魁父山의 언덕조차도 깎을 수가 없을 터인데 그 높은 태항산과 왕옥산을 어찌 없앨 수 있다는 말입니까? 게다가 그 흙과 돌은 어디 버릴 데가 있겠습니까?" 식구들이 말하였다. "그것은 발해渤海의 저쪽 밖 은토隱土의 북쪽에다 버리면 되지요." 이리하여 마침내 그는 자손들과 짐꾼 세 사람을 거느리고 나서서 돌을 캐고 흙을 파내어 삼태기에 담아 발해 밖으로 날랐다. 그러자 이웃 경성씨京城氏 집의 과부의 유복자는 이제 막 젖니를 가는 나이의 어린아이인데도 달려와 이 일을 돕기까지 하는 것이었다. 그러나 얼마나 먼 길인지 그들은 겨울이 가고 여름이 와서야 겨우 흙을 한 번 지고 갔다가 돌아올 수 있었다.

하곡河曲의 지혜롭다고 소문난 지수智叟[3]라는 늙은이가 이를 보고 참다못해 웃으면서 말렸다. "당신은 너무나 어리석군요. 당신은 늙어 이제 살날이 얼마 남지도 않았소. 그 남은 힘으로는 산의 한 귀퉁이도 없애기 어려울 것이거늘

---

3) 지혜로운 노인이라는 뜻으로 愚公과 대비하여 붙인 가설의 인물.

무슨 힘으로 죽기 전에 그 많은 흙과 돌을 다 치우겠다는 것입니까?"

우공은 탄식하며 이렇게 대꾸하였다. "당신의 고루함은 어쩔 수 없구려. 과부의 아들만도 못합니다그려. 나는 비록 늙어 죽는다 하더라도 내게는 자식이 있소. 내 자식은 또 손자를 낳을 것이고, 손자는 또 자식을 낳아, 그 자식은 또 자식을 낳고 그 자식은 또 손자를 낳을 것입니다. 이렇게 자자손손은 끝없이 이어질 것이지만 이 산은 더는 불어나지 않을 것이며 깎이는 일만 남았는데 어찌 평평해지지 않을 수 있겠습니까?"

그 지혜롭다는 지수는 더 이상 대꾸할 수가 없었다.

그런데 산과 강을 관장하는 조사신操蛇神[4]이 이를 듣고 우공이 그치지 않고 끝까지 산을 파헤치지나 않을까 걱정스러웠다. 이에 그 사건을 상제上帝에게 보고하였다. 상제는 도리어 그의 정성에 감동하여 과아씨夸蛾氏[5]의 두 아들을 시켜 그 산을 짊어져 옮겨 놓도록 하였다.

이리하여 두 산은 삭동朔東과 옹남雍南으로 옮겨지게 되었다.

이로부터 기주의 남쪽과 한수의 북쪽은 막힌 곳이 없이 통하게 되었다.

4) 중국 전설 속의 신으로 손에 뱀을 잡고 있는 형상을 하고 있음.
5) 중국 전설 속의 큰 힘을 가진 神의 이름.

요사이 직장에서의 고달픔과 취업난으로 시름하는 젊은이들 사이에 '흙수저', '헬조선', '이생망'(이번 생은 망했다) 등의 자조어自嘲語가 유행하고 여기에 일부 지식인들이 가세하고 있다.

나는 요즘에는 그동안 쓴 글을 다시 읽으며 다듬고 있었는데 이 대목에 이른 오늘 아침, 신문의 칼럼에서 재미난 글을 보았기에 그 중 한 대목을 여기에 소개한다.

「(전략前略) 이런 말도 필요할 것 같다. "그대들이 가장 조심할 것은 '흙수저와 함께 눈물을 흘려주겠다'는 사람이다." '흙수저'를 불에 구우면 도자기가 되고, 물에 담그면 흙탕물이 된다. '흙수저'를 끌어안고 눈물 흘려주는 사람은, 그걸 우려먹으려는 사람이다. 돈도, 빽도, 몸도 시원찮으면 불길 속에 몸을 태우듯 '노오력'하거나, 그것도 어려우면 실업 연금의 길이 있다고, 누군가는 말해야 한다. 다른 길이 있는 듯, 다른 길을 만들 듯 하는 건, 집단적 사기다.」[6)]

그런 젊은이들은 우공 같은 늙은이를 생각해야 한다. 늙

6) 박은주 디지털뉴스본부 부본부장 집필, '흙수저를 우려먹는 사람들', 조선일보 2016년 2월 13일자 A27면, 터치! 코리아 칼럼.

은이도 저러했거늘 하물며 태산이라도 짊어지고 갈 젊은이가 이래서야 되겠나라고 생각해야 한다.

정부의 예산실장, 국무총리조정실장 등을 역임하고 지금은 모 대학교 총장으로 가 있는 김동연 씨는 내가 업무 관계로 두 번인가 그의 사무실을 찾아가 만난 일이 있는 분이다. 언론을 통해 본 그 분의 경력은 이렇다. 그 분은 11세 때 아버지가 돌아가셔서 서울 청계천의 판잣집에서 할머니, 어머니와 세 동생이 함께 살았다. 그러다 그 판잣집이 철거된 뒤에 경기 광주군으로 강제 이주를 당해 벌판에 천막을 치고 살았다. 대학진학은 꿈도 꾸지 못하고 상업학교에 진학했다. 졸업하기 전에 은행에 취직해서 만 17세에 소년 가장이 되었다. 야간대학에 다니다가 고시공부를 해서 행정고시와 입법고시에 합격해서 공무원이 되었고 이후 장관까지 되었다. 고난을 이긴 그 의지 앞에 머리가 숙여진다. 이런 의지와 노력을 본받아 힘을 내야 한다. 김동연 총장 같은 젊은이와 우공愚公 같은 늙은이가 많아야 나라가 산다.

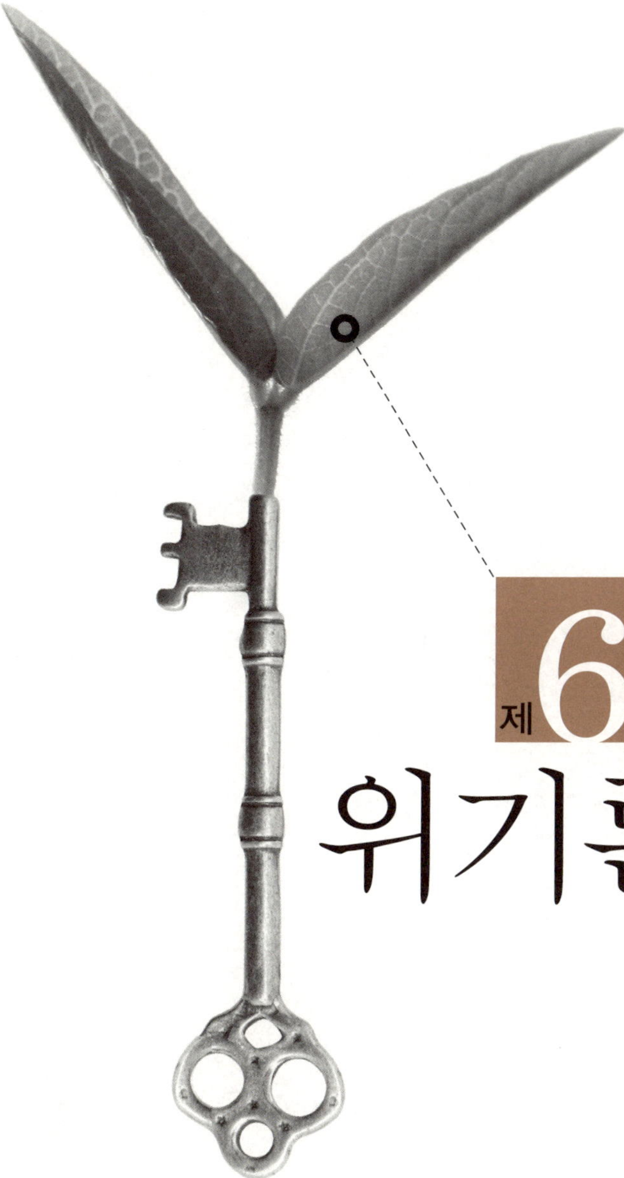

제 6 편

위기론 危機論

흥 망 유 수
興 亡 有 數

제1장

외환론外患論

제1절 중과부적衆寡不敵

(가) 외적外敵의 침입侵入

내우외환內憂外患을 위기危機라고 한다. 먼저 외환에 대하여 본다.

내부적으로 아무런 분쟁도 없고 나라가 잘 굴러가는데 어느 날 갑자기 강력한 외적이 쳐들어와 나라가 망하는 수도 있다. 적국과의 군사력 차이가 질적으로나 양적으로나 워낙 커서 상대가 안 되는 경우가 있다. 소위 중과부적衆寡不敵(많은 수의 군대를 적은 수의 군대로 이기지 못한다)이고 강약부동强弱不同(강함과 약함은 같지 않다)이라고 할 경우이다. 이런 일이 갑자기 코앞에 닥치면 아무런 수가 없다.

굳이 수數라고 한다면 하나는 천재天才의 발탁이고 다른 하나는 옥쇄玉碎이고 나머지 하나는 항복降伏이며 마지막 하나는 포위를 당하기 전에 미리 달아나는 방법이다(주위상책走爲上策).

(나) 약승강弱勝强(약함으로 강함을 이기다)

세계의 전사戰史를 보면 군사적 천재가 등장하여 약한 군대를 이끌고 강한 외적을 대파하여 나라를 구하는 경우가 적지 않다.

고구려의 을지문덕이 소수의 군대를 이끌고 수나라의 100만 대군을 격파한 것(살수대첩薩水大捷), 이순신 장군이 명량에서 13척의 함선으로 130여 척의 왜군을 격파한 일(명량대첩鳴梁大捷), 중국 삼국시대 동오東吳의 주유周瑜가 3만의 병력으로 80만을 거느린 조조曹操를 적벽赤壁에서 대파한 일(적벽대전赤壁大戰), 중국의 오호십육국五胡十六國 시대 동진東晋의 사현謝玄이 8만의 군사로 전진前秦 부견符堅의 100만 대군을 비수淝水에서 대파한 것(비수대전淝水大戰), 그밖에 마라톤 전투, 살라미스해전 등 우리가 잘 아는 유명한 전투만 해도 매우 많다.

문제는 그런 군사적 천재를 어떻게 제때에 구할 수 있는

가이다. 닭이 천 마리이면 봉이 한 마리는 있다 하니 평상시에 잠재적 예비 천재들을 충분히 축적해 놓았다면 모를까 그렇지 않으면 찾으려 해봐야 찾을 수가 없다. 또 예비된 후보들이 충분히 있다 하더라도 너무 늦으면 소용이 없다.

(다) 옥쇄玉碎와 포로捕虜

옥쇄는 모두가 죽을 때까지 끝까지 싸우다 죽거나 포로가 되는 짓이다. 항복은 당장 죽음은 면하지만 그 뒤의 운명은 알 수가 없다. 이긴 쪽의 처분에 달려 있다. 포로들을 사면해서 이긴 나라의 시민권까지 주는 가장 명예롭고 관대한 경우가 있는가 하면, 죄수인 채로 노역에 종사케 하거나 노예로 삼아 종으로 부리거나 돈을 받고 팔거나 하는 경우도 있고 대량으로 살육하는 경우까지 다양하다. 로마가 이웃 도시나 다른 나라를 정복한 뒤 그 주민들에게 로마 시민권을 부여한 경우가 첫 번째의 예이고, 징기스칸이 중앙아시아를 정복할 때 끝까지 저항한 도시의 주민을 몰살한 경우는 마지막의 예에 해당한다. 여진족女眞族의 청淸나라가 중국을 정복한 뒤 한족漢族을 삼등계급의 국민으로 대우한 일은 그래도 중간 정도의 대우는 한 셈이다.

옥쇄나 항복 중 어느 것을 택하는가는 전적으로 지도자

와 국민의 선택이다. 상대가 개명한 문명국가인가 아닌가도 선택에 영향을 미친다.

이 경우에 진 쪽에서는 이런 후회의 말을 했어야만 한다. "왜 진작 그런 강대국의 실력과 그 침략의도를 미리 미리 알아채서 대비를 못했을까."

(라) 백제百濟 의자왕義慈王

1 당나라 전략의 승리

하나의 예로 의자왕義慈王 때 멸망한 백제百濟[1]의 경우를 보자.

신라와 당나라 연합군의 침략에 맞서 백제군이 싸우다 패하자 의자왕이 웅진熊津(지금의 공주)으로 피난하였는데 이곳을 지키던 대장 예식禰植이 의자왕을 사로잡아 당군唐軍에 항복하였다.[2]

당시의 양측의 전력을 비교해보면 하늘과 땅의 차이라고 할 만큼 백제가 약했다. 중과부적이라고 할만하다.

당나라는 태종太宗 대代를 거쳐 고종高宗의 대에 이르러 전성기를 맞은 당시 세계 최강의 나라였으니 그야말로 Super

1) 서기 660년 멸망.
2) 김부식 지음, 정구복 외 번역, 『역주 삼국사기』 3, 주석편 上 미주 110, 2012, 한국학중앙연구원, 835p.

Power 라고 할 만큼 강하였지만 백제는 그에 비하면 매우 약했다. 왜 그리 약했는가.

굳이 따져 본다면 신라와의 잦은 전쟁으로 국력이 소진되었다고 할 수 있다. 의자왕 2년 때부터 시작하여 거의 매년 신라와 치고받기를 벌였고 그 선대왕先代王들 때부터 있었던 전쟁까지 합치면 130여 년간을 신라와 전쟁을 치렀으니 국력이 소진될 만도 하다. 신기한 일은 그런 잦은 전쟁의 결과가 신라 쪽에는 국력을 오히려 강하게 만드는 방향으로 작용했고 백제 쪽에는 국력이 지치고 약하게 만드는 방향으로 영향을 미쳤다는 것이다. 전투의 승부를 보면 백제 쪽이 이긴 때가 더 많았는데도 그렇다. 고대古代 그리스의 최강국 스파르타에는 같은 나라와는 여러 번 전쟁을 하지 말라고 하는 계율戒律이 있었다고 한다.[3] 이유는 같은 나라와 자주 전쟁을 하면 그 나라가 전쟁을 잘하게 될 염려가 있다는 까닭이다. 실제로 스파르타가 테베와 자주 전쟁을 한 결과 과거에는 스파르타의 상대도 되지 않던 테베가 서로 세력을 맞겨룰 지경으로 강하게 되었다. 에파미논다스[4] 때에는 오히려 테베가 그의 지휘하에 레우크트라 전

3) 박시인 역, 『플루타크 영웅전』 1, 1961, 을유문화사, 126p.
4) 도시국가 테베의 장군 겸 哲人 정치가. 뛰어난 병법으로 당시 그리스 최강의 스파르타군을 연이어 격파하여 테베가 패권을 잡게 했다. 고결한 인격으로도 유명하다.

투와 만티네아 전투에서 연이어 스파르타를 격파하여 그리스의 패권을 차지하였다. 아마도 이 교훈이 맞는 듯하다. 거듭된 전쟁을 통해 신라는 점점 강해졌고 백제는 점점 약해졌으니 말이다. 이것은 다른 측면으로 보아도 알 수 있다. 백제는 신라와의 싸움이 점점 힘겨워지니까 이윽고 고구려와 동맹을 맺고 신라에 대항하기 시작했다. 신라는 강해지고 백제는 약해졌다. 요는 신라는 거듭된 시련이 국민의 아사비야, 즉 의기투합의 협동을 일으켰음에 반하여 백제는 반대로 아사비야의 소진을 가져왔다. 아사비야에 대하여는 뒤의 제7편 결론, 제1장 '아사비야' 부분을 참고하기 바란다.

잦은 전쟁으로 인한 국력의 소모 말고도 백제는 또 하나 결정적인 정책상의 과오를 저질렀다. 그것은 고구려와 동맹을 맺고 당나라와의 관계를 단절한 행동이었다. 삼국사기 본기本紀에 보면 의자왕은 초기에는 매년 당나라에 조공하여 관계를 돈독히 했고 이런 우호관계는 의자왕 12년까지 계속되었다. 의자왕 11년에 당나라는 백제에 조서를 보내 신라와 화해하고 전쟁을 그치라고 강력히 권하였는데 백제 측의 이에 대한 회신 내용은 기록이 없다. 당나라의 힘을 과소평가하여 무시하지 않았나 싶다. 오히려 의자왕 15년에 고구려와 힘을 합쳐 신라의 30여 성을 공격하여 깨뜨렸다는 기록이 남아 있고, 당나라에 조공하고 사신을 교환했다는 기록은 의자왕 12년부터 당나라의 침공이 시작된 의자왕 20년까지 전혀 보이지 않는다.[5] 이로 미루어 보면 의자왕 15년 이후로는 당나라와의 관계가 단절되었다고 보인다. 반면 신라는 이때 당나라에 사신을 보내 조공하고 백제가 고구려와 함께 쳐들어와 30여 성을 함락시켰다면서 구원을 요청하였다.

이것은 수隋 이래로 고구려에게 거듭 패전을 당한 원한을 고구려를 정복함으로써 설욕하고, 동북아東北亞 지역에 대한 중국의 패권을 확립하려고 벼르고 있는 당나라에게는 놓칠 수 없는 아주 좋은 기회였다. 당나라로서는 신라와 힘을 합쳐 백제를 정복하고 이어 여기서 다시 고구려를 공격하는 것은 고구려의 배후를 공격하는 작전이라 이것은 요동으로 진격하는 당나라의 공격과 더불어 양면 포위작전이 되므로 최상의 전략이 되기 때문이다. 백제로서는 망할 수밖에 없는 전쟁노선으로 걸어 들어간 셈이다.

당나라는 신라와 동맹을 맺는 것에 그치지 않고 왜 백제를 정복까지 했는가. 신라와의 동맹만으로는 고구려의 배후를 공격하기가 지리 조건상 어려웠기 때문이다. 당나라는 왜 백제와는 동맹을 맺어 고구려의 배후를 공격할 생각

5) 정구복 외 번역, 『역주 삼국사기』 2, 삼국사기 권제28 백제본기 제6, 2012, 한국학중앙연구원, 507p. 이하.

을 안 했는가. 우선 백제는 이미 고구려와 동맹을 맺어 신라를 자주 공격했기 때문에 백제를 고구려와의 동맹에서 이탈시켜 새로 당과 동맹을 맺도록 유도하기가 어려웠다. 또 백제와의 동맹체결에는 백제와 신라의 화해가 전제가 되어야 하는데 그것이 쉽지 않다고 보았기 때문이다. 그래서 당나라는 신라와 동맹을 맺어 백제를 먼저 쳐부수고 그 다음에 고구려를 전방과 후방 양면에서 공격하는 전략을 취하였다.

백제와 고구려는 전략면에서 당나라에 완패한 셈이다.

2 의자왕에 대한 폄훼

삼국사기에 보면 의자왕 16년 조條에 "봄 3월에 왕은 궁녀와 더불어 주색에 깊이 빠져 마음껏 즐기며(음황탐락淫荒耽樂) 술 마시기를 그치지 아니하였다. 좌평 성충이 극력 간언하자 왕은 분노하여 그를 옥에 가두었다. 이로 말미암아 감히 간언하는 자가 없었다. 성충이 옥중에서 굶어 죽었다." 라고 기록되어 있다.[6)]

그러나 이런 폄훼(남을 깎아내려 헐뜯다)의 기록은 다분히 승자인 당나라와 신라 측이 조작한 내용을 그대로 따라갔다고 생각한다. 중국의 제국帝國은 다른 나라를 침략할 때

6) 앞의 책, 511p.

는 으레 상대방 나라의 군주가 황음무도荒淫無道(주색에 깊이 빠져 사람의 도리를 아예 무시하다)하고 충신의 간언을 듣지 아니하고 오히려 충신을 죽이고 백성을 도탄에 빠트려 상국上國으로서 도저히 이를 묵과할 수 없어 부득이 정벌한다는 명분을 내걸기 일수였다. 당나라가 백제를 공격할 때에도 마찬가지였으리라. 다를 리가 없다. 그러한 추측의 단서로는 먼저 삼국사기 본기 의자왕 조條의 첫머리에 실린 다음과 같은 기록을 들 수 있다.

"의자왕은 무왕의 맏아들이다. 웅걸차고 용감하였으며 담력과 결단력이 있었다. 무왕이 재위 33년에 태자로 삼았다. 어버이를 효성으로 섬기고 형제와는 우애가 있어서 당시에 해동증자海東曾子라고 불렸다."[7] 이것은 의자왕 즉위 당시의 기록이다. 그런데 앞에서 본 의자왕 16년 조에는 "궁녀와 더불어 주색에 빠지고 마음껏 즐기며 술 마시기를 그치지 아니하였다. 좌평 성충이 극력 간언하자 왕은 분노하여 그를 옥에 가두었다."라고 되어 있으니 이에 따르면 즉위 당시에는 한마디로 해동증자라고까지 칭송을 받던 사람이 15년 만에 갑자기 음황탐락의 호색한으로 둔갑하였는데, 그렇다면 그렇게 변하게 될 만한 무슨 사정이 있어야

---

7) 앞의 책, 507p. '해동증자'는 海東, 즉 백제에 나타난 曾子라고 하는 뜻이다. 曾子는 孔子의 제자로서 특히 孝行이 빼어난 사람이다.

하지 않겠는가.

역사를 보면 처음에는 훌륭한 군주로서 백성을 위해 좋은 정치를 하던 사람이 계속된 평화와 번영 속에서 긴장이 풀려 타락하는 예를 흔히 볼 수 있다. 예컨대 당나라의 현종玄宗같은 사람이다.

태평성대에 지쳐 양귀비와 놀아나다가 안록산의 난리를 당해 나라를 파국으로 몰고 간 그 현종 말이다. 그러나 의자왕의 경우에는 그렇게 볼 만한 사정이 없다. 신라와의 국경 충돌은 끊임없이 이어지고, 고구려와 당나라의 전쟁 역시 계속되고 있었으며 신라는 연이어 당나라의 구원을 요청하는 상황이었으니 의자왕이 긴장이 풀려 음황탐락할 형편이 아니었다. 그리고 의자왕의 이름인 '옳다는 뜻의 의義'와 '사랑한다는 뜻의 자慈'라는 글자 역시 나라를 망친 군주에게는 어울리지 않는다.[8] 이런 사정을 종합해 보면 백제 의자왕은 세상에 알려진 얘기처럼 부덕不德의 소치로 망한 것이 아니라 전략의 잘못으로 중과부적의 상황狀況에 빠져 망했다고 추측된다. 음황탐락淫荒耽樂했다는 기록은 승자勝者인 신라 측의 왜곡을 그대로 따랐다고 추측할 수 있다.

8) 의자왕이라는 이름은 謚號가 아니다. 즉, 王으로 죽은 자에게 바치는 이름이 아니었으므로 즉위 때부터 가진 이름이라고 볼 것이다.

(마) 후회

일본의 전국시대戰國時代(15세기 후반부터 16세기 후반까지 군웅이 할거하여 서로 다투던 시대)를 끝내고 군사 강국을 만든 풍신수길豊臣秀吉을 무시했다가 7년간의 임진왜란을 당했던 선조宣祖 임금의 조선 조정, 그러고도 다시 강대국 청淸나라의 부상浮上을 깨닫지 못하고 마침내 삼전도三田渡에서 청태종에게 삼배구고두三拜九叩頭9)의 치욕을 당한 인조仁祖 임금의 조선 조정, 그리고 백제의 의자왕은 모두, 앞에서도 본 바 있지만, 다음과 같은 후회를 마땅히 했어야 한다. 즉, "왜 일찍 그런 강대국의 존재와 그의 침략 능력을 미리 미리 알아채서 대비를 못했을까."

이들이 했어야 할 후회가 또 하나가 있다. 그것은 동맹을 소홀히 하고 동맹국을 잘못 고른 것이다.

제2절 동맹론 II

앞의 제4편 지론地論 제4장 동맹론 I 에서 얘기한 바 있지만 조선이 임진왜란 때 누르하치의 원병援兵 제의를 거절한

9) 세 번 엎드려 절하고 한 번 절할 때마다 세 번 머리를 땅바닥에 찧는 인사법.

일이나 병자호란이 일어나기 전 청나라의 동맹제의를 거절하고 명나라와의 동맹을 고집스레 유지한 것은 아주 잘못된 처사였다. 무슨 이유를 대든 두 번의 병란으로 인하여 희생된 무수히 많은 생령生靈의 피해를 생각하면 그 처사는 분명한 잘못이다. 두 번 모두 나라가 없어지지 않은 것만 해도 천우신조天佑神助(하늘과 신령이 도와줌)라 하겠다. 나라가 없어지지 않고 그나마 명맥을 유지한 것은 임진왜란의 경우에는 비록 엉터리이긴 하나 명明이라는 동맹국이 있어 원병을 보내주었기 때문이었다. 병자호란의 경우에는 중국 정복을 앞두고 조선을 자기 편으로 만들면 충분하다고 생각한, 즉 조선을 동맹국으로 만들면 충분하다고 여긴, 청나라의 전략적 고려 덕분이었다.

그러나 백제의 경우에는 당나라와 동맹을 맺지 않고 고구려와 동맹을 맺은 선택은 곧바로 국가의 멸망으로 이어졌다.

6.25 사변 때는 어떠했는가. 미국과의 동맹이 없어서 남침南侵을 당했고 그로 말미암아 저 멀리 대구까지 몰려갔다가 동맹국 미국의 원병으로 겨우 살아남게 되었으니 동맹이 우리를 살린 것이다.

고구려는 당나라 이세적 장군에게 수도 평양성이 포위당했을 때 구원해주는 동맹군이 없어서 왕이 탈출도 하지 못하고 멸망하고 말았다.

강력한 외적이 압도적인 우세를 이용해 쳐들어올 때 동맹국의 존재와 그 원병은 살아남기 위한 필수적 조건이다. 평소에 이 점을 유의하여 든든한 동맹을 결성, 유지하는 일은 위기에 처한 나라를 구하는 길이다.

제 2 장

내환론內患論

가장 큰 위기의 원인은 내분內紛이다. 바꾸어 말하면 나라를 망하게 하는 가장 큰 원인은 내분이다.

내분은 외적의 침입에 못지않은 위기이다. 오히려 더 큰 위기이다. 내환 중에 대표적인 걱정거리는 내란內亂이지만 내란뿐만 아니라 크고 작은 각종 내분이 모두 내환에 포함된다. 나라는 대부분 내분으로 망한다. 가정도 기업도 마찬가지이다. 가장 무서운 위기가 내분이다.

고구려는 연개소문淵蓋蘇文의 아들들 사이의 내분으로 망했다. 이미 앞에서 언급했다.

고려는 이성계의 반란으로 망했다. 제32대 우왕禑王의 명을 받고 요동 정벌에 나섰던 이성계가 반란을 일으켜 서기 1388년 위화도에서 회군하면서 최영 장군을 내쫓고 정권을 잡았다. 이로부터 이성계가 고려를 쓰러뜨리고 조선을 건국하는 과정이 시작되었다.

후백제는 부자父子 사이의 내분으로 망했다. 후백제의 왕 견훤의 장남 신검이 서기 935년 두 동생과 함께 반란을 일으켜 견훤을 유폐하고 스스로 왕이 되자 견훤은 탈출하여 고려 왕건에게 투항하면서 후백제는 막이 내리기 시작했다. 견훤이 장자인 신검을 제치고 넷째 아들인 금강에게 왕위를 물려주려고 하자 벌어진 내분이었다.

조선은 인조반정仁祖反正(서기1623년 조선 15대 왕 광해군을 내몰고 인조를 임금으로 앉힌 정변政變) 공신功臣들 사이의 모략과 질시로 서기 1624년 이괄李适의 난亂이 일어났다. 인조는 서울을 버리고 공주까지 도주했다가 겨우 난을 평정하고 다시 서울을 수복하였다. 자칫 왕조가 바뀔 뻔했다. 동서고금의 여러 나라 역사에서 굳이 더 많은 예를 찾아볼 필요도 없다.

내분을 막기 위해서는 우선은 권력과 이익이 효과적으로 분점分占되어야 한다. 굳이 독점을 위해 안에서 싸울 필요가 없어야 한다. 그리고 권력과 이익의 분점이 법에 의해서든 전통에 의해서든 확실하게 보장되어야 한다. 그리하여 분점이 독점보다 오히려 안전하다는 깨달음과 믿음이 이해관계자 사이에 공유共有되어야 한다.

내분으로 갈등하는 당사자들이 외적의 침입이나 더 큰

내부적 혼란 등 국가적 위기가 도래하면 내분을 즉시 그치고 서로 협력하는 아량을 발휘하면 대개 위기를 돌파할 수 있다. 데미스토클레스와 아리스테이데스처럼 말이다.[1] 그러지 못하는 한 내분은 치명적이다.

끝으로 독점을 기도하는 사람이나 세력은 초기에 철저히 응징하여 내분의 싹을 제거해야 한다. 예컨대 프롤레타리아 독재를 주장하는 것은 권력의 독점을 주장하는 정치투쟁의 하나에 해당하므로 초기에 철저히 배제되어야 한다. 그렇지 않으면 사회는 끝없는 내분에 휩싸인다. 나라가 망하는 길이다.

이승만 대통령이 건국 초기에 확고하게 반공反共의 조치를 취한 것은 이러한 이치에 부합한다. 지금의 좌파운동左派運動 일부는 서구식西歐式 사회주의의 보급과 실현을 넘어서서 프롤레타리아 독재의 길을 열려고 하는 의도를 가지고 있으므로 이를 방치한다면 내분을 일으킨다. 왜냐하면 이런 프롤레타리아 독재를 결코 용납할 수 없는 사람들이 더 많기 때문이다. 양자 사이에서 끝없이 분쟁이 일어날 위험이 있다. 위기가 아닐 수 없다.

1) 제2편 제2장 제2절 (라) '데미스토클레스와 아리스테이데스' 참조.

제3장

통합진보당의 해산

앞에서 말한 것처럼 지금의 좌파운동左派運動 중에 서구식西歐式 사회주의의 보급과 실현을 넘어서서 프롤레타리아 독재의 길을 열려고 하는 의도를 가지고 있는 사람들은 위기를 불러온다. 더구나 이런 사람들이 남한의 적화통일赤化統一(공산주의로 통일함)을 기도하는 북한식北韓式 사회주의社會主義에 동조하는 경우에는 더욱 그렇다.

헌법재판소가 통합진보당이라는 정당의 위헌성을 이유로 2014년 12월 19일 그 해산을 명령하는 결정을 한 것은 이러한 위기를 해소하는 데 결정적으로 기여하였다.[1)]

그 위기의 내용과 본질을 알 수 있도록 이 심판사건에서

1) 2014. 12. 19. 선고 2013헌다1 통합진보당해산 결정.

내가 청구인의 대리인으로서 행한 두 차례 변론 요지를 이하에 옮긴다. 본래 같으면 헌법재판소의 결정문을 요약해서 게재하여야 이 위기에 대한 정확한 이해가 쉽겠지만, 작은 활자의 인쇄본으로 255면에 이르는 방대한 분량이 되어 이 책에서는 소화하기 어렵다. 그래서 아쉬운 대로 나의 구술변론문口述辯論文으로 대신한다.[2)]

(가) 통합진보당의 위헌성

최종변론 시에 구술변론문의 별지로 첨부해서 지적했던 통합진보당의 위헌성을 먼저 밝히는 것이 이해에 도움이 되리라 생각하여 이를 먼저 싣는다. 다만, 이 구술변론문에는 법률문제에 관한 언급이 거의 전부 생략되어 있다. 국가소송수행자들과 다른 변호사들이 심판청구서, 준비서면, 변론문 등에서 이미 상세하게 언급하였기 때문에 중복을 피하기 위하여 생략한 것이다. 법률문제에 관심을 가진 사람들에게는 헌법재판소의 결정문을 직접 읽어 보기를 권한다.

2) 두 개의 변론문 중 (　) 속에 들어 있는 말들은 원래는 없던 것인데 이해의 편의를 위해서 이번에 집어넣은 것이다.

1. 정당해산 재판의 성격

(1) 헌법은 정당의 목적이나 활동이 민주적 기본질서에 위반할 경우에는 해산결정을 하도록 규정하고 있습니다. 이는 헌법질서의 유지를 위한 예방적 방어적인 조치로서, 형사적인 관점에서 보면 위태범을 처벌하는 입법정책과 같으므로, 현실적인 침해의 정도는 문제 삼지 않아야 합니다. 더군다나 외부의 적대권력과 연계된 경우에는 그 위태성은 본태적 성격을 가지므로 침해의 구체적 정도는 더 이상 문제될 수 없습니다. 그 위험은 예외적 상황이 아니라 항상적 상황입니다.

결국 위헌정당의 해산재판은 정당의 목적이나 활동에 위헌성이 있는지 여부를 확인하는 판단이므로 행정집행과 달리 그 판단에 재량이 개입할 여지가 없을 터입니다. 따라서 목적 또는 활동에 위헌요소가 있는 정당은 반드시 헌법위반 확인 및 해산선고를 해야 한다고 생각합니다.

(2) 정당해산 재판은 원래 정치문제에 대한 재판이며 헌법가치를 실현하기 위한 이데올로기적 성격이 강한 재판입니다. 세계관적 결단이 필요한 소이가 여기에 있습니다.

(3) 위헌정당은 목적과 강령을 의도적으로 모호하게 표현하거나 반대로 위장하는 경향이 있고(히틀러도 헌법준수를 맹세

하였습니다), 감추어진 목적을 달성하기 위하여 합법적, 잠정적인 목표를 제시하기도 합니다. 따라서 그 진정한 목표는 해당 정당의 공식적 문서 이외에 구성원과 정당의 발표문, 선전, 선동 활동, 간부들의 비밀지시, 당원에 대한 비공개 교육자료 등을 통하여 종합적으로 파악할 수밖에 없습니다.

증거의 취급에 있어서는, 특히 외부 적대권력과의 연계 및 정당내부의 비밀회동에 관련된 사항의 경우에는 그 특수성[3]을 예의 고려해야 합니다. 동서東西 독일의 통일 후에 그리고 소련의 해체 후에 밝혀진 여러 기밀정보의 내용 중에 세상을 놀라게 하는 내용이 많았습니다.

2. 이 사건 재판의 의미

(1) 통합진보당은 단지 좌파 성향에 그치지 아니고 그 목적과 활동이 자유민주주의의 헌법가치를 공격하고, 종북을 추구하는 정당이므로 위헌정당이라고 생각합니다.

(2) 통합진보당의 존속 결정을 내릴 경우, 이것이 반反 헌법의 면허장이 되어 앞으로 종북좌파 정당들의 위헌적 활동이 더욱 활발하여 좌우대립이 격화될 것이고, 쇠고기 파동 때에 못지

3) 아직은 증거로 입수하기 어려운 사정, 예컨대 북한 당국만이 소지하면서 그 공개를 철저히 비밀로 하는 등의 사정을 의미한다.

않은 아니 그 이상의 심한 사회적 혼란이 예상되며, 이 경우 헌정질서에 중대한 위험을 초래하게 됩니다. 나아가 위헌정당에게 소중한 국고로 보조를 하고, 국가기밀을 제공하며, 예산심의를 통하여 경찰, 검찰, 국군에 대한 압박을 허용하는 조치가 됩니다.[4)]

3. 정당의 위헌성

대한민국의 자유민주적 기본질서를 파괴하기에 이르는 목적을 가지거나, 그런 목적을 위한 활동을 하는, 그런 정당은 위헌정당입니다. 나아가 대한민국의 주권을 부정하고 대한민국의 자유민주적 기본질서를 파괴하려는 적대권력이 존재할 때에 그 적대권력에 공조共助하기에 이르는 목적을 가지거나 활동을 하는 정당이 있다면 그 정당도 위헌정당입니다.

4. 통합진보당의 목적의 위헌성

(1) 통합진보당은 강령 전문에서 "일하는 사람이 주인이 되는 자주적 민주정부를 세우고, 민중이 정치경제, 사회, 문화 등 사회생활 전반의 진정한 주인이 되는 진보적 민주주의 사회를 실현하겠다." 고 하였고, 당헌 전문에서 "우리 사회의 근본적 혁

4) 통합진보당 소속의 국회의원 여러 명이 당시 국회의 국정감사와 국정조사에 참여해서 활동하고 있었다.

신을 위해 투쟁하는 정당"임을 표명함으로써 소위 민중주권을 지향하고 있습니다. 진보적 민주주의는 북한이 내세우는 민주주의로서 반제반봉건 민주주의혁명, 즉 인민민주주의혁명노선에 기반을 두고 있습니다. 민중주권은 자유민주적 기본질서의 중요내용인 국민주권원리와 일치하지 않습니다.

(2) 통합진보당은 강령 제44조에서 '선제적 군비동결先制的 軍備凍結'이라는 비현실적이며 북한의 군사적 위협을 도외시한 주장을 명시함으로써 국가의 안전을 위태롭게 하고 있습니다. 또 통합진보당의 강령에는 자유민주적 기본질서의 중요한 요소인 인간의 존엄과 가치의 보호 등 기본적 인권존중에 관한 표명이 없습니다. 또한 국가권력의 기본권 기속성 등 법치주의적 요소도 없습니다.

(3) 또 통합진보당이 민생중심의 자주자립경제체제의 실현을 위한다고 하여 내세우는, 국가의 기간산업 및 사회서비스의 국공유화나 언론 재벌의 종편채널 사업권 회수 등 시장경제질서에 반하는 주장 등은 자유민주적 기본질서에 위배되는 내용입니다.

(4) 연방제 통일방식의 위헌성

우리 헌법 제4조는 자유민주적 기본질서에 입각한 평화적 통일의 추진을 규정하고 있습니다. 통합진보당은 '18대 대선 정책 공약 해설집'과 '정책공약 100문 100답' 등에서 명시적으로 '코리아 연방제'를 주장하였습니다. 이는 6·15 공동선언 제2항의 낮은 단계 연방제와 연합제를 기초로 통일을 시작하여 연방에 이르는 방식으로 남북이 서로 다른 이념과 체제를 갖는 조건에서 평화통일을 실현하는 유일한 형태라고 주장합니다. 이와 함께 우리나라가 내세우는 '국가연합제' 방식은 통일이 아니라고 부정합니다. 이렇게 북한의 주장과 유사하거나 실질적으로 동일한 내용의 통일노선을 내세우는 것은 자유민주적 기본질서에 입각한 우리 헌법의 통일방식을 부정하는 것입니다.

5. 통합진보당의 활동의 위헌성

(1) 통합진보당은 한동안 국민의례國民儀禮를 거부하였습니다. 태극기는 대한민국을 나타내는 국기이고 애국가가 국가라는 사실, 이 두 가지는 국민 누구나 인식하고 있는 자명하고도 전제된 헌법적 사항임에도 불구하고 이를 인정하지 않는 것은 대한민국과 그 헌법을 부정하는 행동입니다.

(2) 이석기 의원 등은 통합진보당의 중요간부로서 내란음모, 찬양고무, 국가보안법위반 등의 혐의로 형사재판을 받고 있습니다. 고등법원 판결에 의하면 이석기 의원 등의 여러 종북좌익 활동이 밝혀졌습니다. 통합진보당이 이들에 대한 당원자격을

정지하지 않고 오히려 옹호, 지원하는 행동은 헌법질서에 위배되는 짓입니다.

(3) 통합진보당의 김선동 전 의원은 미국과의 자유무역협정(FTA)을 반대하면서 국회본회의장에서 의장석을 향하여 최루탄을 투척하였습니다. 이는 의회주의를 부정한 짓입니다.

(4) 통합진보당은 국회 내에서의 토론보다 장외투쟁을 선호하고 있습니다. 역시 의회주의를 무시하는 행동입니다.

(5) 기타 여러 활동의 위헌성에 대한 언급은 중복을 피하여 생략합니다.

6. 통합진보당의 종북의 위헌성

(1) 앞에서 이미 말씀드린 바와 같이 대한민국의 주권을 부정하고 대한민국의 자유민주적 기본질서를 파괴하려는 적대권력이 존재할 때에 그 적대권력에 공조하기에 이르는 목적을 가지거나 활동을 하는 정당이 있다면 그 정당은 위헌정당입니다.

(2) 북한의 조선노동당은 대대적인 인권유린을 자행하고 있고, 1당 독재와 1인 통치체제를 구축하여 복수정당제를 실질적으로 부정하고 있으며, 국민전체가 아니라 노동자계급이라는

특정계급을 위한 계급정당임을 자처하고 있으며, 프롤레타리아 혁명과 독재 그리고 계급투쟁이 사회발전의 원동력이라고 주장하는 공산주의 정당입니다. 또한 대한민국의 주권을 거부하고 무력에 의한 한반도의 적화통일로 대한민국의 자유민주적 기본질서를 파괴하려고 끊임없이 획책하는 적대권력입니다.

(3) 피청구인 정당이, 위에 본 바와 같은 적대권력인 북한 노동당에 공조하기에 이르는 목적이나 활동을 계속하여 유지, 수행하여 왔음을 청구인은 지금까지의 변론에서 상세히 밝혀왔습니다. 그렇다면 이 점에서도 피청구인 정당의 위헌성은 확연히 드러났다고 하겠습니다. 끝.」

(나) 최초 변론문(2014. 1. 28. 제1회 변론기일)

「(전략前略) 저는 오늘 이 자리에 서서 한편으로는 자랑스러움을, 그리고 다른 한편으로는 슬픔을 느끼고 있습니다.

정당해산 여부를 결정하는 헌법재판은 자유민주주의헌법이 제공하는 적법절차, 즉 due process 가운데 최고의 제도입니다. 이러한 최고의 가치가 실현되고 있는 역사의 현장에 직접 참여하고 있기 때문에 민주시민의 한 사람으로서 뿌듯한 자랑스러움을 느끼지 않을 수 없습니다.

또한 비록 위법적이고 위헌적인 활동을 한 정당이라고 할지라도 독재자의 명령이 아니라 독립된 헌법재판소의 법적 판단에 의해서만 해산할 수 있도록 보호를 하는 일은, 동서고금을 통틀어 유일하게 자유민주주의의헌법하에서만 가능하다 라는 사실을 피청구인 정당도 잘 알고 있습니다. 그럼에도 불구하고 자기를 보호해주는 이 헌법을 피청구인이 오히려 파괴하려 드는 것을 보고 커다란 비애를 느끼지 않을 수 없습니다.

우리 자유민주주의헌법이 위헌의 혐의를 받는 정당에 대하여조차 최고의 적법절차를 보장하고 있음은 우리 헌법이 존중하는 인류의 관용정신, 그리고 자유민주주의가 최고, 최선의 가치임을 확신하는 자신감이 있기 때문입니다. 그러나 이러한 관용의 정신과 자신감도 자유민주주의의 가치를 부정否定하고 오히려 그 관용과 자신감을 우롱하면서 이 헌법을 파괴하려 드는 세력에 대하여서까지도 발휘될 수는 없습니다.

왜냐하면 자유민주주의헌법은 하나의 문화 생명체로서 그 자신을 보호하고 그 생명을 유지하여 그 고귀한 문명의 빛을 영원히 밝혀나갈 자기보호 의무를 그 자신에게 지고 있기 때문입니다. 헌법이 이러한 자기보호를 위하여 설치한 기관이 바로 헌법재판소입니다.

또한 이것은 자유민주주의헌법하에서 그 소중한 자유와 민주의 문화를 향유하고 있는 오늘의 우리가 우리의 후손에게 이를 물려주기 위하여 이를 보호, 유지해야 할 의무가 있기 때문입니다.

다른 한편으로는 진보적 민주주의의 허구와 허위를 뒤늦게 깨닫고 이로부터 벗어나고자 하는 많은 사람들이, 정당 조직의 집요한 구속으로부터 벗어나 새 삶을 살 수 있도록, 위헌정당의 그물망을 해체하지 않으면 안 되기 때문입니다.

피청구인 정당의 주장과 실상을 대비해보면 한마디로 양두구육羊頭狗肉(양의 머리를 내걸고 개의 고기를 팔다)이라고 하겠습니다.

그들이 말하는 진보적 민주주의라는 것의 실체는 북한식 사회주의입니다.

북한식 사회주의의 정체는 무엇입니까. 공산주의라는 말만 안 했지 그 안에 다 들어있다고 그들 스스로 공언하는 목표, 바로 그것입니다. 그들의 구호가, 실현될 수도 없고 실현되어서도 안 되는 허위와 퇴보의 주장임은 70여 년의 실험 끝에 결국 실패로 막을 내린 소련의 역사가 실증해주지 않았습니까?

선량하고 성숙한 시민이라면 그대로는 도저히 받아들일 수 없는 상품商品을 진보와 민주라는 최고의 이름으로 포장하여 이를 사 가도록 유인하고 있습니다. 아니 유인할 뿐만 아니라 강요를 하고 있습니다. 의회투쟁과 대중투쟁을 병행하다가 때가 되면 폭력으로 정권을 탈취한다는 계획은 바로 폭력으로 혁명을 강요하는 짓에 다름 아닙니다.

더 이상 이런 기만과 폭력에 희생되는 국민이 없도록 하는 일이 국가의 국민보호 의무에 합당합니다.

기만과 폭력의 이러한 결합은 비유하자면 정명가도征明假道(명나라를 정벌하러 갈 터이니 길을 빌려달라)의 수법이라고 하겠습니다.

도요토미 히데요시(풍신수길)가 조선을 침략하기에 앞서 내건 구실이 바로 정명가도가 아니었습니까? 명나라를 정벌하러 갈 터이니 조선은 길을 빌려주거라! 이런 속임수에 속을 수는 없었습니다.

진보적 민주주의를 할 터이니 자유민주주의는 길을 비켜라 하는 요구인데 그렇게 길을 비켜주면 그 다음에는 과연 어떻게 하겠다는 말입니까? 그 뒤에는 자유민주주의를 안방에서 내쫓고 대신 안방을 차지해서 북한식 사회주의의 잔치를 벌이겠다는 심산입니다. 이런 수법은 역사상 유명한 가도멸괵假道滅虢(어떤 나라의 길을 빌려 다른 나라를 쳐 없애고 다시 길을 빌려준 나라까지 쳐 없애는 계략)이라는 계략에 속합니다. 속아서는 안 됩니다.

그렇다고 하여 피청구인 정당과 같은 세력을 가볍게 보거나 치지도외(마음에 두지 아니함)의 대상으로 보아서도 안 됩니다. 임진왜란을 앞두고 조선 조정이 풍신수길을 '너 정도가 감히', '언감생심(어찌 감히 그런 마음을 품을 수 있느냐)' 하는 식으로 가볍게 무시하였다가 7년 동안 전쟁을 치르면서 얼마나 참혹한 변을 당했습니까?

1948년 제정된 우리 헌법은 '자유'와 '민주'를 기본이념으로 하고 있습니다.

그 뒤 9번에 걸쳐 개헌이 이루어졌지만 '자유'와 '민주'라는 기본이념은 여전히 우리 헌법의 핵심가치로 남아 있습니다.

과연 오늘 이 자리에 서 있는 피청구인 정당이 '자유민주주의'라는 이념을 진정으로 인정하는 정당인지 아닌지에 대해 명확한 판단이 필요한 시점이 되었습니다.

우리들이 선대로부터 자유민주주의의 대한민국을 물려받았듯이 우리도 후손들에게 자유민주주의 대한민국을 물려줄 책임이 있는 것입니다.

'사상의 자유'라는 미명하에 우리 사회 내에서 암암리에 활동하던 반反 자유민주세력들이 어느덧 자유민주적 기본질서를 '부정否定'하고, 급기야는 이러한 '부정'을 실현하려고 대드는 단계에까지 이르렀습니다.

과연 피청구인 정당의 실체가, 헌법으로까지 보호해야 할 가치가 있는 정당인지, 이러한 모습을 본 받은 제2의 정당, 제3의 정당들이 속출해도 계속 허용해야 하는지에 대해 냉철한 결단이 필요한 때가 왔습니다.

'자유'를 부정하는 세력에게 '자유'를 줌으로써 우리 모두의 자유'를 박탈당하는 불행한 미래를 막을 필요가 절실합니다.

소위 진보적 민주주의, 이것은 '트로이의 목마'[5]에 틀림없습니다.

우선 가처분을 통하여 정당보조금의 지급을 정지하고 소속 국회의원의 직무활동을 정지시켜 이 위험한 목마가 더 이산 성문에 접근하지 못하도록 하는 조치가 시급합니다. 가처분이 설혹 본안에서 취소된다 하더라도 국가 재정의 파산 우려가 없는 이상 그 피해는 보조금의 지급이 잠시 지연되는 정도에 그치는 정도일 뿐이지만 만일 가처분이 기각되어 국조보조금이 일단 지급되어 소비되버리면 설사 본안에서 피청구인의 해산이 결정되더라도 보조금의 회수는 엎질러진 물이 되어 불가능해집니다. 의원의 직무활동 정지도 마찬가지입니다.

재판관님 여러분의 현명한 결단을 바라마지 않습니다.」

(다) 최종 변론문(2014. 11. 25. 제14차 최종변론기일)

「(전략) 저는 다른 대리인들이 앞서 변론한 여러 논점에 대한 중복되는 언급은 생략하고 다만, 이 사건 소송을 제기하기에 이른 사태의 전망에 관한 청구인 측의 관점과 우려를 다시 되새

5) 호머의 서사시 일리아드의 후속으로 등장하는 이야기 속에 나오는 속임수. 뱃속에 그리스군이 들어가 숨어있는 거대한 목마를 트로이 사람들이 속아서 성 안에 끌어들였다가 마침내 10여 년이나 지켜내온 성을 뺏기고 멸망당했다는 이야기에서 유래한 속임수를 가리킨다.

겨 말씀드리고자 합니다.

1. 기도祈禱 불용론不容論(기도를 받아들이지 않음에 대하여) : 중국 국민당과 공산당 사이의 소위 국공내전國共內戰 당시 장개석은 날마다 새벽 기도를 올리면서 공산주의자의 회개를 촉구했다고 합니다. 1944년 9월 4일자 그의 일기에는 이렇게 쓰여 있다고 합니다. "공산주의자가 깨달음을 얻어 마음을 고치고 그래서 이 나라가 진정으로 평화로운 통일을 이룩할 수 있기를 기원한다." 라고 말입니다.

세상을 뒤집어 자기들이 바라는 세계를 만들려고 하는 소수의 집념세력은 다른 사람들의 선의善意의 기도에 응해서 원래의 마음과 행동을 바꾸는 일이 거의 없다는 사실을 우리는 과거의 역사와 경험을 통해 잘 알고 있습니다. 우리가 마주하고 있는 피청구인 정당의 요원들 다수가 자유민주주의를 부정하는 잘못된 확신에 차 있어서 더 이상 선의로 호소하는 기도와 설득에 응하기를 거부하고 있음을 우리는 매우 가슴 아프게 생각합니다.

2. 수주대토守株待兎(넋을 놓고 그저 잘 되기를 기다림) 위험론 : 그렇다고 하여 두 손 놓고 있을 수만은 없습니다. 어느 시골의 농부가 산에서 밭을 매다가 자기 밭둑의 나무 그루터기에 토끼 한 마리가 달려와 부딪혀 죽는 것을 보고는 밭매기를 그만 두고 주저앉아서 다른 토끼가 또 그 그루터기에 부딪혀 죽기를 마냥

기다리고 있었다는 고사故事가 있습니다. 그처럼 우리도 두 손 놓고 그런 일이 벌어지기를 기다리고 있을 수만은 없습니다. 자유민주주의를 부정하는 잘못된 확신에 차 있는 소수의 세력들이 제발로 함정에 빠져들어 저절로 사라지기를 그저 기다릴 수만은 없습니다. 왜냐하면 그런 기다림은 한편으로는 매우 어리석고 또 한편으로는 매우 위험하기 때문입니다. 그들은 오히려 사태를 반전反轉시킬 역습의 기회만을 노리고 있습니다. 또한 맹목盲目으로 돌진해오는 토끼 뒤에는 농부를 해치려고 호시탐탐 노리는 맹수가 도사리고 있습니다. 고사에 나오는 그런 농부의 어리석음을 웃고 즐길 수만 없는 상황이 냉혹, 무자비한 현재의 현실입니다.

3. 비대도론非大刀論(지나치게 과중한 조치가 아님에 대하여) : 혹자는 말할지도 모릅니다. 위법행위를 자행한 일부의 사람들을 국가보안법이나 형법의 위반으로 처벌하면 충분하지, 무엇하러 헌법까지 들먹여 정당해산을 청구하는가? 비유하자면 닭을 잡는 데 소 잡는 데 쓰는 너무 큰 칼을 쓰는 짓이 아니냐? 라고 말입니다. 그러나 이 사건에서는 이런 비유가 맞지 않습니다. 약세弱勢가 어느새 강세强勢로 바뀌듯 형세는 끊임없이 변하기 마련입니다. 더구나 소수자가 외부의 적대권력과 연계되어 있을 때에는 더욱 그러합니다. 확신에 찬 소수인원의 집념단체를 절대 가볍게 보아서는 안 됩니다. 러시아의 10월혁명 당시 러시

아 의회에서 레닌은 비록 소수당이긴 하지만 24%나 되는 의석을 차지하고 있었습니다. 그러함에도 불구하고 그는 다음 선거에서의 승리를 기다리지 않고 결정적 시기가 도래했다고 판단하자 무력혁명으로 다수당인 케렌스키의 합법정권을 뒤집고 정권을 장악했습니다. 천하를 통일한 초패왕楚覇王 항우項羽는 절대 강자의 오만에 빠진 나머지, 한漢나라의 유방劉邦을 일개 정장亭長 출신으로서 유협游俠(호방하고 의협심 있는 활량)의 우두머리에 불과하다고 업신여기고 그를 살려주었다가 끝내 그에게 나라를 빼앗겼습니다. 자신만이 망한 것이 아니라 초한楚漢의 내전으로 인구가 대폭 줄어드는 비극이 벌어졌다는 연구도 있습니다. 결의에 찬 소수자의 세력이 오만과 안일에 빠진 다수를 쓰러뜨리는 일은 때때로 일어나고 있습니다. 전민항쟁全民抗爭으로 집권을 노리는 집념세력을 소수라고 하여 결코 가벼이 보아서는 안 됩니다.

또한 국가보안법이나 다른 법률 어디에도 위법, 위헌의 정당이나 단체·조직을 단체 차원에서 제재하는 규정이 없습니다. 오직 헌법에만 위헌정당에 대한 해산재판제도가 마련되어 있습니다. 장래의 큰 우환을 시급히 제거해야 할 마당에 수술에 쓸 칼이 하나밖에 없다면 그 칼의 크고 작음을 시비할 수는 없습니다. 칼이 충분히 날카로운지 여부만을 걱정해야 합니다. 헌법이 마련한 정당해산제도는 바로 이런 데 쓰도록 마련된 제도입니다.

4. 관용론寬容論의 한계(너그러이 용서할 일이 아님에 대하여) : 혹자는 소수자에 대한 관용을 말하기도 합니다. 관용은 물론 고귀한 미덕입니다. 그러나 관용의 대상을 잘못 잡으면 큰 화禍를 불러옵니다. 호랑이 새끼를 길러 큰 근심거리를 만들 수 있습니다. 양호유환養虎遺患이 될 수 있음은 이미 앞에서 말씀드린 바와 같습니다.

피청구인의 지도자들은 집권방략으로 의회투쟁과 전민항쟁全民抗爭의 병행을 주장, 추구합니다. 어느 민주국가의 어느 민주정당이 전민항쟁의 병행을 추구하고 있습니까. 어느 민주정당이 의회투쟁을 전민항쟁에 종속시켜야 한다고 주장합니까.

전민항쟁이 무슨 의미를 포함하고 있습니까? 폭력혁명을 당의糖衣로 포장한 것, 이른바 슈가 코팅(sugar-coating)을 한 물건 아닙니까? 이런 전민항쟁으로 정권을 잡으려는 행위를 자유민주주의 헌법에서 용납할 수 있습니까? 관용해서 되겠습니까?

피청구인 지도자들은 또한 사법司法에 대한 대중의 통제가 이루어져야 한다고 주장합니다. 대중에 의한 통제는 결국 정당에 의한 통제 그리고 최종적으로는 정당의 최고지도자에 의한 통제를 뜻합니다. 이것이 법관의 독립을 생명으로 하는 자유민주주의 헌법에서 용납될 수 있습니까? 관용의 대상이 되어야 하겠습니까?

전민항쟁과 사법의 대중통제 이 두 가지를 가방 속에 감추고 있는 그들의 목적, 그리고 이 두 가지를 추구하는 행동, 이것은 자유민주주의가 결코 관용할 수 없고 결단코 관용해서도 안 되는 대상입니다.

자유의 적에게 자유는 없습니다(Keine Freiheit für die Feinde der Freiheit).

5. 여론 (후략)」

(라) 헌법재판소의 공헌

통합진보당에 대한 헌법재판소의 정당해산결정은 그동안 우려스럽던 국론의 분열을 해소시키고, 이로써 국가적 위기를 진정시키는 데 큰 공헌을 하였다.

사실 이러한 헌법재판소의 공헌은 이것이 처음이 아니었다.

노무현 전 대통령에 대한 국회의 탄핵소추로 일어난 국론의 분열, 임시행정수도법 및 행정중심복합도시법에 따른 국론의 분열, 종교상의 이유로 집총을 거부한 데 대한 국론의 분열, 호주제도에 대한 국론의 분열 등에 대해서도 헌법재판소의 결정에 따라 국론의 분열이 봉합되고 사회가 진정되었다. 참으로 헌법재판소의 공헌이 지대하였다. 또한 헌법재판소의 결정에 따라 더 이상의 분열행위를 자제한 국민의 성숙한 태도도 그 범위 안에서는 칭송받아 마땅하다. 이런 성숙한 자제自制가 바로 국가를 흥성시키는 길의 하나이다.

제 7 편

결론

흥망유수
興亡有數

제1장

아사비야Asabya

제1절 뭉치면 살고 흩어지면 죽는다

1950년대 내가 어린 학생일 때 사람들은 "뭉치면 살고 흩어지면 죽는다."라고들 외쳤다. 지금도 그 소리가 희미하게 들리는 듯 어렴풋이 기억에 남아 있다. 그러다 자라서 성년이 되고 어른이 되면서부터는 어느 때부터인가 그 구호가 자유당自由黨 정권이 이승만李承晩 대통령의 지시에 따라 앵무새처럼 불어대는 나팔소리라는 야당의 비판이 더 그럴 듯이 들려왔다. 급기야 그 소리는 이승만 대통령의 독재를 연장하려는 선전술이라고 이해하게 되었으나 세월이 흐르면서 그 소리는 어느덧 세상에서 사라지기 시작했고 이제는 흐릿한 기억 속에만 남아 있다.

그러나 지금에 와서는 자유당 정권이 무슨 이유로 그런 구호를 외쳐댔건 그 이유에 관계없이 그 말 자체는 진실이라고 생각한다. 다만, 그런 소리를 하면 어쩐지 촌스러운 것 같아 조금 주저되는 마음이 없지 않다.

하지만 근래에 와서는 이것이 국가나 조직 또는 가정이, 흥하고 망하게 되는 이치를 더 없이 간결하게 집어내는 말임을 점점 확신하게 되었다.

제2절 아사비야(asabya)

또한 이 "뭉치면 살고 흩어지면 죽는다." 라는 말이 이승만 전 대통령이 처음 설파한 것이 아니라 이미 옛날부터 유명한 연구자들이 이를 흥망의 원인으로 지적해 왔음을 알게 되었다. 그런 연구 중의 하나가 '아사비야(asabya)' 이론理論이다.

14세기 아라비아의 사상가 이븐 할둔은 그의 저서 '역사서설歷史序說'(*Muqqadamah*)[1]에서 사회집단이 집단적으로 일

1) "시대와 장소를 불문하고 인간이 만든 역사철학 가운데 가장 위대한 작품" 이라고 영국 역사가 아놀드 토인비가 칭찬했다는 책인데 2003년 김호동 교수가 초역한 576페이지짜리 책이 나왔다. 나는 아직껏 접한 바 없다.

치된 행동을 할 수 있는 협동의 역량을 아사비야라고 부르면서 이 아사비야가 일어나면 부족部族이나 국가가 흥기하고 이것이 사라지면 부족部族이나 국가가 쇠망한다고 주장하였다.

미국 코네티컷대학 교수 피터 터친 교수는 이 아사비야의 생성과 소멸을 제국帝國의 탄생과 몰락의 원인으로 설명하고 있다.

이 아사비야를 우리말로는 사회적 연대의식, 결속 등으로 번역한다. 무엇으로 부르건 간에 나는 이것을 한 집단이 가지고 있는 '의식意識의 결속結束'이라고 이해한다. 여기서 의식이라고 할 때에는 정신과 감정, 이 모두를 합친 것이고 그런 의미에서는 오히려 마음으로부터 우러나는 결속 내지 단결이라고 할 수 있다. 우리말에 의기투합意氣投合(서로의 마음이 시원스럽게 들어맞는 것)이라는 말이 있는데 이 의기투합에 따른 협동이라고 부르는 것이 가장 적절하다고 나는 이해한다.

토인비(Toynbee) 식으로 말한다면 도전挑戰에 대한 응전應戰을 일으키는 의기투합의 협동이 아사비야라고 하겠다.

결국 어떻게 한 집단의 마음을 단결시키고 그 단결력을 강화하는가에 따라 국가의 흥망이 좌우된다. "뭉치면 살고 흩어지면 죽는다." 라는 이 말은 진리이다.

다만, 도전이 너무 엄청나서 감당하기 어려운 정도가 되면 응전이 일어날 수 없거나 응전해도 실패한다. 결국 도전의 크기와 응전 역량의 크기가 비례적으로 문제된다. 이 문제에 대한 자세한 생각은 후일로 미룬다. 이 책에서 언급한 내용(제5편 제2장 막실기와 대기)과 관련하여 한 가지만 시사示唆한다면 때를 헤아리는 대기待機의 지혜가 있어야 한다는 점이다.

제3절 아사비야의 순환 I

문제는 어떻게 이 마음의 뭉침을 유도하고 이를 증가시킬 수 있는가 하는 것이다. 선창先唱과 후창後唱이 있다. 처음에는 선창자가 있어야 한다. 선창자는 말로만 선창해서는 안 된다. 선창자는 그 말과 행동이 일치하는 사람이어야 한다. 선창자의 솔선수범이 있어야 한다. 말과 행동이 일치하는 사람의 선창이 있으면 사람들이 하나, 둘 따라오기 시작하고 그러다가 기하급수적으로 늘어나면 드디어 하나의 거대한 세勢가 형성되어 요원燎原의 불길처럼 아사비야가 일어난다. 아사비야가 일어나면 나라는 발전한다.

그러나 아사비야는 변화한다. 한 번 생긴 아사비야는 시간이 흐르면서 증가했다가 다시 감소하기 시작해서 끝내는 소멸한다. 영원히 계속되는 존재가 아니다. 소멸했던 아사비야는 다른 때, 다른 곳에서 다시 생겨난다. 이것이 아사비야의 순환이다.

아사비야가 일어나 나라가 발전하면 평화가 오고 평화가 계속되면 풍요가 오고 풍요는 자비심을 만들고 자비심은 시비를 낳고 (왜 누구에게는 베풀고 누구에게는 베풀지 않는가, 왜 누구에게는 많이 베풀고 누구에게는 적게 베푸는가 하는 시비) 시비는 전쟁을 낳는다. 다시 전쟁은 파괴를 낳고 파괴는 빈곤을 낳고 빈곤은 인내를 낳고 인내는 평화를 낳는다. 그래서 평화는 전쟁을 낳고 전쟁은 평화를 낳는다.[2] 이것이 아사비야의 생성, 증가, 감소, 소멸에 따른 흥망의 순환이다.

나관중의 소설 '삼국지'는 다음과 같은 유명한 문장으로 시작된다. "천하대세는 나누어진 지 오래면 반드시 합쳐지고, 합쳐진 지 오래면 반드시 나누어진다." 천하대세 분구필합 합구필분天下大勢 分久必合 合久必分. 이 말은 소설가의 직관直觀에 따른 것이지만 아사비야의 순환과 들어맞는 것이 신기하기도 하다.

그러나 '오래면' 이라고 하는 것이 과연 얼마나 긴 시간인지 알 수 없어 그럴 듯은 하지만 너무 막연하다.

---

2) 피터 터친 지음, 윤길순 옮김, 『제국의 탄생』, 2011, 웅진씽크빅, 293p. 참조.

뒤에 다시 나오지만 피터 터친 교수는 "일반적으로 살기 좋은 '통합의 단계'와 힘겨운 '분열의 단계'로 이루어진 순환이 완전히 이루어지려면 2, 3세기가 걸린다." 라고 말한다. 또 할아버지가 겪은 시련과 그 시련의 극복을 그 손자는 잊어버리고 인일에 빠짐을 가리키는 '아버지와 아들의 순환'에는 한 40년 내지 60년 정도가 걸린다 라고 그는 말한다.

해방 후 우리가 "뭉치면 살고 흩어지면 죽는다." 라고 외치기 시작한 때로부터, 그리고 한반도가 남북으로 분단된 뒤로부터, 어느덧 반세기가 훌쩍 넘어 근 한 세기에 육박하고 있다. 해방과 더불어 생성되기 시작한 우리의 아사비야는 이제 그 확대의 정점을 향해 내달리고 있음을, 즉 혹시 세기적 순환의 흐름에 따라 '통합의 단계'로 올라가고 있음을 우리는 직감으로 느끼고 있다.

그러나 동시에 피터 터친이 말하는 소위 '아버지와 아들의 순환'이 내부에서 일어나 손자 세대의 사람들은 할아버지 세대의 고난을 잊어가고 있음을 우리는 주변에서 자주 느끼고 있다.

아버지와 아들의 이런 순환이 너무 정도가 지나쳐서, 모처럼 찾아온 '세기적 순환'에 따른 국가의 진운進運에 혹시 찬물을 끼얹지나 않을까 걱정되기도 한다.

앞에서도 얘기했지만 외환보다 더 무서운 사태가 내환이

다. 내부적인 위기를 잘 넘겨서 성장하는 이 아사비야를 계속 키워 나가야 한다. 그것이 발전하는 길이다. 어떻게 해야 발전하는지는 이미 앞에서 모두 설명했다.

제4절 아사비야의 순환 Ⅱ

피터 터친으로부터 아사비야의 순환에 관한 말을 좀 더 들어보자.

「아사비야는 역동적力動的인 양量이다. 그것은 시간이 지나면서 증가할 수도 있고 감소할 수도 있다. 뉴턴 물리학의 '힘'이라든지 그밖의 많은 이론적 구성물(개념)을 우리가 직접 관찰할 수는 없듯이, 집단적으로 행동할 수 있는 이 아사비야의 역량은 직접 관찰할 수 없다. 그것은 관찰할 수 있는 결과를 통해서만 측정할 수 있다. …… 제국帝國이 영토를 확장하고 자신을 외부의 적과 내부의 적에게서 지킬 능력은 주로 이 제국 민족의 특성, 그 중에서도 특히 그들의 아사비야에 의해 결정된다. 높은 수준의 아사비야가 있는 집단만이 큰 제국을 건설할 수 있기 때문에, 문제는 그들이 그것을 어떻게 얻고 또 결국에는 그것을 왜 잃는가 하는 것이다.

아사비야의 수준이 높은 집단은 초민족 공동체超民族 共同體(metaethnic community)[3]의 변경에서 생긴다. 초민족 공동체의 변경은 제국의 경계가 두 초민족 공동체를 가르는 단층선斷層線과 일치하는 지역이다. 초민족 공동체의 변경은 집단과 집단의 경쟁이 아주 치열한 곳이다. 팽창주의적 제국은 자기들의 경계 너머에 있는 사람들에게 엄청난 군사적 압력을 가한다.

하지만 변경에 사는 사람들은 제국의 부富에 끌리기도 해서 교역이나 약탈을 통해 그것을 얻으려고 한다. '외부의 위협'과 '무언가를 얻을 가능성', 이 두 가지 다 사람들을 통합하는 강력한 힘이 되어 아사비야의 수준을 높인다. 압력솥 같은 초민족 공동체의 변경에서는 잘 통합되지 않은 집단은 와해되어 사라지고 강력한 협동에 토대를 둔 집단은 번성하며 세력이 강해진다. …… 나의 주된 주장은 원래 제국의 변경에서 초민족 공동체를 가르는 단층선에 있는 사람들은 서로 협력해 집단적으로 행동할 수 있는 높은 역량을 갖게 되어 크고 강력한 영토 국가를 건설할 수 있다는 것이다. …… 중요한 사실은 협력이 강력한 제국을 건설할 수 있는 토대가 된다는 것이다.

3) 하나의 문명 속에 결합된 여러 민족의 공동체라는 뜻. 민족의 차원을 넘어선 공동체를 의미한다.

(중략) 강력한 제국은 안정과 내부 평화를 가져오지만 그것은 미래에 혼란을 낳을 씨앗을 그 내부에 가지고 있다. 안정과 내부 평화는 번영을 가져오고 번영은 인구의 증가를 낳는다. 그러나 인구의 증가는 인구의 과잉을 낳고 인구의 과잉은 임금賃金 하락과 지대地代 상승, 평민平民의 1인당 소득의 감소를 가져온다. 처음에는 낮은 임금과 높은 지대地代가 상류층에 유례없는 부富를 가져다주지만, 상류층의 수가 증가하고 탐욕이 늘면 그들도 소득의 감소를 겪기 시작한다. 생활수준의 하락은 불만과 갈등을 불러일으킨다. 엘리트층은 국가에 의지해 고용과 추가 수입을 얻으려 하고, 그래서 국가의 지출은 늘어나는데, 사람들이 갈수록 빈곤해져 세수稅收는 줄어든다. 국가재정이 붕괴되면 국가가 군대와 경찰을 통제할 수 없다. 그러면 모든 제약에서 풀려나 엘리트층의 갈등이 고조되어 내전內戰이 일어나고, 가난한 사람들의 불만이 폭발해 민중 반란이 일어난다.

질서가 무너지면 '묵시록默示錄'의 네 기사騎士, 즉 기근饑饉, 전쟁戰爭, 전염병傳染病, 죽음이 몰려온다. 그러면 인구가 감소하고 임금이 상승하지만 지대는 떨어진다. 그래서 평민의 소득은 회복되지만, 상류층의 부富는 바닥에 떨어진다. 엘리트층의 경제적 어려움과 정부政府다운 정부의 부재不在는 계속 내전內戰을 부채질한다. 하지만 내전이 일어나면 엘리트층이 얇아진다. 일부는 파벌 싸움으로 죽고, 일부는 이웃과의 반목으로 목숨을 잃고, 많은 사람이 귀족의 지위를 유지하려다가 결국 포기하고 조용히 평민층으로 떨어진다. 엘리트층 내부의 경쟁이 잦아들면 질서가 회복된다. 그러나 안정과 내부 평화는 번영을 낳아 다시 순환이 시작된다. 그래서 16세기에 어떤 사람이 말한 것처럼 "그래서 평화는 전쟁을 낳고, 전쟁은 평화를 낳는다."

일반적으로 살기 좋은 '통합의 단계'와 힘겨운 '분열의 단계'로 이루어진 순환이 완전히 이루어지려면 2, 3세기가 걸린다. 농경사회의 인구와 경제, 사회구조가 이렇게 큰 폭으로 진동하는 것을 세기적 순환이라고 부른다.

세기적 순환의 단계는 경제적, 사회적 불평등의 흐름에 영향을 끼치고 이것은 다시 역동적인 아사비야에 영향을 끼친다.

(중략) 평화가 오면 인구가 증가하고 인구과잉이 일어나면 농민 대중이 빈곤해진다. 가난한 사람은 더욱 가난해지고 부자는 더욱 부자가 된다. 빈부 격차가 커지면 사회적 합의가 깨지기 쉽다. 동시에 분배되는 부의 차이는 귀족과 평민 사이에서만 커지는 것이 아니라 각 사회집단 내부에서도 커진다. 줄어드는 자원을 놓고 엘리트층 내부에서 경쟁이 일어나면 분파가 생겨 민족의 연대와 결속에 금이 간다.

세기적 순환에서 분열이 일어나는 단계에서는 지역地域과 분파分派의 정체성正體性이 민족이나 제국 전체의 정체성보다 중요한 위치를 차지해, 제국 민족의 아사비야를 갉아먹는다. 가난한 사람은 더욱 가난해지고 부자는 더욱 부자가 된다는 원리는 제국의 몰락에 중요한 역할을 한다.

(중략) 분열의 단계가 한결 같이 암울한 것은 아니다. 내전은 산불이나 전염병처럼 일어나기 시작한다. 폭력이 폭력을 낳고 이것이 악화되어 살인과 복수가 일어나는 식이다. 하지만 결국에는 끊임없는 싸움에 사람들도 지쳐 내전의 에너지가 소진된다. 내전에서 살아남은 사람들과 그 자손들은 갈등을 직접 겪은지라 또 다시 싸움이 일어나도 그것이 마냥 격화되도록 내버려두지 않는다. 그들은 그렇게 내부에서 치고받고 싸우는 것에 면역이 된다. 하지만 직접 내전을 한 사람들의 손자뻘인 그 다음 세대는 내전의 참상을 직접 겪지 않아 내전에 면역이 되어 있지 않다. 갈등이 일어날 수 있는 사회적 조건(이런 사회적 조건 가운데 주된 요소는 엘리트층의 과잉생산이다)이 여전히 작동하고 있다면, 그들은 또 다시 내전을 할 것이다. 그 결과 내전은 분열의 단계에 40년에서 60년마다 다시 일어나는 경향이 있다. 나는 그러한 역동적 과정을 아버지와 아들의 순환이라고 부른다. 세기적 순환이 일어나는 동안 아버지와 아들의 순환이

일어나고, 아사비야의 순환이 일어나는 동안 세기적 순환이 일어난다.

제5절 우리나라의 경우

피터 터친의 이 글에서 다음과 같은 것이 주목된다.

(가) 우리의 인물

첫째, 초민족 공동체의 변경에서 아사비야가 강한 민족이 일어나고 아사비야가 작은 민족은 소멸한다 라는 부분이다. 토인비도 일찍이 문명의 변경 오지에 사는 민족 중에서 새로운 강자가 등장한다고 얘기했다. 중국 고대의 주周나라 서쪽 변경에 있던 제후국 진秦이 천하를 통일하였고 중국문명의 북방 변경에서 몽고제국과 청제국이 일어난 사실이 그 예에 속한다. 신라新羅는 고대 한반도의 가장 구석에 위치했으나 이윽고 삼국을 통일했다.

이제 중국문명과 미국문명, 혹은 대륙문명과 해양문명 사이에 낀, 혹은 그 변두리에 있는, 이 한반도에 아사비야가 태동胎動(꿈틀꿈틀 일어나다)하여 우리 민족이 새로운 발전의 기회를 가질 수 있겠는가? 아니면 아사비야가 작은 민족에 해당하여 소멸하고 말겠는가?

신라에는 김유신이 있었고 몽고에는 징기스칸이 있었으며 청나라에는 누르하치가 있었는데 우리에게는 그에 필적할 혹은 그들을 뛰어넘는 누가 있는가? 나의 대답은 긍정이다. 과연 누구일까.

(나) 우리의 심적 토대

둘째, 우리에게 아사비야의 소질, 즉 의기투합하여 협동하는 그런 심적 토대가 있는가? 우리 민족이 짧은 기간에 서구화를 달성한 저력은 그러한 아시비야의 폭발적 태동이 있었음을 결과적으로 보여주는 사례가 아닌가? 나의 대답은 긍정이다.

신라판新羅版 아사비야라고 할 화랑도花郎道 정신은 그 한 예에 해당한다.

(다) 아버지와 아들의 순환

셋째, 할아버지의 고생을 손자가 잊어버린다고 하는 소위 '아버지와 아들의 악순환惡循環'이 할아버지의 고생을 손자가 잊지 않는 그런 선순환善循環으로 순조롭게 진행될 수 있는가? 식민지 시대, 6.25 사변, 산업화의 시련을 겪지 못한 제3세대第三世代의 중中, 장년壯年들이 너무 쉽게 할아버지와 아버지 세대의 고난을 잊어버리지 않겠는가? 그리하여 부富의 불균형과 엘리트층의 과잉생산過剩生産에 따른 갈등을 참지 못하고 내전內戰에 유사한 격렬한 혼돈混沌을 일으키지 않겠는가? 정치인들이 혼돈을 생산한다는 앞에서 본 나의 일반적인 고찰에다가 의회의 입법마비 상태를 가져온 어제 오늘의 구체적 실태를 종합해보면 대답은 일단 비관적이다. 그리고 대학졸업자 숫자와 미국 유학생 숫자의 급격한 증가가 상징하는 엘리트층의 과잉생산을 고려하면 그 대답은 더욱 비관적일 수 있다. 그러나 과거의 시련, 즉 식민 통치와 6.25 내전의 고통 그리고 빈곤을 극복하고 산업화와 민주화를 성취한 용기와 기백 그리고 지혜가 아직은 남아 있다. 여기에 북한의 군사적 위협이 조성하는 위기가 오히려 국민을 각성시켜 결속케 하는 효과가 있음을 생각할 때 나의 대답은 최종적으로 긍정이다. 다만, 할아버지의 고난을 손자가 잊지 않도록 '고난회고苦難回顧'를 끝없이 되풀이하여야 한다.

젊은이들은 노인들의 고생 이야기를 듣기 싫어하고 지겨워한다. 이해할 수 있다. 그러나 이에 구애되지 말고 해야 한다. 그렇게 하지 않으면 40년 내지 60년을 주기로 되풀이 되는 피터 터친 교수의 이른바 '아버지와 아들의 악순환'에 빠져 나라나 가정이 쇠퇴의 길로 접어들기 때문이다. 제사 때나 명절처럼 일정한 날을 정해서 반드시 이런 '고난회고

苦難回顧'의 이야기를 하고 듣는 것을 관습과 풍속으로 삼아야 한다. 유태인들의 유월절[4]처럼.

(라) 엘리트층의 과잉생산

넷째, 가난한 사람은 더욱 가난해지고 부자는 더욱 부자가 되는 현상과 엘리트층의 과잉생산 문제는 어떤가. 이로 인한 갈등과 불공정 경쟁은 문제가 심각하긴 하지만 아직은 통제 불능의 상황은 아니다. 대학의 수를 점진적으로 감축하고 새로운 창업을 적극 추진하며 소득 재분배를 적절히 꾸준히 추진한다면 통제가 가능하다.

1961년 5.16 군사혁명 당시 우리나라는 자본과 기술의 축적이 없었다. 그런 상황에서 당장 무슨 수로 새로운 일자리를 만들 수 있었겠는가. 지금 식으로 말하면 새로운 창업의 여건이 마련되지 못한 셈이었다. 그래서 등장한 것이 국토개발사업이라는 이름의 노력勞力 동원이 아니었나 싶다. 지금은 그때에 비하면 조건이 좋다. 바야흐로 지혜를 총동원할 때이다. 그 해결책은 무엇인가?

---

4) 이스라엘의 삼대 명절의 하나. 유대인들이 이집트 왕국의 노예생활로부터 탈출한 사건을 기념하는 날. 이 날에는 누룩을 넣지 않은 빵과 쓴 나물을 먹는데 이는 노예생활의 고난과 그로부터의 해방을 기억하기 위한 행사라고 한다. 구약성경의 출애굽기 참조.

다음 '제5장 다시 원점原點으로, 그리고 새로이'에서 말을 잇겠다.

(마) 지역과 분파의 정체성

끝으로 다섯 번째 문제는 지역과 분파의 정체성을 민족이나 국가 전체의 정체성보다 우선시하는 의식이 아사비야를 해친다는 지적이다. 이것은 분명 아사비야의 장해障害요소가 될 수 있다. 피터 터친 교수가 지적하지는 않았지만 또 하나 문제가 되는 것은 지나친 평등의식이다.

우리나라에서 소위 지역감정地域感情을 우선시優先視하는 의식은 지역의 정체성正體性을 민족이나 국가 전체의 정체성보다 위에 놓고 생각하는 것으로서 아사비야의 장해요소임이 분명하다.

무산계급無産階級을 지상화至上化하는 계급투쟁의 의식도 역시 분파의 정체성을 민족이나 국가 전체의 정체성보다 우선시하는 생각에 속한다. 이들은 아사비야를 소진消盡한다.

여기에다 "당신이 뭔데?", "당신만 잘났는가?" 라고 외쳐대는 지나친 평등의식마저 가세한다면 참으로 해결이 어려운 장애물이 되고 만다.

무산계급 지상화를 위해서 계급투쟁階級鬪爭을 획책하는 행위는 이를 지속적으로 엄단하면서 꾸준한 교육과 끊임없는 계몽으로 대처하여야 한다.

지역감정 우선의 의식을 완화해가기 위해서는 그것이 비합리적임을 그 지역 출신의 존경받는 분들이 말이 아닌 행동으로 꾸준히 계몽하여야 하는데 쉽지 않은 일이다.

지나친 평등의식의 문제는 자중자애自重自愛하고 남을 존경하는 경敬의 정신을 가정과 학교에서 꾸준히 가르치는 것 이외에는 방법이 없다.

아사비야를 감소시키는 이런 요소들을 제거하지 않는다면 모처럼 일어났던 의기투합의 협동정신은 사라지고 그에 따라 나라는 쇠퇴의 길로 미끄러질 것이다.

분명한 것은 지금이 분열의 시대가 아니라 통합의 시대라는 사실이다. 역사의 흐름과 문명의 조류를 보면 우리나라와 세계는 통합의 큰 흐름을 타고 있다. 이러한 시대를 맞이하여 아사비야를 갉아먹는 여러 가지 장애요소들에 집착하는 짓은 시대를 역행하는 일이고 그 결과로 문명의 대열에서 떨어져 나와 나라를 쇠망의 길로 들어서게 한다.

제6절 공화국 로마의 경이驚異로운 아사비야

경이로운 아사비야의 사례가 있다. 아니 무서운 사례라고 할만하다. "로마는 하루 아침에 이루어지지 않았다." 라는 말이 있거니와 후세 사람들이 그런 평가를 할 수 있게 만든 로마인人들의 힘의 원천源泉이 무엇인지를 알게 해주는 역사의 실례實例이다.

제2차 포에니 전쟁 때 유명한 '칸나에'(또는 칸나이) 회전에서 로마가 한니발에게 참패하여 거의 7만 명의 로마군이 전멸한 얘기는 앞에서 언급한 바가 있다.[5] 그 뒤의 얘기를 시오노 나나미의 '로마인 이야기'에서 발췌하여 옮긴다.

「그 날의 전투에서, 중무장 보병대를 지휘한 지난 해 집정관, 그 해의 집정관 두 사람 중의 한 명, 독재관의 부관 등의 장군이 모두 전사했고 기병이나 중무장 보병으로 참전한 80명의 원로원 의원도 거의 전사했다. (중략) 이 날의 총사령관인 집정관 바로는 기병 50기만 이끌고 칸나이에서 산길을 따라 도망쳐 목숨을 건졌다. (중략) 로마가 이런 참패를 맛본 것은 이 칸나이 전투가 처음이자 마지막이었다.

(중략) 로마는 완패 소식을 조용히 받아들였다. 집정관 바로가 패잔병을 모아서 수도로 돌아오자 원로원 의원을 비롯한 모든 시민이 성문까지 마중 나와서 노고를 위로했다. 전사자의 유가족이 상을 입는 기간은 평소의 1년에서 30일로 제한되었다.

5) 제4편 제4장 제1절 (나) '로마의 동맹시 연합' 참조.

(패전 책임자인 집정관) 테렌티우스 바로를 비난하는 목소리는 전혀 들리지 않았고 그의 조기早期 결전론決戰論[6]에 반대했던 사람들도 이제는 그것을 입에 올리려 하지 않았다. 지금까지의 패전을 지휘한 사람이 모두 평민 출신 집정관이라는 사실을 암시한 귀족은 한 사람도 없었다. 다른 민족은 (다른 민족 같으면) 걸핏하면 (시민 토론장인) '포로 로마노'에 모여 위정자들에 항의했(겠)지만 그때의 로마에서는 이런 현상도 전혀 보이지 않았다.」[7]

어찌 이런 일이 가능했을까? 놀라지 않을 수 없다. 잘 되는 집은 역시 무언가 남다른 데가 있다.

더욱 놀라운 얘기가 계속된다.

「전쟁 수행의 의지를 천명한 로마에서는 원로원 의원 전원이 부동산을 제외한 전 재산을 헌납하기로 결의하고 그대로 실행했다. 전쟁 비용을 마련하기 위한 전시 국채가 발행되어 무산자 계급을 제외한 모든 시민에게 각자의 경

6) 독재관 파비우스 막시무스는 한니발에 대한 長期 持久戰을 주장했지만 집정관 바로가 早期 決戰을 주장하여 칸나에 회전이 이루어졌다. 따라서 당연히 바로의 책임이 추궁될 상황이었다.

7) 시오노 나나미 지음, 김석희 옮김, 『로마인 이야기』 한니발 전쟁, 2011, 한길사, 199p. ; 박시인 역, 『플루타크 영웅전』 I, 1961, 을유문화사, 432p.

제력에 따라 국채가 할당되었다. 이런 로마에 동맹국들이 자금을 원조해 왔다. 나폴리는 25개의 금화항아리를 보내왔지만 원로원은 그 가운데 하나만 감사의 표시로 받고 나머지는 돌려보냈다. 시라쿠사에서도 많은 밀과 1개 부대의 병력을 보내왔다. 로마는 병력 지원은 수용했지만 밀 값은 내고 싶다고 전했다. 로마는 동맹국에 대해 병력 제공은 요구했지만 자금 지원은 요구하지 않았다.[8)]

로마는 역시 거저 된 것이 아니었다.

8) 앞 주의 책, 『로마인 이야기』 한니발 전쟁, 221p.

제2장

선집중先集中 후조정後調整

전술戰術에서는 선돌파先突破 후확장後擴張의 방법이 적절한 때가 있다. 적의 약한 부분을 집중 공격해서 적의 전선을 돌파한 뒤 그 배후로 진출하면서 양 측면을 강화하는 방법이다.

국가의 발전 방략을 세울 때도 이와 유사한 방법을 써야 한다. 취약한 부문에 우선적으로 집중 투자를 하고 그 발전이 어느 정도 궤도에 들어가면 그동안 전략적으로 보류했던 부문에 다시 투자하여 균형을 맞추는 방법이다. 이 경우에는 전략적으로 투자 순위가 뒤로 미루어진 부문의 당사자들로부터 엄청난 저항이 일어나고 제3자라고 자칭하는 지식인들로부터 인도주의와 평등을 내건 대단한 비판이 들어온다. 이를 잘 설득해서 극복하지 않으면 선집중 후조정의 전략은 추진력을 잃는다.

한편으로는 반대자를 잘 설득할 능력이 있는 사람, 그리고 다른 한편으로는 정책을 잘 추진할 박력 있는 사람, 이와 같은 두 종류의 사람 모두를 이때에 등용함이 필요하다.

북송北宋의 왕안석王安石이 훌륭한 신법新法을 가지고도 개혁에 실패한 이유는 자기의 정책을 홍보하고 그 반대파인 구법당舊法黨[1])을 설득할 능력 있는 동료를 얻지 못한 데 있다고 하겠다. 상앙商鞅 때는 군주인 진효공 한 사람만 설득해서 그의 확고한 지지를 얻으면 충분하였지만 북송 때는 상황이 달랐다. 유교의 덕치德治이론으로 완전 무장한 저명한 유학자들로 이루어진 구법당이 조정에 가득한 마당에 역시 유교 교육을 이미 받은 신종神宗이라는 군주 한 사람의 설득만으로는 그 세勢를 계속 유지함이 불가능했다고 보아야 한다.

정책의 우선순위를 정함에 있어서는 선집중 후조정의 전략을 반드시 채택하여야 한다. 이것이 사는 길이다.

집중만 있어서는 물론 안 된다. 반드시 시기를 놓치지 않은 후조정後調整이 따라야 한다. 시기가 너무 늦어지면 소용

1) 왕안석을 반대한 유명한 유학자이며 문인들인 사마광, 구양수, 소동파 등이 모두 구법당에 속했다.

이 없다. 시기가 너무 늦거나 후조정이 따르지 않으면 선집중의 효과는 모두 사라지고 나라는 혼란 속에서 쇠망의 길로 들어선다.

제 3 장

흥망유수興亡流水

이 책의 첫 머리에서 흥망유수를 興亡有數라고 한자로 표기했다. 그러나 여기서는 그 '유수'를 '물이 덧없이 흘러간다'는 뜻으로 流水라고 바꾸어 표기했다. 흥망興亡이라는 것이 흥興이나 망亡 어느 한쪽으로 영원히 계속되는 것이 아니고 흥興에서 망亡으로, 다시 망亡에서 흥興으로, 이렇게 덧없이 되풀이, 순환循環한다. 이 변화는 피할 수 없다. 그래서 흥망興亡이 유수流水와 같다 라고 표현하는 방식은 그런 현상을 묘사하는 데 적합하다.

한편 흥망이 순환한다고 하지만 그것은 어디까지나 국가가 존재를 계속하는 한에서만 그렇다. 국가가 멸망해서 아예 존재하지 않게 된다면 흥망은 되풀이되지 않고 영원한 적멸寂滅(영원히 사라져 없어짐)만이 남는다. 무서운 일이다.

그러므로 망한다 해도 영원히 존재하기를 그만두는 그런 '망亡'이어서는 안 된다. 존재의 불씨는 살려 간직하는 그런 망亡이어야 한다.

참으로 깊이 생각할 일이다. 내분內紛의 당사자들은 이 점을 마음속에서 깊이깊이 생각해야 한다. 자기가 매달려 있는 내분內紛이 혹시 영원한 적멸寂滅의 길로 나라를 끌고 가는 짓은 아닌지 거듭 반성해볼 일이다.

내분이 영원한 적멸의 나락奈落(지옥, 벗어나기 어려운 절망적 상황)으로 떨어지지 않게 하는 방법, 아니 적어도 멸망의 길로는 들어서지 않게 하는 대책, 그것은 내분의 당사자가 적시適時에 승부勝負를 내고 그 승부에서 진 사람들이 이긴 사람들에게 승복承服하는 길밖에는 없다. 즉, 패자敗者의 승복承服이 필요하다. 이런 내용에 대해서는 장을 바꾸어 얘기한다.

제 4 장

흥망興亡의 조건

지금까지는 주로 국가가 어떻게 하면 흥기하고 발전하는가에 관하여 살펴보았다. 그러면서 간간이 그 역逆으로 이렇게 하면 나라가 망亡한다는 이야기를 하였다. 결국 주로 흥성興盛에 대하여 얘기한 셈이 되었고 멸망에 대하여는 별로 말하지 않은 형국이 되었다.

그래서 이번에는 흥망의 조건 중에 멸망의 조건이 무엇인지에 대하여 좀 더 말해본다.

한마디로 흥의 조건은 법치이다. 그렇다면 망의 조건은 무엇인가.

망의 조건은 승복承服이 없는 내분이다.

여기서 조건이라고 할 때에는 불교에서 말하는 이른바 인과因果의 관계 내지 인연因緣의 관계에서 인因에 해당하는 것을 의미한다.

"이것이 있으므로 저것이 있고, 이것이 없으므로 저것이 없다." 라고 할 때의 '이것'이 '인因'이고 '저것'이 '과果'이다.[1]

또 인연에서의 인因은 결정적인 조건을 말하고 연緣은 보조적인 조건을 말한다.

흥의 조건인 법치에 대하여는 지금까지 앞에서 많이 언급하였다. 망의 조건인 내분에 대하여도 앞에서 잠깐 언급하였다.

그러나 망의 조건을 단순히 내분이라고 말하는 것은 사실 정확치 않다. 엄밀히 말한다면 승복承服 없는 내분이라고 지적하여야 한다. 이 점을 조금 더 설명한다.

승복承服은 어쩔 수 없다는 체념의 마음으로 또는 마땅히 그래야 한다는 순종의 마음으로 어떤 사태를 받아들이는 태도를 말한다.

원래 개인이나 사회나 국가는 모두 끝없는 내분을 겪는다. 이것은 인간과 국가의 운명이고 비유하자면 인간과 국가의 생리현상이다.

1) 김윤수 지음, 『불교는 무엇을 말하는가』, 2014, 한산암, 102p.

문제는 그 내분을 어떻게 종결짓는가, 그리고 그 종결을 어떻게 받아들이는가 하는 데 있다. 쉽게 말해서 내분이 생기면 우선 이런저런 방식으로, 즉 총이나 칼을 들고 하든, 토론으로 하든, 투표를 통해서 하든, 서로 싸워서 승부를 내야 한다. 그리고 승자가 결정되어 그 결정을 패자가 받아들이면 내분은 종결된다. 바꾸어 말하면 패자가 패배를 인정하고 승자의 승리를 받아들일 때에 내분은 종결된다.

만일 어떤 방식으로든 승부를 내지 않고 계속 한없이 내분을 계속한다면 인간이나 국가는 모든 힘을 소진消盡(다 써서 없앰)하고 기진맥진하여 망하고 만다.

승부가 났음에도 불구하고 패자가 패배를 인정하지 않고 계속 2회전, 3회전을 시도하여 계속 승부를 벌인다면 패자가 아주 소멸되기 전에는 내분은 끝이 나지 않고 그 결과는 바로 국가의 멸망이다. 다른 말로 하면 패자의 승복이나 소멸이 없으면 내분이 끝없이 계속되고 나라는 망한다. 결국 패자의 끝없는 불복, 무한정 기회를 노리는 불복, 이것이 멸망의 조건이다. 패자가 자발적으로 승복한다면 그것이 제일 좋지만 만일 그것이 안 되면 국가가 강제력을 써서라도 승복하는 제도를 만들어야 한다.

비유한다면 개인의 권리관계에 대한 분쟁이 해결되지 않아 재판을 할 때 1, 2심을 거쳐 대법원의 판결이 나면 더 이상 재판을 할 수 없게 만들어 강제로 승복하게 만드는 제도와 같다. 그렇게 하지 않으면 재판을 한없이 거듭하다가 이긴 쪽이든 진 쪽이든 모두 망하고 말기 때문이다. 자발적인 승복이면 제일 좋고 그것이 안 되면 강제로라도 승복을 시켜야 한다.

여기서 주의할 점이 두 가지 있다.

하나는 패자가 승복한 다음에는 승복한 패자를 포용하는 승자의 조치가 반드시 뒤따라야 한다는 점이다. 그래야만 내분은 성공적으로 종결된다. 이것은 설명이 필요 없는 당연한 일이다. 그러므로 이 책에서 말하는 승복은 포용이 뒤따르는 승복을 말한다. 다른 하나는 승복은 본질상 기한부期限附 승복 및 사안별事案別 승복이라는 점이다.

이상의 두 가지 점은 민주주의 제도하에서 특히 그러하다. 한 번 대결하여 졌다 해서 언제까지나 무슨 일에서나 계속 무조건 승복하여야 하는 법은 본질상 있을 수 없다.

왕조시대에 패자敗者의 삼족三族(父系, 母系, 妻系의 족속) 또는 구족九族과 그 일당을 승자勝者가 모조리 주살誅殺(죄를 씌워 죽이다)한 이유는, 그들을 살려두면 끝없이 2회전, 3회전을 시도하여 내분이 그칠 날이 없고 결국 국가가 멸망하기 때문이었다. 국가와 국가 사이의 투쟁도 마찬가지이다. 상대가 2회전, 3회전을 요구할 경우라고 판단되면 아예 그 국가 내지 민족을 흔적도 없이 없애버리고 만다. 제3차 포에니전쟁이 끝난 뒤 로마가 카르타고를 지상에서 소멸시킨 사례처럼 말이다.

그러나 한편 패자가 승복한다거나 없어진다고 해서 내분이 영원히 없어지는 것은 아니다. 앞에서 말한 것처럼 내분은 인간의 운명이고 국가의 생리현상이기 때문이다. 환경이 변하고 사람이 바뀌면 새로운 종류의, 새로운 차원의 내분이 발생한다. 새로운 내분을 받아들이고 정반합正反合의 이치에 따라 이것을 극복하면서 인간의 생명은 유지되고 국가 또한 유지된다.

그러므로 내분을 무조건 죄악시하고 기피하고 억압하려 들어서는 안 될 일이다. 이것을 받아들여 적시適時에 승부를 내야 한다. 승부를 내는 일이 너무 늦어도 안 되고 너무 빨라도 안 되지만 일단 승부가 나면 패자가 이것을 우선 받아들여 내분을 종결시켜야 하는데 이런 승복이 없을 때가 바로 문제이다. 왕조시대에는 승복하지 않는 자 또는 승복하지 않을 염려가 있는 자를 소멸시킴으로써 문제를 해결하였다.

민주주의시대에는 권력의 다툼을 그렇게 종결할 수는 없다. 패자敗者도 생존을 보장하여야 한다. 민주주의하에서는 임기제와 주기적인 선거를 결합하여 이를 해결한다.

예컨대 4년에 한 번씩 대통령 선거를 치르고 국회의원 선거를 치러서 승자에게 정권을 맡기고 의회에서 다수결로 승부를 냄으로써 내분을 종결짓는다. 물론 다음 선거 때까지 한시적이긴 하지만 말이다. 그러므로 민주주의가 제대로 작동하려면 임기가 끝나서 다음 선거를 치를 때까지는 패자가 승자의 승리를 인정하고 승자의 권한을 존중하는 최소한의 마음가짐과 태도가 전제되어야 한다. 물론 여기에는 소수자 보호라는 또다른 필수장치가 보장되고 가동되어야 하지만 이 문제는 여기서는 별론이다.

패자의 기한부期限附 승복 및 사안별事案別 승복이라는 이러한 전제가 보장되지 않으면 선거와 임기제도 그리고 다수결제도를 통해서 내분의 끝없는 되풀이를 방지하고 이로써 국가의 멸망을 방지하고자 하는 민주주의의 설계設計는 무너지고 만다. 이런 측면에서 보더라도 법률안의 토론과 표결을 봉쇄하다시피 한 현행 국회선진화법은, 어느 정파가 정권을 잡는가에 관계없이, 민주주의에 대한 커다란 위기를 조성한다.

사실 이런한 이치는 초등학교의 어린이도 다 알고 있는 당연한 사리事理인데 이러한 당연한 사리가 무시되고 망각되기 때문에 국가는 흥망을 되풀이하고 그에 따라 수없는 희극과 비극이 명멸明滅(나타났다 사라졌다 함)하지 않는가.

이러한 이치를 피터 터친의 아사비야 이론과 연결지어 말한다면 흥興의 조건인 법치法治는 아사비야의 보장책保障策이고 망亡의 조건인 승복 없는 내분은 아사비야의 소진책消盡策(다 써서 없애는 길)에 해당한다.

제5장

다시 원점原點으로, 그리고 새로이

이렇게 쓰다 보니 결국 다시 원점으로 돌아왔다. 처음에 인재의 수입과 양성, 그리고 교육을 논하던 것이 끝으로 가면서는 국민의 의기투합에 따른 협동을 끌어낼 수 있는 언행일치의 지도자가 있어야 한다는 맺음으로 결말을 냈으니 말이다. 결국은 사람이란 말인가?

마작놀이를 하는 사람들은 운칠기삼運七技三을 말한다. 재수가 좋아야 한다는 뜻이다. 그렇다면 사람도, 국가의 흥망도 모두 운수運數 소관이라는 말인가? 그렇다면 지금까지 흥망의 이치를 따져 본 노력은 모두 허사虛事라는 말인가?

그럴 수는 없다. 역시 세상에는 이치라는 것이 있다. 적어도 이치가 있다고 우리는 믿는다. 적어도 국가의 흥망에 관한 역사를 살펴보면 그런 믿음이 생긴다. 따라서 우리는 그 이치에 따라 국가를 발전시키는 데 힘을 쏟아야 하고 그 이치에 어긋나는 일을 피하도록 노력하여야 한다.

이렇게 되면 흥망은 역시 유수有數라고 우리는 말해야 하지 않겠는가.

하늘의 도는 굳세어 변함이 없으니 우리도 이를 본받아 스스로를 꿋꿋이 하여 쉬지 않아야 한다. 굳세어 변함이 없음이 하늘의 이치이다. 국민도 이를 본받아 스스로를 꿋꿋이 하여 쉬지 않아야 한다. "天道健 君子以自强不息"이다.

한 가지 추가할 일이 있다. 앞에서의 물음에 답하는 일이다.

앞의 제7편 제1장 제5절 (라) '엘리트층의 과잉생산' 부분의 끝에서 나는 엘리트층의 과잉생산으로 빚어지는 갈등 문제의 해결책을 물었다.

이 책의 첫머리에서 나는 인재의 수입을 주장했다. 이 책의 끝에서 이번에는 인재의 수출과 이민移民을 말하고 싶다. 과감하게 인재와 인력을 수출하고 그들이 터잡을 수 있도록 필요한 대로 가지고 나가게 해야 한다. 다만, 부자富者들의 낭비가 세계무대로 확장될 수도 있지만 유흥비로 탕진한 사실이 세상에 저절로 드러나면 탕자蕩子(과도한 유흥에 빠져 바르게 살지 못하는 사람)의 신세로 돌아와야 하리라.

상품의 수출에 전력하던 나라에서 인재를 수출하는 나라로 새로이 변모해야 한다(직접 사람을 수출하지 않더라도 사람의 교육에 관련된 시스템, 예컨대 전 세계에서 가장 정교한 대학입시제도 같은 지적 플랜트를 수출하면 좋으리라. 다만, 부작용에 대한 책임은 지지 않는다는 단서를 달아서.).

이미 넘쳐나는 인재와 인력들이 바깥세상에서 활동을 개척하도록 도와주는 방향으로 정부의 시책을 펴나가야 한다. 과잉 생산된 인재들이 좁은 땅에서 서로 갈등하는 사태는 나라 쇠망의 한 원인이기 때문이다.

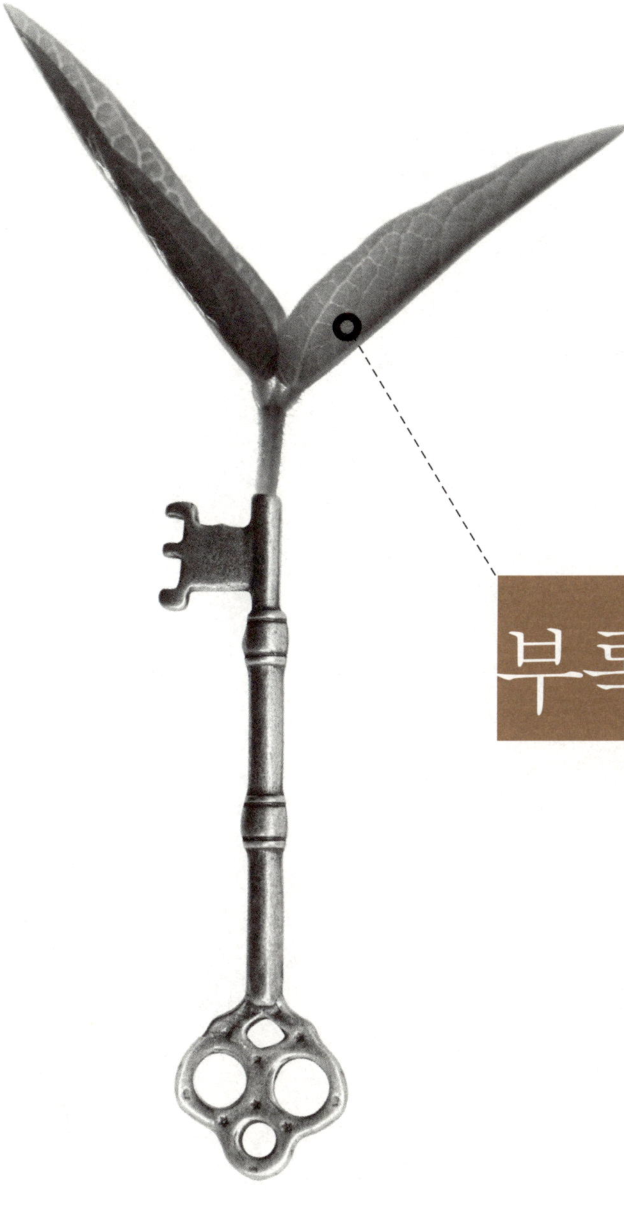

부록

흥망유수 興亡有數

부록 1

황석공黃石公 소서素書

序章 소서素書 소개

'소서'는 황석공이 지은 책이라 한다. 황석공은 한漢나라의 창업자 유방劉邦을 도와 그 창업에 큰 공을 세운 장량張良의 스승이라고 한다. 황석공이 장량에게 책 세 권을 주었는데 그 중 하나가 '소서'이다. 장량이 책을 받으면서 스승의 이름을 물으니 "후일 네가 대사를 성취한 뒤에 한 사람의 나라 임금을 장사지내게 될 터인데 그때 빈 터에서 한 개의 커다란 누런 돌멩이를 보게 되리라. 그 돌이 바로 나다." 라고 대답하였다고 한다. 그래서 그 스승의 이름이 황석공黃石公이라고 후세에 전해진다.

이 책에 서문을 달은 송宋나라의 장상영張商英에 의하면 이

책은 실전失傳되었다가 진晉나라 때 장량의 무덤이 도굴되면서 비로소 발견되어 세상에 전해졌다.

이 책은 현토주해懸吐註解 형식의 한문고서漢文古書를 전문으로 발행, 판매하던 세창서관世昌書館이라는 비원秘苑 옆 원서동苑西洞에 있던 책방에서 샀다. 맨 끝장에 "四二九一. 十. 二十日 京畿高等學校 第二學年六班 權 誠" 이라고 자필로 횡서橫書한 것이 남아 있어 그 시기(서기 1958년)를 알 수 있다.

내용을 보면 유가儒家와 병가兵家의 주장이 융합되어 있고 아마도 법가法家 계통의 학자가 쓴 글이 아닐까 추측한다. 지금은 종이가 누렇게 변색되고 쉽게 바스러지는 상태여서 과연 몇 해나 더 보존할 수 있을지 모르겠다.

인심人心의 기미機微와 흥망의 이치를 간취할 수 있는 좋은 말이 많은데 이 책 자체는 시중에 그렇게 널리 알려져 있지 않아서 여기에 부록으로 붙여 소개한다. 다만, 내가 가지고 있는 판본이 원서原書와 어느 정도 일치하는지, 그리고 원서가 과연 언제 누구에 의하여 집필된 것이지, 게다가 원서라고 할 만한 책이 과연 존재했는지 등에 대하여는 유감이지만 나로서는 확인할 길이 없다.

우리말 번역은 여러 군데 그 뜻을 잘 알기 어려운 곳이 있었지만 내 나름대로 이해한 바에 따라 의역意譯을 했다. 양해를 바란다.

第一章 原始 제일장 원시(근본으로부터의 출발)

(1) 夫道德仁義禮五者 一體也

부도덕인의예오자 일체야

(무릇 도와 덕과 인과 의와 예라 하는 이 다섯 가지는 한몸과 같다. *이 다섯 개는 하나가 되어야 한다.)

(2) 道者人之所蹈 使萬物不知其所由

도자인지소도 사만물부지기소유

(도라는 것은 사람이 밟고 있는 바 그 터전이지만, 만물로 하여금 자기가 어디서 어떻게 나온 것인지 알 수 없게 만든다. *도는 자기를 드러내지 않는다.)

(3) 德者人之所得 使萬物各得其所欲

덕자인지소득 사만물각득기소욕

(덕이라 함은 사람이 자기의 행동을 통하여 후천적으로 얻어 가지는 것인데, 만물로 하여금 각기 자기가 원하는 바를 얻게 한다. *덕이 있어야 원하는 것을 가질 수 있다.)

(4) 仁者人之所親 有慈惠惻隱之心 以遂其生成

인자인지소친 유자혜측은지심 이수기생성

(인이라는 것은 사람으로 하여금 다른 것과 친하게 지내게 하는 마음인데, 자비롭고 은혜를 베풀고 불쌍히 여기는 마음을 가지고 만물이 살고 이룰 수 있게 도와주는 것이다. *남을 돕는 것이 인이다.)

(5) 義者人之所宜 賞善罰惡 以立功立事

의자인지소의 상선벌악 이입공입사

(의라 함은 사람이 마땅히 해야 할 일이니, 착함을 상주고 나쁜 짓을 벌하여 공을 세우고 마땅히 해야 할 일을 일으켜 성취하는 것이다. *올바른 일을 하는 것이 의이다.)

(6) 禮者人之所履 夙興夜寐 以成人倫之序

예자인지소리 숙흥야매 이성인륜지서

(예라 하는 것은 사람이 따라야 할 차례이니, 아침이 되면 일어나고 밤이 되면 잠자는 것처럼 이를 지켜 인간으로서의 마땅한 질서를 완성하는 것이다. *차례를 지키는 것이 예이다.)

(7) 夫欲爲人之本 不可無一焉

부욕위인지본 불가무일언

(사람 노릇을 제대로 하고자 하면 이상의 다섯 가지 중 하나라도 없으면 안 된다.)

(8) 賢人君子 明於盛衰之道 通乎成敗之數 審乎治亂之勢

현인군자 명어성쇠지도 통호성패지수 심호치란지세

達乎去就之理 故潛居抱道 以待其時

달호거취지리 고잠거포도 이대기시

(어질고 뛰어난 사람은 흥성하고 쇠망하는 도리에 밝고, 성공하고 실패하는 방법을 잘 알며, 다스려짐과 혼란함의 형세를 잘 살필 줄 알고, 물러날 때와 맡아야 할 때를 훤히 안다. 그리하여 도를 가슴에 품고 조용히 머무르면서 때를 기다린다.)

(9) 若時至而行 則極人臣之位 得機而動 則能成絶代之功
약시지이행 즉극인신지위 득기이동 즉능성절대지공
如其不遇 歿身而已
여기불우 몰신이이

(만약 때가 이르러 행동하면 신하로서 갈 수 있는 최고의 지위까지 오르고, 기회에 맞추어 움직이면 전무후무한 공을 능히 이루며, 만일 때를 만나지 못할 경우라면 그 몸이 조용히 사라질 뿐이다.)

(10) 是以其道足高而名重於後代 시위기도족고이명중어후대

(이러하므로 그 도는 충분히 높고 명성은 후대에까지 무겁게 전해진다.)

第二章 正道 제이장 정도(올바른 도)

(1) 德足以懷遠 信足以一異 義足以得衆 才足以鑑古
덕족이회원 신족이일이 의족이득중 재족이감고
明足以照下 此人之俊也
명족이조하 차인지준야

(덕은 먼 데 있는 사람을 가슴에 품어 안을 수 있을 정도로 넉넉하고, 남들의 신뢰는 족히 서로 다른 것을 하나로 통합하기에 충분하고, 의는 넉넉하여 뭇 사람을 끌어 모으고, 재주는 충분히 옛 일을 살펴 이치를 깨달아 알 만하고, 밝기는 충분히 아랫사람들 하는 짓을 자세히 알아챌 수 있다면, 이런 사람은 사람 중의 준수한 사람이다.)

(2) 行足以爲儀表 智足以決嫌疑 信可以使守約
행족이위의표 지족이결혐의 신가이사수약
廉可以使分財 此人之豪也
염가이사분재 차인지호
(행동은 족히 다른 사람들의 모범이 될 만하고, 지혜는 충분히 의심스러운 바를 풀어 결단할 수 있고, 믿음은 가히 약속을 지키기에 충분하고, 청렴함은 가히 재물을 다른 사람과 나누어 가질 수 있는 정도라면 이는 사람 중의 호방한 사람이다.)

(3) 守職而不廢 處義而不回 見嫌而不苟免 見利而不苟得
수직이불폐 처의이불회 견혐이불구면 견리이불구득
此人之傑也
차인지걸야
(직책을 지켜 할 일을 다 하고, 의를 지켜 뒤돌아서지 않고, 혐의를 받았을 때 굳이 그 혐의를 면하려고만 하지 않고, 이로운 것을 보고 굳이 그 이익을 얻으려고만 들지 않는다면 이는 사람 중의 걸출한 사람이다.)

第三章 求人之志 제삼장 구인지지(사람의 뜻을 찾음)

(1) 絶嗜禁欲 所以除累 절기금욕 소이제루
(즐기는 것을 끊고 욕망을 따르지 않는 것은 그것이 걱정을 없애기 때문이다.)

(2) 抑非損惡 所以禳過 억비손악 소이양과

(그릇됨을 억누르고 나쁜 것을 덜어내는 것은 그것이 잘못을 물리치기 때문이다.)

(3) 乏酒闕色 所以無汚 핍주궐색 소이무오

(술을 부족하게 마시고 여색을 멀리하는 것은 그것이 실수하지 않게 하는 까닭이다.)

(4) 避嫌遠疑 所以不悮 피혐원의 소이불오

(미움받음을 피하고 의심받음을 멀리하는 것은 그래야 그릇되지 않기 때문이다.)

(5) 博學切問 所以廣知 박학절문 소이광지

(널리 배우고 정성스럽게 묻는 것은 그래야 아는 것을 넓히기 때문이다.)

(6) 高行微言 所以修身 고행미언 소이수신

(행동은 고결하게 하고 말은 작게 하는 것은 그렇게 해야 몸을 수양할 수 있기 때문이다.)

(7) 深計遠慮 所以不窮 심계원려 소이불궁

(깊이 계획하고 먼 장래까지 고려하는 것은 그래야 막다른데 빠지지 않기 때문이다.)

(8) 親仁友直 所以不顚 친인우직 소이부전

(어진 사람과 친하고 정직한 사람과 벗하는 것은 그래야 뒤

집어지지 않기 때문이다.)

(9) 近恕篤行 所以接人 근서독행 소이접인
(되도록 용서하고 행동을 따뜻이 하는 것은 그것이 사람을 대접하는 도리인 까닭이다.)

(10) 任材使能 所以濟務 임재사능 소이제무
(인재에게 일을 맡겨 그 능력을 발휘케 하는 것은 그래야 일을 성취할 수 있기 때문이다.)

(11) 痺惡斥讒 所以止亂 단오척참 소이지란
(미워함을 괴로워하고 헐뜯는 말을 물리치는 것은 그것이 어지러움을 그치게 하기 때문이다.)

(12) 推古驗今 所以不惑 추고험금 소이불혹
(옛일을 미루어 지금의 일을 판단하는 것은 그래야 의심에 빠져 허둥대지 않기 때문이다.)

(13) 先揆後度 所以應卒 선규후탁 소이응졸
(일을 하기에 앞서 미리 헤아리고 일이 벌어진 뒤에 대처할 방법을 미리 헤아려 두는 것은 그래야 갑자기 일이 벌어질 때 대응할 수 있기 때문이다.)

(14) 設變致權 所以解結 설변치권 소이해결
(계획대로 변화를 만들어 권세의 고삐를 틀어쥐는 것은 그렇게 해야 맺힌 것을 풀 수 있기 때문이다.)

(15) 括囊順會 所以無咎 괄랑순회 소이무구
(자기 생각을 주머니에 담아두고 순조롭게 남과 어울리는 것은 그래야 허물이 없기 때문이다.)

(16) 橛橛梗梗 所以立功 궐궐경경 소이입공
(정직함을 굳게 지켜 요동하지 않는 것은 그래야 공을 세우기 때문이다.)

(17) 孜孜淑淑 所以保終 자자숙숙 소이보종
(부지런히 부지런히 착하게 착하게 사는 것은 끝맺음을 잘 할 수 있기 때문이다.)

第四章 本德宗道 제사장 본덕종도(기본이 되는 덕과 으뜸가는 도)

(1) 夫志心篤行之術 부지심독행지술
(대저 마음을 뜻에 모으고 행실을 돈독하게 하는 방법은)

(2) 長莫長於博謀 장막장어박모
(길기는 꾀함을 널리 하는 것보다 더 긴 것이 없고)

(3) 安莫安於忍辱 안막안어인욕
(안전하기는 욕을 먹어도 참는 것보다 더 안전한 것이 없고)

(4) 先莫先於修德 선막선어수덕

(먼저 할 일은 덕을 닦는 것보다 더 먼저 할 일이 없고)

(5) 樂莫樂於好善 락막락어호선

(즐거움은 착함을 좋아하는 것보다 더 즐거운 것이 없고)

(6) 神莫神於至誠 신막신어지성

(신령스러운 것은 지극한 정성보다 더 신령스러운 것이 없고)

(7) 明莫明於體物 명막명어체물

(밝게 아는 것은 직접 사물을 체험하는 것보다 더 밝게 아는 것이 없고)

(8) 吉莫吉於知足 길막길어지족

(길하기는 만족함을 아는 것보다 더 길한 것이 없고)

(9) 苦莫苦於多願 고막고어다원

(괴로움은 바라는 것이 많은 것보다 더 괴로운 것이 없고)

(10) 悲莫悲於精散 비막비어정산

(슬픔은 정신이 산만한 것보다 더 슬픈 것이 없고)

(11) 病莫病於無常 병막병어무상

(병으로 치면 항상 여일하지 못한 것보다 더 병이 되는 것이 없고)

(12) 短莫短於苟得 단막단어구득

(짧기로 말하면 그저 오로지 얻기만 하려고 하는 것보다 더 짧은 것이 없고)

(13) 幽莫幽於貪鄙 유막유어탐비

(어두움은 탐욕스럽고 고집이 센 것보다 더 어두운 것이 없고)

(14) 孤莫孤於自恃 고막고어자시

(외로운 것은 자기만을 믿는 것보다 더 외로운 것이 없고)

(15) 危莫危於任疑 위막위어임의

(위험하기로는 맡겨놓고 의심하는 것보다 더 위험한 것이 없고)

(16) 敗莫敗於多私 패막패어다사

(실패를 가져오는 것은 사사로운 관계에 따라 처리하는 일이 많은 것보다 더 실패를 초래하는 것은 없다.)

第五章 遵義 제오장 준의(의를 지킴)

(1) 以明示下者 闇 이명시하자 암

(아랫 사람에게 자기를 밝게 보여주는 자는 아랫사람에게 이용당하게 되므로 우매하고)

(2) 有過不知者 蔽 유과부지자 폐

(과오가 있어도 알지 못하면 희미한 사람이고)

(3) 迷而不返者 惑 미이불반자 혹

(헤매다가 돌아오지 못하는 자는 미혹된 자이고)

(4) 以言取怨者 禍 이언취원자 화

(말로써 원망을 받는 자는 화를 입을 것이고)

(5) 令與心乖者 廢 영여심괴자 폐

(명령과 마음이 일치하지 않는 자는 못쓰게 되고)

(6) 後令謬前者 毁 후령류전자 훼

(뒤의 명령이 앞의 것과 틀리면 무너지고)

(7) 怒而無威者 犯 노이무위자 범

(노해도 위엄이 없으면 무시를 당하고)

(8) 好直辱人者 殃 호직욕인자 앙

(정직함이 좋다고 하여 곧바로 남을 욕하는 사람은 재앙을 받고)

(9) 戮辱所任者 危 육욕소임자 위

(일을 맡은 사람을 욕보이는 자는 위태롭게 되고)

(10) 慢其所敬者 凶 만기소경자 흉

(존경할 사람을 태만히 대하는 것은 흉하고)

(11) 貌合心離者 孤 모합심리자 고

(겉 모양은 다른 사람에게 합치는 듯 보이면서 그 마음은 다른 데로 떠나가 있으면 배반하는 것이고)

(12) 親讒遠忠者 亡 친참원충자 망

(참언은 가까이 하고 충언은 멀리하면 망하고)

(13) 近色遠賢者 混 근색원현자 혼

(여색을 가까이 하고 어진 사람을 멀리하면 혼잡하고)

(14) 女謁公行者 亂 여알공행자 난

(높은 자리에 있으면서 책임 모르는 여자가 아뢰는 대로 공사를 처리하면 질서를 어지럽히는 것이고)

(15) 私人以官者 浮 사인이관자 부

(사사로운 관계에 있는 사람에게 벼슬을 주는 것은 경솔한 일이고)

(16) 凌下取勝者 侵 능하취승자 침

(아랫사람을 업신여기는 행동을 하면서 그것을 마치 싸움에서 이긴 것이나 되는 듯 행세하는 것은 그 사람을 침범한 것이고)

(17) 名不勝實者 耗 명불승실자 모

(명성이 실제에 미치지 못하는 사람은 시간이 가면 사라져 없어지고)

(18) 略己而責人者 不治 략기이책인자 불치

(자기는 빼고 다른 사람만 책망하면 사람을 다스릴 수 없고)

(19) 自厚而薄人者 棄 자후이박인자 기

(자기에게는 후하고 다른 이에게는 박하게 굴면 그 사람을 버리게 되고)

(20) 以過棄功者 損 이과기공자 손

(과오를 범했다 하여 전에 세운 공적을 쳐주지 않으면 손해를 보게 되고)

(21) 羣下外異者 淪 군하외이자 륜

(많은 부하가 밖으로 떨어져 나가면 침몰하고)

(22) 旣用不任者 疎 기용불임자 소

(이미 쓰고 있던 사람을 어느 자리에 임명하지 않으면 멀어지고)

(23) 行賞悋色者 沮 행상인색자 저

(상을 주는 데 인색하면 기가 꺾이고)

(24) 多許少與者 怨 다허소여자 원

(많이 주겠다고 허락하고 적게 주면 원망하고)

(25) 旣迎而拒者 乖 기영이거자 괴

(이미 환영해 놓고 뒤에 거부하면 틀어지게 되고)

(26) 薄施厚望者 不報 박시후망자 불보

(베풀기는 적게 하고서 바라기는 많이 하면 보답을 못 받고)

(27) 貴而忘賤者 不久 귀이망천자 불구

(귀하게 되었다 하여 천했던 때를 잊으면 오래 못 가고)

(29) 念舊怨而棄新功者 凶 염구원이기신공자 흉

(지난날의 원한을 가슴에 새겨두어 새로이 세운 공적을 쳐주지 않으면 길하지 아니하고)

(30) 用人不得正者 殆 용인부득정자 태

(사람을 부림에 있어 올바른 일에 올바른 방법으로 시키지 아니하면 도리어 자기를 해칠 수 있어 위험하고)

(31) 强用人者 不畜 강용인자 불축

(억지로 사람을 쓰려 하면 밑에 두어도 기를 수 없고)

(32) 爲人擇官者 亂 위인택관자 난

(재능이나 인품에 따라 관리를 임용하지 않고 사사로운 관

계에 따라 관리를 임용하면 어지러워지고)

(33) 失其所强者 弱 실기소강자 약
(자기의 장점을 잃어버리는 것이 약한 것이고)

(34) 決策而不仁者 險 결책이불인자 험
(계책을 결정한 뒤 이를 실행함에 있어 어질지 않은 잔인한 방법으로 하면 음흉한 자이고 * 예: 방연이 손빈을 제거한 방식, 이사가 한비자를 제거한 방식)

(35) 陰計外泄者 敗 음계외설자 패
(몰래 계획한 바를 밖에 누설하면 무너지고)

(36) 厚斂薄施者 凋 후렴박시자 조
(거두어들이기는 많이 하면서 베풀기는 적게 하면 시들고)

(37) 戰士貧遊士富 衰 전사빈유사부 쇠
(싸움에 나갈 무사는 적고 말만 많고 놀고 먹는 선비가 많으면 기울어지고)

(38) 貨賂公行者 昧 화뢰공행자 매
(뇌물을 받고 公事를 처리하는 자는 어리석고)

(39) 聞善忽略 記過不忘者 暴 문선홀략 기과불망자 포
(남이 한 착한 일을 들으면 금방 잊어버리고 남이 저지른 과

오는 적어두고 잊지 않는 자는 사나운 사람이고)

(40) 所任不可信 所信不可任者 濁 소임불가신 소신불가임자 탁
(일을 맡은 사람은 믿지 않고 믿는 사람에게는 맡기지 않으면 흐리멍텅한 사람이고)

(40) 牧人以德者 集 목인이덕자 집
(덕으로 사람을 기르면 사람이 모여들고)

(41) 繩人以刑者 散 승인이형자 산
(형벌로 사람을 바로잡으려 들면 사람이 흩어지고)

(42) 小功不賞 則大功不立 소공불상 즉대공불립
(작은 공이라 해서 상을 안 주면 큰 공을 세우려 들지 않고)

(43) 小怨不赦 則大怨必生 소원불사 즉대원필생
(작은 원한을 용서해주지 않으면 큰 원한이 반드시 생기고)

(44) 賞不服人 罰不甘心者 叛 상불복인 벌불감심자 반
(상이 사람을 복종하게 하지 못하고 벌이 달게 받는다는 마음을 일으키지 못하면 배반을 당하고)

(45) 賞及無功 罰及無罪者 酷 상급무공 벌급무죄자 혹
(상이 공 없는 자에게 돌아가고 벌이 죄없는 자에게 가해지면 원통해 하고)

(46) 聽讒而美 聞諫而仇者 亡 청참이미 문간이구자 망

(거짓으로 헐뜯는 말을 들으면 그 말을 한 사람을 예쁘다 여기고 충고하는 말을 들으면 그 말을 한 사람을 원수로 여기는 사람은 망하고)

(47) 能有其有者 安 능유기유자 안

(자기가 가진 것을 잘 간직할 줄 아는 사람은 편안하고)

(48)貪人之有者 殘 탐인지유자 잔

(다른 이가 가진 것을 탐내면 남을 해칠 사람이다.)

第六章 安禮 제육장 안례(예를 편히 따름)

(1) 怨在不赦小過 원재불사소과

(원망은 작은 과오를 용서해주지 않는 데서 생기고)

(2) 患在不豫定謀 환재불예정모

(근심은 대책을 미리 정해놓지 않는 데 있고)

(3) 福在積善 복재적선

(복은 착한 일을 계속하면 생기고)

(4) 禍在積惡 화재적악

(재앙은 나쁜 짓을 계속하면 생기고)

(5) 飢在賤農 기재천농

(굶주림은 농사를 천시하면 찾아오고)

(6) 寒在惰織 한재타직

(추위를 면하지 못하는 것은 옷감 짜기를 게을리 한 탓이고)

(7) 安在得人 안재득인

(국가의 안전은 인재를 얻음에 있고)

(8) 危在失事 위재실사

(국가의 위기는 일을 제때에 못한 데 있고)

(9) 富在迎來 부재영래

(부유함은 때를 잘 맞추는 데 있고)

(10) 貧在棄時 빈재기시

(가난은 때를 맞추지 않기 때문이고)

(11) 上無常躁 下無疑心 상무상조 하무의심

(항상 시끄럽게 떠들어댐이 위에 없으면 아래에서는 의심이 없게 되고)

(12) 輕上生罪 경상생죄

(윗사람을 가벼이 여김은 죄를 짓는 것이고)
또는 (윗사람의 말을 가벼이 여기는 사람은 죄를 짓게 되고)

(13) 侮下無親 모하무친

(아랫사람을 업신여기면 친하지 않게 되고)

(14) 近臣不重 遠臣輕之 근신부중 원신경지

(가까이 있는 신하를 무겁게 대우하지 않으면 먼 데 있는 신하가 이들을 가벼이 여기고)
또는 (가까이 있는 신하가 진중하지 못하면 먼 데 있는 신하가 왕을 가벼이 여기고)

(15) 自疑不信人 自信不疑人 자의불신인 자신불의인

(스스로를 의심하면 남을 못 믿고 자기를 믿으면 남을 의심하지 않으며)

(16) 枉士無正友 曲上無直下 왕사무정우 곡상무직하

(비뚤어진 선비는 올바른 친구가 없고 바르지 못한 윗사람 밑에 정직한 사람이 없다.)

(17) 危國無賢人 亂政無善人 위국무현인 난정무선인

(위태로운 나라에 어진 사람이 머물지 않으며 어지러운 정사를 펴는 곳에 착한 사람이 있지를 않는다.)

(18) 愛人深者 求賢急 애인심자 구현급

(백성 사랑하기를 깊이 하는 사람은 현명한 사람을 찾는 데 급하고)

(19) 樂得賢者 養人厚 낙득현자 양인후

(현인을 얻기를 즐거워하는 사람은 사람 기르기를 후하게 하고)

(20) 國將霸者 士皆歸 국장패자 사개귀

(국가가 장차 패권을 잡을 때가 되면 선비들이 모두 찾아오고)

(21) 邦將亡者 賢先避 방장망자 현선피

(나라가 장차 망할 조짐이 보이면 현인이 먼저 피해 떠나간다.)

(22) 地薄者 大物不產 지박자 대물불산

(땅이 메마르면 큰 물건이 나지 않고)

(23) 水淺者 大魚不遊 수천자 대어불유

(물이 얕으면 큰 고기가 놀지 않는다.)

(24) 樹禿者 大禽不棲 수독자 대금불서

(숲에 나무가 없으면 큰 새가 살지 않고)

(25) 林疎者 大獸不居 임소자 대수불거

(숲에 나무가 드물면 큰 짐승이 살지 않는다.)

(26) 山峭者 崩 산초자 붕

(산이 가파르면 무너지고)

(27) 澤滿者 溢 택만자 일

(연못이 가득 차면 넘친다.)

(28) 棄玉取石者 盲 기옥취석자 맹

(옥을 버리고 돌을 차지하면 어두운 사람이고)

(29) 羊質虎皮者 辱 양질호피자 욕

(속은 양 같이 착해도 외모가 호랑이 같은 사람은 욕을 보게 된다.)

(30) 衣不擧領者 倒 의불거령자 도

(옷을 입고 다닐 때 옷깃을 들어 올리지 않으면 넘어지고)

(31) 走不視地者 顚 주불시지자 전

(달리면서 땅을 보지 않는 자는 쓰러진다.)

(32) 柱弱者 屋壞 주약자 옥괴

(기둥이 약하면 집이 무너지고)

(33) 輔弱者 國傾 보약자 국경

(재상이 약하면 나라가 기운다.)

(34) 足寒傷心 족한상심

(발이 차면 마음이 상하고)

(35) 人怨傷國 인원상국

(사람이 원망하면 나라가 상한다.)

(36) 山將崩者 下先隳 산장붕자 하선휴

(산이 장차 무너질 때는 아래가 먼저 무너지고)

(37) 國將衰者 人先弊 국장쇠자 인선폐

(국가가 장차 쇠퇴할 때는 사람이 먼저 피폐해진다.)

(38) 根枯枝朽 근고지후

(뿌리가 마르면 가지가 썩고)

(39) 人困國殘 인곤국잔

(백성이 지치면 나라가 멸망한다.)

(40) 與覆車同軌者 傾 여복거동궤자 경

(뒤집어지는 수레의 바퀴자국을 따라가면 기울어지고 *잘못 하는 사람을 따라 다니면 역시 잘못을 범하게 된다.)

(41) 與亡國同事者 滅 여망국동사자 멸

(망하는 나라와 더불어 같이 일하면 멸망한다.)

(42) 見已生者 愼將生 견이생자 신장생

(이미 위험을 벗어나 살아남게 된 사람은 앞으로의 삶을 신중히 하게 되고)

(43) 惡其跡者 須避之 오기적자 수피지

(과거의 잘못된 발자취를 부끄러워하는 사람은 모름지기 이를 피하려 한다.)

(44) 畏危者 安 외위자 안

(위험을 두려워하는 자는 안전하고)

(45) 畏亡者 存 외망자 존

(망함을 두려워하는 자는 살아남는다.)

(46) 夫人之所行 有道則吉 無道則凶

부인지소행 유도즉길 무도즉흉

(무릇 사람이 하는 짓이 도리에 맞으면 길하고 도리에 맞지 않으면 흉하니)

(47) 吉者 百福所歸 길자 백복소귀

(길한 것에는 백 가지 복이 들어오고)

(48) 凶者 百禍所攻 흉자 백화소공

(흉한 것에는 백 가지 재앙이 달려들어 공격하는데)

(50) 非其神聖 비기신성

(신령하고 성스러워서 그렇게 되는 것이 아니라)

(51) 自然所鍾 자연소종

(씨뿌린 바대로 자연히 그렇게 되는 것이다.)

(52) 務善策者 無惡事 무선책자 무악사

(좋은 방책대로 힘쓰는 자에게는 나쁜 일이 없고)

(53) 無遠慮者 有近憂 무원려자 유근우

(장래 멀리까지 생각하지 않는 자에게는 조만간 근심거리가 생긴다.)

(54) 同志相得 동지상득

(뜻이 같은 자끼리는 서로 한편이 되어 어울리고)

(55) 同仁相憂 동인상우

(어진 사람끼리는 서로 같이 근심하고)

(56) 同惡相黨 동악상당

(나쁜 사람끼리는 서로 한 패거리가 되고)

(57) 同愛相求 동애상구

(사랑하는 사람끼리는 서로 상대를 찾고)

(58) 同美相妬 동미상투

(같이 아름다운 사람끼리는 서로 질투하고)

(59) 同智相謀 동지상모

(교활한 사람들은 서로 상대를 제거하려고 계획하고)

(60) 同貴相害 동귀상해

(같이 귀한 사람끼리는 서로 해치고)

(61) 同利相忌 동리상기

(이익을 같이 하는 사람들은 서로 상대를 꺼리고)

(62) 同聲相應 동성상응

(같은 소리는 서로 호응하고)

(63) 同氣相感 동기상감

(같은 기운은 서로 느끼고)

(64) 同類相依 동류상의

(같은 무리는 서로 의지하고)

(65) 同義相親 동의상친

(의를 같이 하는 사람은 서로 친하고)

(66) 同難相濟 동난상제

(같이 어려움을 겪는 사람은 서로 건져주고)

(67) 同道相成 동도상성

(도를 같이 하는 사람은 서로 도와주어 도를 성취하고)

(68) 同藝相規 동예상규

(재능을 같이 하는 사람끼리는 서로 바로잡아주고)

(69) 同巧相勝 동교상승

(솜씨 좋은 사람끼리는 서로 견제한다.)

(70) 此乃數之所得 不可與理違 차내수지소득 불가여리위

(이런 여러 가지를 통해서 얻어야 할 바는 행동이 이치에 어긋나서는 안 된다 함이다.)

(71) 釋己而教人者 逆 석기이교인자 역

(자기 잘못은 용서하면서 다른 사람을 가르치면 거슬리고)

(72) 正己而化人者 順 정기이화인자 순

(자기를 바르게 해서 남을 감화시키면 순조롭다.)

(73) 逆者難從 역자난종

(거슬리는 것은 따르기 어렵고)

(74) 順者易行 순자이행

(순조로운 것은 쉽게 행할 수 있다.)

(75) 難從則亂 난종즉난

(따르기 어려우면 어지러워지고)

(76) 易行則理 이행즉리

(쉽게 행할 수 있으면 이치에 맞는다.)

(77) 如此理身理家理國 可也 여차리신리가리국 가야

(이렇게 몸과 집안과 국가를 다스리는 것이 옳다.)

부록 2

이사李斯의 간축객서諫逐客書

신臣이 듣건대 관리들이 빈객賓客을 축출하자는 논의를 한다고 하는데 저는 그것이 잘못된 것이라고 생각합니다.

옛날 목공穆公께서는 인재를 구하시어 서西로는 융戎에서 유여由余를 취하여 데려오고 동東으로는 완宛에서 백리해百里奚를 얻었으며, 송宋나라에서 건숙蹇叔을 맞아들였고 진晉나라로부터 비표와 공손지를 불러들였습니다. 이 다섯 사람은 진秦나라에서 태어나지 않았지만 목공께서는 그들을 등용하여 20여 국을 통합하고 마침내 서융을 제패하셨습니다. 효공孝公께서 상앙商鞅의 변법을 채용하시어 풍속을 바꾸시자 백성들이 유복해졌고 국가는 부강해졌습니다. 백성들은 기꺼이 부역을 했고 제후들은 몸소 복종했습니다. 조趙나라와 위魏나라의 군대를 제압하고 천 리의 땅을 얻게 되어 지금까지 평화롭고 강한 것입니다. 혜왕惠王께서는 장의張儀의 계략을 채용하여 삼천三川의 땅을 빼앗고 서쪽으로 파巴와 촉蜀을 통합하고 북쪽으로 상군上郡을 거두어들였고 남쪽으로 한중漢中을 점령하였으며, 구이九夷를 포섭하여 언영鄢郢을 제압하고, 동쪽으로 성고成皐의 험준함에 근거하여 비옥한 땅을 할양받았으며 마침내 여섯 나라의 합종을 깨뜨려서 그들로 하여금 서쪽을 바라보며 진나라를 섬기게 하셨는데 그 공로가 지금에까지 이르고 있습니다. 소왕昭王께서는 범수范睢를 얻어 양후穰侯를 폐위시키고 화양군華陽君을 축출하여 진나라 왕실을 강화했으며 대신들의 가문이 강해지는 것을 막으면서 제후국들을 잠식(조금씩 먹어나감)해나갔고, 진나라로 하여금 제업帝業을 이루도록 하셨습니다. 이 네 군주께서는 모두 빈객들로 하여금 공로를 세우게 하셨습니다. 이러한 옛일을 보건대 빈객들이 왜 진나라를 저버린다고들 비난하는지요? 앞의 네 군주께서 빈객들을 내치고 받아들이지 않으며 인재를 멀리하고 등용하지 않으셨다면 진나라에 부귀와 이익을 가져오지 못하였을 것이며 진나라는 강대국의 명성을 얻을 수 없었을 것입니다.

지금 왕께서는 곤강昆崗의 옥을 가지셨고 수隨씨와 화和씨의 벽옥碧玉을 보유하셨으며, 명월주明月珠를 차고 태아太阿라는 명검을 지니셨습니다. 섬리마纖離馬라는 천리마를 타고 취봉기翠鳳旗를 세우시고 영타靈鼉라는 북을 세워두셨습니다. 이 여러 보물들이 진나라에서는 하나도 생산되지 않았건만 왕께서 그것을 좋아하시는 것은 무슨 까닭입니까? 반드시 진나라에서 생산되는 것이라야만 된다면 야광주夜光珠로 조정을 장식할 수 없으며 코뿔소의 뿔이나 상아로 만든 노리개를 만들 수 없으며, 정鄭나라와 위衛나라의 미녀들도 후궁으로 충원될 수 없으며 결제駃騠와 같은 준마들로 바깥 마구간을 채울 수 없을 것입니다. 강남의 금과 주석도 쓸 수가 없으며, 서촉西蜀의 단청으로 색칠할 수도 없을 것입니다. 후궁을 장식하고 희첩들을 꾸며서 마음을 기쁘게 하고 귀와 눈을 즐겁게 하는 것도, 반드시 진나라에서 난 것이라야 한다면, 완주宛珠의 비녀, 부기傅璣의 귀고리, 아호阿縞로 지은 옷, 금수錦繡의 장식들도 왕의 앞에 나타나지 못할 것이며, 세속의 유행에 따라 우아하고 아름답게 차린 조趙나라의 미녀들도 왕의 곁에 서지 못할 것입니다. 대저 항아리를 두드리고 질장구를 치거나 쟁을 타며 넓적다리를 치면서, 어야디야 노래를 불러 귀를 즐겁게 하는 것이, 원래 진나라의 음악소리입니다. 정鄭, 위衛, 상간桑間, 소昭, 우虞, 무武, 상象 등은 모두 다른 나라의 음악소리들입니다. 지금 항아리를 두드리며 질장구를 치던 것을 버리고 정, 위의 음악을 취하며, 쟁을 타던 것을 물리치고 소, 우의 음악을 받아들였는데 이는 무슨 까닭입니까? 들으면 바로 마음이 즐거워지고 눈으로 보기에 아름답기 때문이옵니다. 그러나 지금 인재를 얻는 데는 그렇지 않습니다. 사람됨이 옳은지 그른지를 묻지 않고, 굽었는지 곧은지를 따지지 않고, 진나라 사람이 아니면 돌려보낸다고 하여, 빈객들을 축출하려고 합니다. 그렇다면 여색, 음악, 주옥은 소중히 여기고, 사람은 경시하는 것이 됩니다. 이것은 대국에 군림하며 제후들을 제압하는 방법이 아닙니다.

신이 듣건대 땅이 넓으면 곡식이 많게 되고, 나라가 크면 백성이 많으며, 군대가 강하면 병사도 용감해진다고 합니다. 즉, 태산泰山은 한 줌의 흙도 양보하지 않았으므로 그 높음을 이룰 수 있었던 것이며, 하해河海는 작은 물줄기도 가리지 않았으므로 그 깊음을 이룰 수 있었던 것입니다. 왕은 어떠한 백성이라도 물리치지 않아야 자신의 덕을 천하에 밝힐 수 있는 것입니다. 이로써 땅은 사방으로 끝이 없고 백성에게는 이 나라 저 나라의 구별이 없으며, 사시사철이 조화되어 아름답고, 귀신도 복을 내립니다. 이는 오제五帝와 삼왕三王께 적敵이 없었던 바와 같습니다. 지금에 이르러 진나라는 백성을 버려서 적국을 이롭게 하고, 빈객을 물리쳐서 제후를 도와 공적을 세우게 하며, 천하의 인재로 하여금 감히 서쪽의 진나라로 향하지 못하게 하고, 발을 묶어 진나라로 들어오지 못하게 합니다. 이것은 이른바 '적에게 군사를 빌려주고 도적에게 양식을 보내주는 격'입니다.

대저 진나라에서 생산되지 않는 물건들 중에도 보배로운 것이 많으며, 진나라에서 태어나지 않은 인재들 중에도 충성을 바치려는 자가 많습니다. 지금 빈객들을 축출하여 적국을 이롭게 하고 백성을 줄여서 적국에게 보태주어 안으로는 나라가 저절로 텅 비게 되고 나라 밖으로는 제후들에게 원한을 사게 되면, 나라를 구하고 위기를 없애려 해도 어찌할 수가 없게 됩니다.

부록 3

중국 역사연대표

＊네이버 지식백과에서 인용

중국의 역사

신화와 고대
선사시대
황하 · 장강 문명
신화 · 삼황오제
하 B.C.2070?~1600?
상 B.C.1600?~1046?
주 B.C.1046?~256 서주 B.C.1046?~771 동주 B.C.771~256 춘추시대 B.C.771~453 전국시대 B.C.453~221
제국의 시대
진 B.C.221~206
한 B.C.202~A.D.220

전한 B.C.202~A.D.8

신 8~23

후한 25~220

삼국시대 220~280

위 220~265

촉한 221~263

오 229~280

진 265~420

서진 265~316

동진 317~420

오호십육국시대
304~439

남북조시대 439~589

수 581~618

당 618~907

무주 690~705

오대십국시대
907~960

요
916~1125

송 960~1279

북송 960~1127

남송 1127~1279

금 1115~1234

서하
1038~1227

원 1271~1368

명 1368~1644

청 1636~1912

현대의 중국

중화민국 1912~현재

(대륙) 1912~1949

중화인민공화국
1949~현재

(타이완)
1949~현재

부록 4

부성제父姓制의 위헌결정에 대한 반대의견

부성제라 함은 자녀子女의 성姓은 원칙으로 아버지의 성을 따르도록 하는 제도인데 민법民法에 규정되어 있다(몇 개의 예외도 있다).

다수의견은 이것이 헌법위반이라고 함에 대하여 나는 반대하였다.

재판관 권 성의 반대의견

부성주의를 규정하고 있는 이 사건 법률조항이 헌법에 위반되지 않는다고 나는 생각한다. 그 이유는 다음과 같다.

가. 문화가 헌법에 선행先行하는 경우

문화가 항상 헌법에 선행하지는 않는다. 그러나 선행하는 경우도 있다. 가족제도, 그 중에도 부성주의父姓主義 같은 것은, 분명히 헌법에 선행하는 문화의 하나이다.

기존의 문화 내지 제도가 후행의 헌법적 가치에 어긋난다는 의심을 받는 경우에는 다음과 같은 단계적 사고가 필요하다. 제1단계는 기존의 문화가 가지는 합리성을 확인하고 그 합리성과 헌법적 가치 사이의 간극의 크기를 측정하는 것이다. "존재하는 모든 것은 합리적이다." 라는 진리를 이 경우에 도외시할 이유가 없기 때문이다. 제2단계는 그 간극의 크기가 더 이상 용납하기 어려운 경우에는 그 간극을 해소하는 기술의 합리성을 확인하는 일이다. 사회제도의 상호 유기적 관계를 고려할 때 자칫 교각살우矯角殺牛의 우를 범할 수도 있기 때문이다. 제3단계는 시기의 적합성을 판단하는 일이다. 만사 너무 늦어도 안 되지만 너무 빨라도 안 되기 때문이다.

나. 선행하는 부성주의 문화의 합리성

인간은 부父와 모母 두 사람으로부터 혈통을 이어받는다. 그런데 모와의 혈통관계, 즉 모자관계의 존재는 출산과 수유라는 자연적이고 객관적이며 외관상 확인가능한 일반적 사실을 통하여 대외적으로 명확히 인식됨에 반하여 부와의 혈통관계, 즉 부자관계는 그 존재를 객관적으로 인식케 할 수 있는, 출산 및 수유와 같은, 외관상 명백한 일반적 사실이 없어서 대부분 추정에 근거하여 인식될 뿐이다. 따라서 부자관계의 존재에 대한 인식은 모자관계의 그것에 비하여 본질적으로 불확실할 수밖에 없고 이것은 남성과 여성의 생리적 차이, 구체적으로는 임신과 출산의 생리적 메커니즘, 그리고 임신의 사전단계로 진행되는 행위의 은밀성을 보장하는 사회제도와 문화에서 오는 불가피한 현상이다.

민법이 부자관계에 대해서는 추정규정을 두고(제844조) 그 추정을 부인할 수 있도록 하면서(제846조) 재혼금지기간위반의 경우에 출생한 자子의 부父를 결정하는 절차(제845조)를 두고 있는데 이는 부자관계 존부의 불확실 가능성을 전제로 한다.

자子의 父가 누구인가 하는 것이 불확실하다고 하는 상황은 그 자子의 양육과 보호를 모 이외의 누가 책임져야 하는가 하는 문제가 불확실해짐을 의미하고 이것이 불확실한 상태로 계속 남아 있는 사태는 일부일처제도를 기초로 하고 있는 가족의 형성과 유지를 위협하고 나아가 가족제도를 기초로 하고 있는 사회공동체의 존속과 안정 자체를 위협한다. 뿐만 아니라 자子의 부가 누구인가 하는 것이 불확실하다는 사실은, 자기의 혈통을 이어받은 자손을 둠으로써 자기 생명의 유한성을 극복하고 이로써 자기 존재의 영속적 가치를 확인하고자 하는 인간의 －그 중에서도 남성 인류의－ 본능적 염원이 경우에 따라서는 실현될 수 없다는 사태를 의미하고 이것은 인간존재의 가치를 상당한 정도 모호하게 만드는 부작용을 빚는다. 특히 자식을 위하여 산다고 생각하는 많은 평범한 인간들의 경우에는 더욱 더 그렇다.

여기서 자子의 부가 누구인가를, 한편으로는 사회에 대하여 인식케 하고, 다른 한편으로는 사회로부터 인정받게 하는, 대외적 공시의 필요성이 대두된다.

이러한 사회적 필요에 응하여 등장한 인류의 문화적 발명의 하나가 바로 부성주의라고 할 것이다. 그러므로 자子가 부父의 성을 사용한다고 하는 것은 그 자子가 특정한 부의 혈통을 이어받은 사실을 공시하는 효과를 갖는 것이고 이러한 의미에서 성은 기호로서의 본질을 갖는 것이다. 환언하면 자子는 부父의 성姓을 사용함으로써 부자관계의 존재를 대외적으로 명확히 공시公示할 수 있고 그 공시에 따른 공신력公信力을 상당한 정도로 사회로부터 인정받게 된다. 따라서 혈통관계의 공시의 필요성에 부합하는 측면에서는 자子가 부父의 성을 사용하는 방법이 모母의 성을 사용하는 방식 또는 그 어떤 다른 것보다도 훨씬 더 효과적이고 실용적이다.

또한 출산과 수유(젖을 먹임) 같은 생리적 기능을 갖지 못하는 남자는 그런 기능을 수행하는 여자에 비하여 자녀와의 관계에서 일체감과 유대감이 원천적으로 약할 수밖에 없고 가정에 대한 소속감 역시 마찬가지로 약할 수밖에 없다. 모자관계에 비해 상대적으로 소원하거나 결속력이 약할 수 있는 부자관계는 자子

가 부父의 성을 사용함으로써 그 일체감과 유대감이 자연히 강화되고 부父의 자子에 대한 책임의식이 더욱 고취되어 결과적으로 가족 전체의 통합과 결속이 강화될 수 있다.

이와 같이 부성주의는 자子의 부계혈통을 대외적으로 공시하는 기능을 가지는 동시에 생래적으로 모에 비해 약화되기 쉬운 부와 그 자녀 간의 일체감과 유대감을 강화하여 가족의 존속과 통합을 보장하는 기능을 가진다.

요컨대 부성의 사용은 부계혈통의 공시를 필요로 하는 사회적 수요에 응하는 하나의 기술적 기호의 채택에 불과하고 이러한 기술을 채택한 것은 모계혈통의 공시 필요성이 부계혈통의 공시 필요성보다 상대적으로 적다는 자연적 · 사회적 상황에 따른 문화적 결단이다. 그렇다면 부성주의는 나름대로 그 합리성을 충분히 인정할 수 있다.

다. 부성주의와 헌법적 가치의 상호 간극

(1) 부성주의로 인하여 초래되는 차별

부성주의를 취할 경우 모의 혈통은 성姓에 반영되지 않는다는 점에서 여성에 대한 차별적 효과가 발생하는 사실은 부인할 수 없다. 그러나 성姓은 사람을 식별하는 데 사용되는 여러 기호체계의 하나일 뿐이다. 단지 이 기호에 부계혈통의 공시기능과 상당한 공신력이 부여되어 있을 뿐이다. 이러한 기호의 채택이 여성이라는 존재가 갖는 인간으로서의 존엄성의 실체에 무슨 영향을 미칠 수 없다 함은 기호의 본질상 자명한 일이다.

실제의 측면을 본다면, 부성주의가 유지되고 발전되어 온 과거의 역사를 살펴보더라도 성姓의 사용과는 별개로 개인의 출생계통을 인식함에 있어서 부계와 모계에 대해 차별이 없었고 모계에 대해서도 친족관계나 혈연관계가 부인되지 않았다. 조선시대의 중기에 이르기까지도 재산상속에 있어 남녀의 차별이 없었을 뿐 아니라 조상에 대한 봉사奉祀도 자녀子女의 윤행輪行(돌아가면서 이행하는 것)으로 외손外孫에 의한 봉사도 가능했으며 혼인을 하더라도 여성은 남편의 성을 따르지 않고 자신의 성을 그대로 사용하였다. 한편 오늘날에 있어서도 친족의 범위, 친권의 행사, 상속 등에 있어 부계와 모계를 차별하지 않고 있어 친족·상속법상 실체적인 법적 지위는 물론 공사公私의 법률관계에 있어 여성 또는 모의 법적 지위가 부성주의로 인해 영향을 받지는 않는다.

그러므로 부성주의 자체로 인하여 초래되는 여성에 대한 차별은 이를 찾아보기 어렵고 설혹 그러한 차별이 존재한다고 하여도 앞에서 본 부성주의의 본질상 이러한 차별과 부성주의 사이에 무슨 선험적인 인과의 관계가 있다고 단정하기는 어렵다.

(2) 재혼과 입양에 따른 문제의 본질

오늘날 재혼이나 입양의 증가로 인하여 자녀가 생부生父 아닌 사람과 사실상 부자관계를 형성하고 생활하는 경우가 많게 되었다. 이에 따라 생부의 성을 따르던 것을 계부繼父나 양부養父의 성으로 변경하는 일을 허용해야 한다는 주장이 있다. 그러한 주장의 주된 근거는, 입양 가족 또는 재혼을 통해 새로 구성된 가족의 경우에 그 자녀가 사실상의 부父와 성을 달리 사용함으로써 입양이나 재혼 사실이 다른 사람에게 노출되는 불이익을 받게 되고 이것이 입양이나 재혼 가정의 통합을 저해하는 요소가 된다고 함에 있다.

그러나 재혼이나 입양 사실이 노출됨으로써 개인이 받는 불이익은 재혼이나 입양에 대한 사회적 편견이 그 원인이지 부성주의가 그 원인은 아니다. 물론 계부나 양부의 성으로 성을 변경하지 못하면 재혼이나 입양 사실이 노출될 가능성이 커질 수 있지만 성의 변경을 허용한다고 해서 그러한 사실이 노출될 가능성을 전부 막을 수도 없거니와 경우에 따라서는 성의 변경 사실 자체가 오히려 그 개인의 가족사를 그대로 노출할 수도 있다. 재혼 가정이나 입양 가정의 가족 구성원이 받는 불이익의 직접적인 원인이 이와 같이 따로 있음에도 불구하고 그와 같은 불이익의 발생에 간접적이고 우연적인 연계를 가질 뿐인 부성주의를 여기에 끌고 들어와 그 위헌성을 비난하는 주장은 문제의 소재와 비난의 대상을 잘못 파악한 것이다.

(3) 부성주의에 대한 예외의 인정

한편 이 사건 법률조항은 부성주의를 규정하고 있지만 민법

기타 법률에서는 부성주의에 대한 예외도 인정하고 있다. 부父가 외국인인 경우에 모의 성을 따를 수 있도록 하였고(민법 제781조 제1항 단서) 또한 모가 친가親家의 호주이거나 호주승계인이어서 부夫가 처妻의 가에 입적한 경우에 그 사이에 태어난 자녀는 모의 성을 따르도록 하였다(민법 제826조 제4항). 이것은 가족 형성의 구체적인 사정에 따라 부성父姓의 사용을 통해 부계父系의 가통을 계승하는 것보다 모성母姓의 사용을 통해 모계家系 가통을 계승할 필요가 더 큰 것으로 인정되는 경우에 대하여 모성의 사용을 인정하고 있는 것이다. 그 밖에도 요보호아동 기타 친생부모와의 관계가 실질적으로 단절될 것으로 보이는 아동의 입양에 있어 입양되는 아동의 성을 양친의 성으로 변경할 수 있는 길을 마련해 두고 있다(입양촉진및절차에관한특례법 제8조 제1항). 이러한 여러 규정은 부성주의의 획일적 적용으로 초래될 수 있는 일부의 폐단을 시정하는 의미를 갖는다.

(4) 소 결

결국 이 사건 법률이 규정하는 부성주의는 그 내용과 헌법적 가치 사이에 무슨 위헌의 문제를 일으킬 정도의 간극이 존재한다고 볼 수 없어 위헌이라고 보기 어렵다.

라. 대체수단과 시기의 부적절

(1) 대체수단의 부적절

평등원칙 위반을 이유로 부성주의가 부당하다고 주장한다면 모성주의도 그 대안이 될 수 없음은 명백하다. 도식적인 평등 요구를 충족시키고자 한다면 부와 모의 성을 동시에 사용하여야 할 것이다. 그러나 이렇게 되면 몇 세대를 거치기도 전에 성이 길어지게 되어 성은 기호로서의 기능을 상실하고 개인의 생물학적 혈통을 총망라하는 것 이외의 의미를 더 이상 갖지 못할 것이다. 성이 그와 같이 길어지는 것을 방지하자면 어떠한 방법이 되었든 간에 자녀에게 부여할 성을 선택하는 문제가 다시 나타나게 된다.

한편 각각의 개인이나 가정마다 성의 결정 방식을 달리할 수 있도록 한다면 개인이나 가족마다 성이 상징하는 내용이 각각 달라지게 되어 그 내용에 대한 공통된 인식을 전제로 하는 사회적 기호記號로서의 성姓의 기능은 퇴색되고 개인의 혈통에 대한 사회적 인식에 혼란이 생겨난다. 뿐만 아니라 경우에 따라서는 가족 내부에서나 사회적으로 능력 있는 여성은 그 자녀에게 자신의 성을 부여할 수 있고 그렇지 못한 여성은 여전히 자신의 성을 부여할 수 없게 될 수도 있어 새로운 형태의 불평등이 야기될 수도 있다.

무엇보다도 성의 변경을 허용할 경우 혈통관계가 전혀 없는 성을 사용하게 될 터인데 이는 혈통관계의 존재를 반영한다는 성의 본질에 반하게 된다.

다만, 입양이나 재혼을 통하여 새로이 구성된 가족의 통합을 위해 필요하다면 공식적으로 공시되는 부父의 성姓은 그대로 보유하되 일정한 생활영역에서 다른 성을 사용할 수 있도록 함과 같이 복수複數의 성을 사용할 수 있도록 허용하는 방안에 대해서는 입법론적으로 검토해 볼 수 있다.

따라서 부성주의에 대한 대안으로 생각해 볼 수 있는 제도들도 부성주의가 갖는 문제점과 불평등의 요소를 완전히 배제한다고 볼 수 없으며 부성주의와 마찬가지의 한계를 가질 수밖에 없다.

부성주의는 다른 가족제도와 유기적으로 결합되어 있다. 그러므로 부성주의의 폐지가 다른 제도에 미칠 영향을 충분히 고려하고 가족제도의 붕괴를 초래하지 않을 합리적인 대안을 마련하여야 한다. 합리적인 대안의 마련 없이 부성주의를 폐지한다면 이는 소의 뿔을 고치려고 하다가 소를 죽이고 마는 위험이 있다. 서양에서는 "돼지를 굽기 위하여 집을 태운다(Burning the house to roast the pig)."는 말로 그 위험을 경계한다.

부성주의와 일부일처주의 그리고 이를 공시하는 기왕의 우리나라의 호주 및 호적제도는, 물론 일부 개선의 여지를 갖긴 하지만, 전체로서의 이들 제도와 장치는 인류 그리고 우리나라가 성취시킨 고도의 합리성을 갖는 문화적 산물 내지 장치로서 그 이상의 합리적 대안을 당분간은 발견하기 어려우리라고 나는 믿는다.

결국 부성주의에 대한 적절한 대안은 현재로서는 찾기 어렵다고 보아야 한다. 이 점에서도 부성주의는 위헌이라고 볼 수 없다.

(2) 시기의 부적절

우리의 역사를 살펴보면 부성주의는 성이 사용되기 시작할 무렵부터 형성되고 발전하여 오늘날에 이르기까지 계속 유지되어 온 가족제도의 한 내용이다. 부성주의는 모성주의 기타 다른 제도와의 선험적 비교를 통해 논리적 판단에 따라 선택된 결과가 아니라 구체적 생활관계에서 자연스럽게 그 합리성이 인정되어 형성되고 발전된 생활양식이며 규범 이전에 존재하는 문화적 현상이다. 이러한 생활양식과 문화로서의 부성주의는 사회 구성원의 생활관계와 의식 속에서 구체적인 행동기준으로 자리 잡음으로써 규범으로 반영되기에 이르렀고 그와 같은 규범으로서의 부성주의가 바로 이 사건 법률조항이다.

그러므로 시대의 변천과 사회 구성원의 구체적인 생활상의 변화에 따라 생활양식과 문화의 변화가 선행된다면 생활양식과 문화현상을 반영하는 규범도 변화된 생활양식과 문화를 따라 자연스럽게 변화되어 나감이 사물의 자연스러운 이치이다. 이러한 이치와는 달리 의도적인 규범의 변경을 통하여 생활양식과 문화의 변화를 앞장서서 강제하고자 하는 행동은 새로운 규범이 만인 공감의 고도의 합리성을 갖는 내용이 아닌 한 수없이 많은 새로운 문제와 심지어는 불법까지를 야기한다.

그러므로 부성주의를 규정하고 있는 이 사건 법률조항의 합헌성 여부를 판단하기 위해서는, 생활양식과 문화현상으로서의 부성주의가 오늘날 우리 사회의 일반적인 의식과 생활상에 부합하여 그 존재 가치를 가지느냐에 대한 검토가 필요하며 단순히 일면적 법논리에 의해서만 평가할 수는 없다.

성姓의 사용과 관련한 오늘날 우리 사회의 생활양식과 의식구조를 살펴보면, 성姓은 곧 부성父姓이라고 인식될 정도로 부성주의는 자연스럽게 받아들여지고 있으며 부성을 기준으로 한 종중宗中, 종친宗親, 족보族譜의 간행 등을 통해 종적으로는 수백년에 걸친 수십 세대의 조상들로부터의 혈통 계승의식이 존재하고, 횡적으로는 보다 넓은 범위의 친족들과 유대감을 형성하고 있다. 반면 부父의 성을 사용하면서도 모계를 기준으로 한 혈연집단이나 친족집단과의 정서적 친밀감과 유대감의 형성에 아무런 제한을 받지 않으며 가족생활과 사회생활에 있어서 양성의 평등이 그 어느 때보다도 실질적으로 실현되고 있지만 사회 일반의 의식은 자녀가 부父의 성을 사용하기 때문에 개인의 자유와 평등에 심각한 제한이 가해진다고 여기지는 않고 있다.

부성주의는 우리 사회에서 여전히 유효하게 존속하며 그 가치를 인정받고 있는 생활양식이며 문화현상으로 보아야 한다. 그럼에도 불구하고 추상적인 자유와 평등의 잣대만으로 부성주의를 규정하고 있는 규범의 합헌성을 부정하는 조치는 규범의 변경을 통해 생활양식과 문화현상의 변화를 일거에 성취하고자 하는 반문화적인 공권력의 행사에 해당하고 이는 아직은 때가 이른 부적절한 일이다.

마. 결론

그러므로 부성주의를 규정하고 있는 이 사건 법률조항은 헌법 제36조 제1항에 위반되지 아니한다고 나는 생각한다. 뿐만 아니라 대다수의 사회일반이 부성주의를 아직도 합당한 우리의 문화 일부로 수용하고 있는 현시점에서 다른 합리적인 대안을 미처 마련하지 아니한 채 이 규정을 일거에 폐지하는 조치는 매우 잘못된 일이라고 생각한다. 제도는 성인聖人이 만든다고 하는 말은 무엇을 경계하는 말인가. 법이 기분이 아니라 이성理性의 산물이라고 하는 말은 무엇을 의미하는가. 단순히 구체제를 보수保守하기 위해서가 아니라 합리合理의 소중한 보존을 위하여 깊이 생각할 일이다(헌재 2005. 12. 22. 2003헌가5 등, 판례집 17-2, 544~574).

부록 5

여호주女戶主 제한의 위헌결정에 대한 반대의견

민법民法은 남자가 원칙으로 호주戶主가 된다고 규정하고 있는데(예외도 있다) 이런 호주제도는 남녀평등에 위배되어 위헌이라는 것이 다수의견이었고 나는 이에 반대하였다.

재판관 권 성의 반대의견

가족과 혈연은 자연적으로 생성되어 실재하는 실체이지 단순한 관념상의 존재는 아니다. 호주제도는 실체로서 존재하는 가족과 혈연을 인식하는 기호의 체계로서 하나의 기술에 해당한다. 인식의 기술이 인식의 대상인 실체의 존재와 가치에 영향을 미칠 수 없다는 통상의 논리에 의하면 호주제도는 가족과 혈연의 존재 및 가치에 무슨 영향을 미칠 수 없다.

종법제宗法制(정실의 몸에서 난 맏아들, 즉 적장자의 상속을 확립하고 이를 기초로 제사의 계승과 종족의 결합이 이루어지도록 중국 주나라의 봉건제가 마련한 친족제도) 및 가부장제家父長制(가장인 남성이 강력한 권한을 가지고 가족 구성원을 통솔하는 가족형태 또는 이를 뒷받침해주는 사회체계)와 같은 문화적 요소가 호주제도라는 인식기술에 덧씌워지는 일이 있지만 이렇듯 덧씌워진 문화적 겉치레가 일으키는 문제는 문화의 변천과 법률의 변화에 의하여 자연적으로 해결되기 마련이고 또 그렇게 해결됨이 바람직한 일이다.

여성이 갖는 인간으로서의 존엄성에 대한 존중을 명하는 헌법의 정신과 원칙은 호주제와 같은 기술적 기호의 체계가 침범할 수 있는 영역의 밖에 존재한다(헌재 2005. 2. 3. 2001헌가9 등, 판례집 17-1, 1, 38-39).」

■ 찾아보기 ■

ㅅ

ㅈ

■ 저자약력 ■

학력

1941년 충남 조치원읍(현, 세종시) 출생
1948년 서울 남대문국민학교 입학
1950년 6.25 사변으로 고향에 피난
1954년 충남 부여읍 부여국민학교 졸업
1957년 충남 공주중학교 졸업
1960년 경기고등학교 제56회 졸업
1966년 서울대학교 법과대학 제18회 졸업
1978년 영국 런던대학교 King's College 연수

경력

1969년 판사
2000년 헌법재판소 재판관
2016년 헌법을 생각하는 변호사모임 회장(현)

상훈

2007년 대한변호사협회 한국법률문화상

저서

『사례해설 가처분의 연구』(공저, 박영사 1994).
『가등기 · 대물변제』(박영사 2012).
『물권법 강의보충서』(인하대학교 출판부 2010).
『결단의 순간을 위한 권성 전 헌법재판관의 판결읽기』(공저, 청람 2012).
『변호사 권성의 余滴, 聽江水雲』(계문사 2014).

흥망유수(興亡有數)

2016년 5월 25일 1판 1쇄 인쇄
2016년 5월 30일 1판 1쇄 발행

저 자 | 권 성
발행인 | 이수영
발행처 | 도서출판 청람
서울시 마포구 독막로 288(대흥동, 세양상가 109호)
전 화 | 02)3272-2601~2
팩 스 | 02)3272-2603
이메일 | crbooks@hanmail.net
홈페이지 | http://www.crbooks.co.kr
등 록 | 2000년 8월 26일 제6-0509호

ISBN 978-89-5972-527-4 93040 [정가 19,000원]